# 图说中国史

宋 公元960年—公元1279年

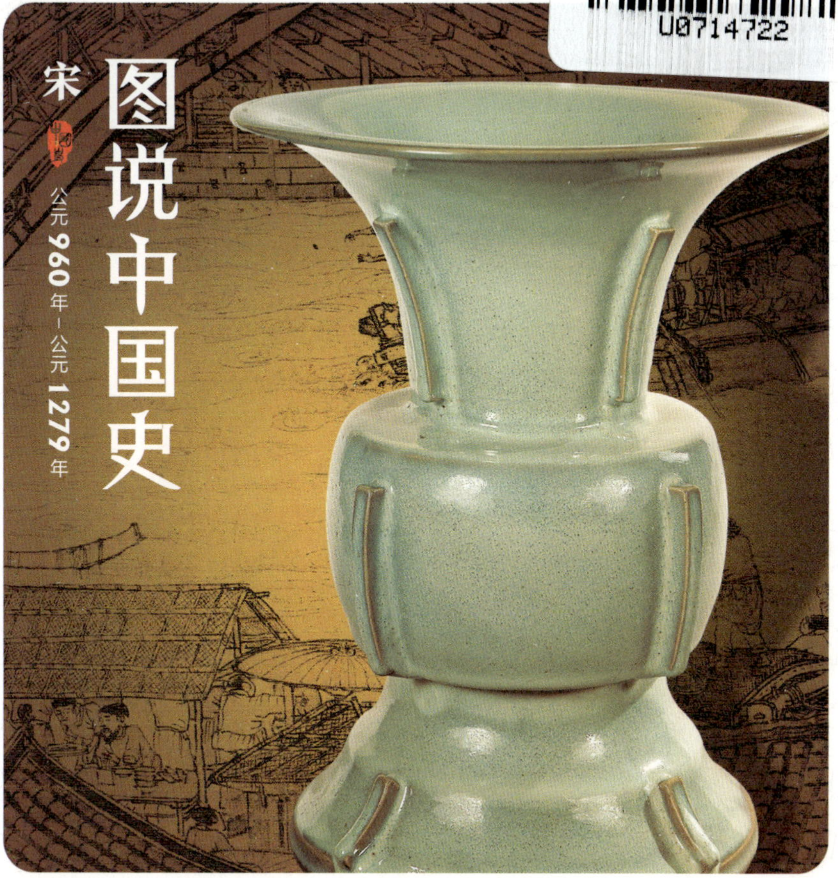

## 昌文偃武的时代

**HISTORY OF CHINA**

龚书铎 刘德麟 ◎ 主编

四川人民出版社

图书在版编目（CIP）数据

图说中国史.宋/龚书铎,刘德麟主编.—成都：
四川人民出版社,2019.6
（图说天下）
ISBN 978-7-220-11122-8

Ⅰ.①图… Ⅱ.①龚…②刘… Ⅲ.①中国历史－宋
代－通俗读物 Ⅳ.① K209

中国版本图书馆 CIP 数据核字（2018）第 262913 号

## 图说中国史.宋

龚书铎 刘德麟 主编

| 责任编辑 | 邹　近 |
| --- | --- |
| 特约审读 | 冯佐哲 |
| 责任校对 | 吴　玥 |
| 封面设计 | 罗　雷 |
| 版式设计 | 蒋碧君 |
| 责任印制 | 李　剑 |

| 出版发行 | 四川人民出版社（成都市槐树街 2 号） |
| --- | --- |
| 网　　址 | http://www.scpph.com |
| E-mail | scrmcbs@sina.com |
| 新浪微博 | @四川人民出版社 |
| 微信公众号 | 四川人民出版社 |
| 发行部业务电话 | （028）86259624 86259453 |
| 防盗版举报电话 | （028）86259624 |
| 印　　刷 | 艺堂印刷（天津）有限公司 |
| 成品尺寸 | 170mm×240mm |
| 印　　张 | 14 |
| 字　　数 | 220 千字 |
| 版　　次 | 2019 年 6 月第 1 版 |
| 印　　次 | 2019 年 6 月第 1 次印刷 |
| 书　　号 | ISBN 978-7-220-11122-8 |
| 定　　价 | 35.80 元 |

■版权所有·侵权必究

本书若出现印装质量问题，请与我社联系调换。电话：（010）82021443

# 前言

以史为鉴，可以思接千载，视通万里，可以把握中国社会治乱兴替的内在规律，可以洞悉修齐治平的永恒智慧。然而，让人们全面深入地了解中国历史，掌握中国历史中所蕴含的深层次的东西，并不是一件容易的事。上下五千年之中，人物多，事件多，神话与传说并存，正史与野史交错，头绪繁多，内容庞杂，如果未经梳理就杂乱无章地堆积在一起，那么往往会使读者一头雾水。除了典籍史料所承载的历史之外，文物、遗址、古迹、艺术作品等，也同样反映着历史的真实性。如何把这些东西有机地组织在一起，让读者能够清晰明白地去了解历史，感受历史的真实性，无疑成为编辑出版"图说中国史"系列的缘起。

"图说中国史"系列按照不同的历史分期，通过新的体例、模式来整合讲述中国历史，内容涵盖政治、经济、军事、对外交往、文化艺术、思想、科技、社会生活等方方面面，以时间为经，以人物和事件为纬，经纬交织，全面反映每一朝代治乱兴衰的全过程。每一个故事都蕴含了或高亢激昂或哀婉悲痛的场景，让人们重温那一段历史，不断唤起内心尘封已久的记忆，与中国历史再次进行亲密接触，深入地寻绎历史中所蕴藏的民族智慧，感悟民族精神。随机穿插的知识花絮、专题和附录，有机而紧密地结合在一起，知识信息更为密集，从而营造出一种全息的历史镜像。我们力求用白描的方式展现中国历史的真实，把厚重的历史变得简明，让历史中的智慧能够有助于读者今天的生活。

正如2019年1月，习近平总书记在致中国社会科学院中国历史研究院成立的贺信中曾提到的——"历史是一面镜子，鉴古知今，学史明智。重视历史、研究历史、借鉴历史是中华民族5000多年文明史的一个优良传统……"从夏商周开始，到清王朝的灭亡，数千年的煌煌历史是中华民族宝贵的文化财富，它真实地记录了中华民族自强不息、厚德载物的奋斗过程，记录了光辉璀璨的中华文化和中华文明。在中国人民正为实现中华民族伟大复兴的中国梦而奋斗的今天，我们需要更加系统地了解中国历史、学习中华文化，以传承民族文化、启迪未来行程，才能够更好地认识过去、把握当下、面向未来。

# 目录

## 北宋

陈桥兵变 / 6
最著名的酒局 / 10
被撤掉的凳子 / 12
炮制出来的金匮之盟 / 15
吴越降宋 / 18
半部《论语》治天下 / 22
专题：五彩缤纷的岁时节令 / 24

太宗受挫高梁河 / 26
杨家将名传千古 / 28
君子坦荡荡 / 32
吕端大事不糊涂 / 34
王小波、李顺起义 / 36
向敏中智断命案 / 38
专题：宋人的生活 / 40

澶渊之盟 / 42
王旦晚节不保 / 46
玉清昭应宫的大火 / 48
太后保命之道 / 52
名将种世衡 / 54

狄青雨夜夺昆仑 / 56
吏治的典范 / 60
先天下之忧而忧 / 64
奉旨填词柳三变 / 68
濮议之争 / 70
六一居士欧阳修 / 72
沈括与《梦溪笔谈》/ 74
专题：宋代制瓷艺术 / 76

"拗相公"的改革 / 78
真小人吕惠卿 / 80
好官须我为之 / 84
一意孤行司马光 / 88
一门三杰 / 92
党人碑 / 96
轻佻天子宋徽宗 / 100
宦官王爷童贯 / 104
方腊起义 / 106
"香花楼子"的幻灭 / 110
东京保卫战 / 114
靖康之耻 / 116
专题：清明上河图 / 120

## 南宋

九哥纵马越江去 / 124
过河！过河！过河！ / 126
刘豫的伪齐政权 / 128
因废免侮的孟皇后 / 130
江南兵匪 / 134
专题：宋代的金属工艺 / 136

忠勇保家韩世忠 / 138
吴玠川陕退金兵 / 141
八字军 / 144
钟相、杨幺起义 / 146
刘锜顺昌破兀术 / 148
撼山易，撼岳家军难 / 152
制造千古奇冤的"莫须有" / 156
秦桧弄权 / 158
专题：宋代妇女妆饰 / 160

坐井观天五国城 / 162
主战派张浚 / 164
绍兴和议 / 166
钱眼里的将军 / 168

书生领兵战采石 / 170
女词人李清照 / 172
孝宗之孝 / 174
隆兴和议 / 178
空怀壮志的辛弃疾 / 180
泼皇后与疯皇帝 / 182
草率的北伐 / 186
但悲不见九州同 / 190
理学的集大成者 / 194
专题：南宋绘画 / 198

一侂胄死一侂胄生 / 200
湖上平章 / 202
钓鱼城大战 / 204
襄阳困守 / 206
国可灭，史不可没 / 208
崖山之战 / 210
留取丹心照汗青 / 214


帝王世系表 · 216
历史年表 · 218

# 北宋

中国社会科学院近代史研究所·韩志远教授

## 公元 960 年～公元 1127 年

北宋是中国历史上以汉人为主体建立的封建王朝，建都开封（今属河南），其创建者为宋太祖赵匡胤。

五代后周显德六年（959），周世宗柴荣病死，七岁的恭帝继位，时任殿前都点检、归德军节度使的赵匡胤掌握了军权。翌年正月初，赵匡胤在陈桥驿（今河南封丘东南陈桥镇）发动兵变，率军入开封，胁迫周恭帝禅位，夺取了皇位。赵匡胤即位后，仍定都开封，改国号为宋，史称北宋。经过十余年的南征北伐，赵匡胤消灭了后周藩镇势力的反抗，攻灭了荆南、后蜀、南汉、南唐等割据政权。宋太宗赵光义（原名匡义，为避太祖讳而改名光义，登基后又改名为炅）即位后，招降割据吴越的钱俶，平定北汉。于是自安史之乱以来，二百多年的割据局面基本结束。北宋疆域东、南临海，北境以今天津海河、河北霸州市、山西雁门关一线与辽接壤，西北至今陕西白于山、甘肃东部、青海东北部与西夏、吐蕃毗邻，西南与越南接界。

北宋共历九帝，前后一百六十八年。这长达一百六十多年的历史阶段中，可划分为前、中、后三个时期。

前期（960～997）即宋太祖、宋太宗统治时期。这一时期，北宋统治者除了致力于结束五代十国的分裂割据局面之外，着重在政治、军事和经济制度方面进行改革，以确保宋朝统治长治久安。其主要的改革措施有：一是军制改革。取消禁军最高统帅殿前都点检、副都点检职务，朝廷设枢密院，掌管调动军队，但无统兵权。三帅统兵权和枢密院调兵权职责分明，相互制约，直接对皇帝负责。军队实行更戍法，定期换防。二是行政改革。宰相下设数名参知政事、枢密使、三司使，以分其军、政、财三权，使宰相无法独揽大权。对独霸一方的节度使，采取"稍夺其权，制其钱谷，收其精兵"的办法，逐步从地方调回都城任闲职，其原领州郡由朝廷控制，委派文官任知州、知府，直接对朝廷负责。经过改革，宋朝专制主义中央集权得到强化。这对政治稳定，结束分裂局面和经济的发展创造了有利的条件。但是高度中央集权也带来"强干弱枝"、军队战斗力削弱等消极后果。

中期（998～1100）即宋真宗至宋哲宗统治时期。这一时期是北宋历史上一个重要的发展阶段。由于实施两税法、代役制和租佃制等新的经济制度，从而激发了广大农民的生产积极性。随之而来的是人口的增加、垦田面积的扩大、铁制工具制作的进步、耕作技术的提高、农作物的种类和产量倍增等。据统计，宋太宗至道三年（997），北宋户籍上有523万多户，而到宋仁宗嘉祐八年（1063），北宋户数已逾1246万多户。宋太宗至道二年（996），耕地有3亿多亩，而至宋真宗天禧五年（1021），增至5.2亿多亩。农业经济的迅速发展促进了手工业、商业的发展。北宋的造船、矿冶、纺织、染色、造纸、制瓷等行业，在生产规模和技术上都超过了前代。商业市场打破了旧的格局，大小城镇贸易盛况空前，纸币的出现及广泛使用，具有划时代的意义。这一时期也是宋代科技、文化的繁荣时期。尤其是闻名于世的指南针、印刷术和火药三大发明的开发和应用主要是在这个阶段。然而，这一时期也是社会矛盾日益严重的时期。军队数量猛增，官僚机构庞大，土地兼并加剧，使国家财政连年亏空，出现积贫积弱的局面。对此，宋朝政府也试图进行改革，北宋改革影响最大的是宋仁宗时期的庆历新政和宋神宗时期的王安石变法。结果，两次改革收效甚微，北宋逐步走向衰落。

后期（1101～1126）即宋徽宗、宋钦宗统治时期。这一时期是北宋王朝最腐朽黑暗的阶段。由于社会生产遭到严重破坏，众多的农民倾家荡产，无以为生，纷纷起事，反抗暴政。其间以方腊、宋江先后领导的起义影响最大。内忧不已，外患又起。北宋长期与辽、夏、金争战不休。与西夏战事刚止，金军又大举南下。靖康元年（1126），金军攻占开封。次年二月六日，废宋帝，北宋亡。

人物 赵匡胤 | 01 | 时间：960

# 陈桥兵变

> 事先进行周密的筹划，抓住机遇，当机立断，忙而不乱，一举底定形势，发动一场尽量不流血的政变，是赵匡胤陈桥兵变成功的主要原因。

## ❀ 历史的选择

"千秋疑案陈桥驿，一着黄袍遂罢兵。"清代诗人查慎行的这首《咏史》诗中"千秋疑案"的发生地——陈桥驿，在开封城东北20里。

后周显德七年（960），后周禁军统帅、殿前都点检赵匡胤在此黄袍加身，建立了大宋王朝，中国历史在一个小小的驿站被彻底改写。一个经济繁荣、科技文化高度发展的封建王朝肇端于此，一部既令人心驰神往又扼腕叹息的跌宕历史从此开始。

《宋太祖像》·宋·无款

从安史之乱到陈桥兵变的205年时间里，藩镇割据，战乱不止，国无宁日，生灵涂炭。特别是在五代十国的动乱年代里，数十年间，皇帝更换了八姓。哪一个藩镇统帅兵强马壮，他就可以做皇帝。"天下大势，合久必分，分久必合。"经历了太久的分裂，饱尝了足够的苦难。国家统一，发展生产，安居乐业，已成了人心所向、众望所归，这一伟大使命摆在了历史面前，待人承担。

后周世宗柴荣，犹如一颗划破漫漫夜空的流星。在他即位后很短的时间里，进行了一系列政治、军事、经济等各方面的改革。由于经济的恢复发展，北方的政治局面趋向稳定，为统一创造了有利条件。他南取淮南，北伐幽燕，就在一个看似蒸蒸日上的伟大时代即将开始的时候，这颗光照黑暗年代的流星陨落了。显德六年（959），其子柴宗训即位，年仅七岁。这样一个年幼无知的皇帝是无法继续完成统一大业的。

历史的指针再次发生了偏移。手握禁军兵权的赵匡胤,便当仁不让地站到了历史的风口浪尖上,他要用自己的方式改写历史。

## ❀ 黄袍加身陈桥驿

显德七年(960)正月初一,后周朝廷再次接到了来自镇、定二州(今河北正定和定州)边防急报:契丹和北汉合兵南下,意图中原。宰相范质、王溥和枢密使魏仁浦未加核实,便急匆匆地决定派赵匡胤率殿前司军北上抵御。他们不知道,所谓辽军南侵的消息不过是赵匡胤集团制造的谣言,作为实现改朝换代阴谋的一个步骤。与这个谣言一起满天飞的,还有"点检作天子"的说法,孤儿寡母,主少国疑,政出多门,再加上"点检作天子"的"神符",怎么能不引发"身承天命"的都点检改朝换代的野心呢?就在初一的晚上,赵匡胤率军出征前到同平章事、侍卫马步军副都指挥、在京巡检韩通家辞行,韩通之子韩徽恳请父亲趁机除掉赵匡胤,以绝后患,却被韩通制止,后周王朝失去了最后一次机会。整个开封城中的百姓都已经知晓了"出军之日,当立点检为天子"的消息,唯有后周幼主和文臣对此茫然不察。

正月初三早晨,大军出开封爱景门向北进发。军中号称知晓天文的苗训,宣称看到"日下复有一日",指称这是天命授受的预兆。晚

陈桥驿位于今河南省新乡市封丘县东南部。陈桥始建于五代时期,后周时设立驿站,又称陈桥驿。

## 延伸阅读

### "三条玉带"的掌故

北宋取代后周后,吴越转而臣附于宋,吴越王钱俶特地入朝向宋太祖赵匡胤进献犀带以示臣礼,宋太祖握着珍异的犀带说:"朕有三条玉带,与此不同。"钱俶诧异,忙问其故。宋太祖笑着说:"汴河一条、惠民河一条、五丈河一条。"

汴河即隋唐大运河通济渠段,上承黄河,流贯京城,注入淮河,是北宋首都供应及商业经济的主要交通线。惠民河即唐蔡河,一般分为上下两段,上段为闵河,下段为蔡河,它经新郑(今属河南)贯穿开封,最后流至寿春(今安徽寿县)入淮。五丈河是自京城东北达于京东地区的一条主要水上通道,并沿此运路复经京畿地区与江南等地连接起来。汴河、惠民河、五丈河是北宋环绕京畿、辐射四方、连接各地的三大主要运河水道,它们与黄河构成北宋内河漕运系统的四大主干。因此,宋太祖所谓的"三条玉带",真正是维护宋皇朝统治的漕运生命线,同时也可说是其政治生命线。

上,大军屯驻陈桥驿。赵匡胤的亲近将校聚集谋划,大家认为:"当今天子年幼无知,我们拼死拼活作战,有谁知道我们的功劳?倒不如现在就拥护点检做皇帝,然后北征也不晚。"赵匡胤的弟弟赵匡义和亲信谋士赵普假意出来劝阻,一面叮嘱大家一定要安定军心,不要造成混乱;一面却连夜派人驰返京城,让留守的大将石守信、王审琦做好内应,伺机待变。于是,整个军营便沸腾起来,全军将士都拥到赵匡胤住处外面,一直等到天色发白。第二天天刚亮,部分将士顶盔贯甲、手握兵刃,直奔屋内。赵匡义连忙叫醒喝醉了的哥哥,将士振臂高呼:"大军无主,愿立点检为天子!"没等赵匡胤答复,有人已经把早已准备好的黄袍披在他身上。大家跪拜磕头,山呼万岁,并将他扶上马,请他回京主持大局。赵匡胤还装出一副被迫的样子说:"你们自己贪图富贵,想要立我为天子。如果能够听从我的命令,我就答应你们的要求;不然,我不能做你们的天子。"拥立者一齐表示唯点检之命是听。赵匡胤在马上当众高声宣布:"回京城之后,你们要保护好周朝的太后和幼主,不许凌辱朝廷大臣,不许抢掠国家仓库。执行命令的将来必有重赏,否则就要严惩不贷!"

### ❀ 点检作天子

随后,大军回转,自开封仁和门入。由于有石守信、王审琦的配合,没有受到任何阻拦,受到将令节制的大军亦秋毫无犯,解甲归营,京城的秩序很快安定下来。

图说中国史

北宋

这时,正值早朝,后周幼主和文臣们听说兵变的消息,顿时手足无措。范质抓着王溥的手,长叹道:"仓促遣将,我们的罪过呀!"此时,稍微清醒的只有韩通,他企图回家组织部下抵抗,行至中途,便为赵匡胤的部将王彦升发觉。王彦升追到韩府,将韩通父子一并斩杀。

赵匡胤回到都点检公署不久,范质、王溥便被将士们拥至。赵匡胤见了他们,呜咽流涕道:"我受世宗厚恩。现在我被将士逼成这个样子,你们说怎么办?"刀架在脖子上,两位文人宰相当然不知道该怎么办。持剑怒目的军校罗彦环不失时机地厉声喝道:"我辈无主,今日必得天子!"王溥吓得立刻下拜,范质没办法也只好随后跪下,口呼万岁。在军人的刀锋之下,顾命大臣改换门庭,孤儿寡母所能做的只剩下拱手让出江山了。

赵匡胤等迅即来到崇元殿举行禅让礼,赵匡胤的党羽、翰林承旨陶谷立即拿出后周皇帝的禅位制书。赵匡胤在殿下拜受后登殿即皇帝位。次日下诏,因其所领归德军节度使州名宋州(今河南商丘),建国号宋,改后周显德七年(960)为大宋建隆元年(960),宋朝正式建立。赵匡胤死后被尊谥为太祖皇帝。这年,宋太祖赵匡胤34岁。在开封安定数日后,宋太祖还赠予殉周的忠臣韩通中书令的官职,以礼厚葬,嘉奖其"临难不苟"的精神。对于王彦升则怒其擅杀,终身不授其节钺,以示惩罚。这无疑也是在告诉新朝的群臣要效法忠贞,讲求气节。

陈桥兵变是中国历史上的一个转折点,从此中原由乱到治,由分裂走向了统一,安史之乱后长达205年的混战自此终结。人民得以休养生息,经济得以迅速发展。陈寅恪先生评论宋朝"华夏民族之文化,历数千载之演进,造极于赵宋之世"。这个文化辉煌的时代,无疑就是以陈桥兵变上演的黄袍加身而开其端的。

**后周世宗庆陵**

周世宗庆陵位于河南省郑州市新郑郭店镇后村陵上西侧,庆陵封土原高20米,周长105米,明朝初年曾对陵墓有过修整,修起陵门和陵墙,古柏参天。这座陵在民国初年基本被毁。周世宗的陵墓如今的墓冢高达10米。

人物 赵匡胤 02

⏱ 时间：961

# 最著名的酒局

一席酒宴，一段谈话，手握重兵的将领们就此顺从地交出军权，这在充满血腥与阴谋的古代政治斗争中，无疑是个戏剧化的传奇一幕。

"子胥功高吴王忌，文种灭吴身首分……"一旦天下平定，君主往往便要大杀功臣，这在中国历史上屡见不鲜。诸如汉朝刘邦、明朝朱元璋就是这样的典型，然而同样下层出身的宋太祖赵匡胤非但不杀勋旧，反而采取一种和平的策略，让君臣都得到较好的结果。

## ❀ 皇权的威胁

宋太祖赵匡胤凭借自己手中的军权，轻而易举地取代了后周，成为中国北方的统治者。登基伊始，为了嘉奖参与"陈桥兵变"的将领，宋太祖分别任命慕容延钊为殿前都点检，高怀德为殿前副都点检，韩令坤任侍卫马步军都指挥使，石守信为侍卫马步军副指挥使……这样一来，皇帝直辖的禁军分别由这些老将统率。如此安排固然在兵变之后迅速稳定了军情，然而这些禁军主要将领的威望与权力，很快就成为皇帝直接掌握禁军的阻碍。

出身军旅，又经过"黄袍披身"的皇帝深知兵权的重要性，在建隆二年（961），也就是赵匡胤当上皇帝的第二年，他看到国内局势已经得到控制，便决心解除这些禁军将领的兵权。

## ❀ 宴会上的"可生之途"

同年七月，赵匡胤把石守信等旧部召来饮宴。当众人酒兴正浓的时候，宋太祖突然长叹一口气说："如果没有你们出力拥戴，我是坐不上这个位置的。可自从做了皇帝之后，我每天晚上不是睡不着，就是做噩梦，说实话还不如当节度使的时候快乐。"石守信等人忙问为什么这样。宋太祖道："这不是很清楚的么，我这个皇帝的位置，世上有谁不想要呢？"听罢，众人慌忙离席，跪倒在地上道："陛下何出此言？如今天命已定，谁还敢有异心！"宋太祖感叹道："话不能这样说的，我知道你们没有异心，不过你们的部下就难说了。他们若是为了得到更大的富贵，一旦将黄袍加在你们的身上，到时候就算你们不想当皇帝，又能够办得到吗？"

这一席话让众将面面相觑，知道自己因为手握重兵受到君主的猜疑，搞不好会有杀身之祸，他们中有的人甚至惶恐得哭泣起来，纷纷要求宋太祖指明一条"可生之途"。赵匡胤开导众将说："人生在世有如白驹过隙，只是短暂的瞬间。贪求富贵的人其实不过是想积累财富，多多享乐，不让后世子孙陷入贫困。你们不如放下军权，到各地去购买良田美宅，颐养天年，为子孙留下永世的产业。赵氏宗室也同你们结为婚姻，君臣之间两无猜疑，上下相安，这样不是很好吗？"话已经说得很明白了，宋太祖是在用保证他们荣华富贵的承诺来向将领们换取兵权。

## 皆大欢喜

石守信等人见宋太祖如此推心置腹，不留回旋余地，且此时宋太祖威信极高，只得俯首听命。第二天，石守信、高怀德、王审琦、张令铎等禁军宿将同时上表说自己有病，请求皇帝解除他们的军权，宋太祖顺水推舟，欣然同意，这就是著名的"杯酒释兵权"。事后赵匡胤遵守自己的许诺，与这些旧部结成姻亲。

经过"杯酒释兵权"后，宋太祖选拔了一些资历较浅、威望不高、容易控制的人担任禁军将领，又不断分化和削弱他们的权力，分别设立殿前、步兵、马军三个互不统率、直接听令于皇帝的都指挥使来统领军队。同时在朝廷中设立枢密院，专门负责军队调动。这样一来，三个都指挥使的统兵权与枢密院的调兵权分开，枢密院直接对皇帝负责，军权集中于皇帝一人之手，在最大限度上防止了兵变的产生。

### 历史词典
### 糊名考校之法

为防止科举考试作弊，淳化三年（992），殿试礼部奏名合格进士，宋太宗采纳将作监丞陈靖的建议，初次实行"糊名考校"法复试进士。糊名亦称"封弥"或"弥封"，是将考生试卷前面的姓名、籍贯及原来乡试的情况登记等项贴封起来，在决定录取名单后，开拆弥封，借以防范主考官徇私舞弊，有如现今所行密封卷首法。咸平二年（999）礼部试时，选派官员专司封印卷首，明道二年（1033）诸州解试也实行弥封制。自此，各级考试在试者纳卷后，普遍密封卷首，或临时截去卷首，将试卷编成千字文号，应举者考试成绩的优劣"一决于文字"。糊名考校方法的实行，取消了贵族、官僚利用科举世袭的特权，为各阶层"平等竞争"提供了重要保证，是我国封建社会行之有效的考试方法之一，对选拔人才发挥了积极的作用。

人物·赵匡胤 03

时间：北宋初年

# 被撤掉的凳子

从秦汉至唐宋，皇帝对待宰相的礼仪逐渐降级。宋太祖废除"坐而论道之礼"后，宰相失去了与皇帝对坐的权利，其实他们失去的，又何止是一张凳子呢？

## ● "独制天下"的障碍

"宰相"是中国古代对政府最高行政官员的通称。"宰"的意思是主宰，这个字最早出现在商朝的甲骨文中，意思是管理家务与奴隶的人，西周开始作为官员的称谓，出现了执掌国政的太宰，负责贵族家务的冢宰，以及管理乡邑的邑宰等。"相"的本意为"相礼之人"，带有辅佐之意。宰相连称始见于《韩非子·显学》，指的是在朝廷中主持政事的高级官员。不过在中国漫长的古代社会中，只有辽代以"宰相"作为正式官名，在其他朝代，宰相往往是朝廷行政方面最高官职的代称。

建隆元年（960），34岁的赵匡胤成为宋朝的开国皇帝。此时摆在他面前的最大难题是如何才能够结束自安史之乱以后长达二百余年的乱世，让赵家王朝永延国祚。为了达到这个目的，宋太祖精心构建了一个庞大而又复杂的官僚体系，层层叠加的政府部门、强干弱枝的军政制度与文人出身的官吏是这个体系的最大特色。然而在宋太祖看来，即使将地方权力集中到朝廷，也并没有真正解决中唐五代以来"君弱臣强"的问题，因而需要进一步牵制和削弱文武百官的权力，使由地方集中到朝廷的权力，最后完全集中到自己手中，以达到赵氏皇帝"总揽威柄""独制天下"的目的。

百官之中权力最重的宰相，就成为宋太祖首先开刀的"对象"。

## ● 宰相的凳子

宋太祖取代后周以后，以范质为侍中，称为昭文相；以王溥为司空，称为史馆相；以魏仁浦为右仆射，称为集贤相。三位宰相并设，而不置副宰相。以上几

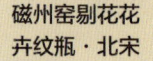

磁州窑剔花花卉纹瓶·北宋

12

图说中国史

北宋

人都是五代的旧臣,早在后周就进入朝廷的权力中枢,范质更是后周世宗柴荣的托孤重臣。宋太祖对他们忌讳甚深,之所以使他们出任要职,无非是为了笼络人心、巩固统治,并趁机将其由要害部门调出而已。就在这一年,宋太祖的心腹赵普取代了范质、王溥,开始主持掌握军机的枢密院,朝廷政务实际上操纵在宋太祖和赵普等人手中。

就算三位宰相的权力已经被巧妙地架空,他们百官之首的身份依旧让宋太祖觉得不安。按照封建王朝的传统礼仪,宰相同皇帝商议重大事情时,皇帝必须赐予他们座位,君臣对坐讨论政事,这就是三公坐而论道的"坐论之礼"。这种待遇无疑是宰相地位崇高的体现,自然也是增强皇权的阻碍。

一天早朝,宋太祖忽然对范质和王溥说:"我眼睛有些昏花了,你们把奏疏送上来。"在范、王二人离开座位时,宫廷侍卫乘机将他们的凳子搬走。这一动作到底意味着什么,久经官场的宰相们心领神会。从此在朝会的时候,他们便主动将奏折递交皇帝,不久又上疏要求废止"坐论之礼"。宋太祖当然接受了这一建议,从此宰相们只能和寻常官员一样站立在朝堂之上。

●《帝王道统万年图》之宋太祖洞开重门·明·仇英●

从这幅画作可以看出宋太祖的统治思想,他不想把赵氏帝王安置于一个易守难攻的安逸环境中,他希望大宋帝王们能放眼天下,主动掌握中央权力。

宰相自贬身价的作为,无疑大大降低了他们在朝廷中的地位以及在百官之中的威信。即使是这样,宋太祖仍旧对这三位老臣心怀疑虑。在乾德二年(964)正月,范质、王溥、魏仁浦三位宰相同时被免去职务。就在同一月,赵普官拜门下侍郎、平章事、集贤殿大学士,成为当时唯一的宰相,常侍奉太祖左右。但是即便赵普如此为宋太祖恩宠信任,他也只能站在庙堂中与皇帝说话了。

## 皇权的加强

其实自秦汉以后，中国的封建王朝就不断加强皇权，分化和削弱相权。早在隋朝，宰相实际上就已经是一个群体，即皇帝以外的朝廷最高领导阶层，而非哪一个具体的官职。宋朝延续唐朝旧制，宰相职权被一分为三。乾德二年（964）以后，朝廷虽然依旧设立三省六部，但是这些部门的长官不经特许不能管理本机构的事务，实际上成为安排元老旧臣的闲职。真正行使行政权力的是"中书门下"这一机构，中书门下又称政事堂，以同平章事为长官，多由中书、门下两省侍郎担任。政事堂还设有参知政事，这个相当于副宰相的职位分割了同平章事的部分领导权。又以枢密院为全国最高军事机构，枢密院的长官为枢密使，与政事堂合称东、西"二府"。"二府"之外又有户部、盐铁、度支"三司"，这三个部门主管财政收支，号称"计省"，其长官为三司使，号称"计相"。二府三司互不统属，直接对皇帝负责，组成最高行政机关。经过宋太祖的这样一番调整，宰相的权力与地位大不如前，再也不能影响到皇帝的决策权。

### 延伸阅读

**二府制**

宋代朝廷最高行政机构中书门下和最高军事机构枢密院，一文一武对掌大政，合称"二府"。中书门下简称中书，习称政事堂、都堂、政府、东府，设在宫城中，是宰相和副相办公处。宰相包括侍中和同中书门下平章事。同中书门下平章事简称同平章事、平章事。宰相兼领三馆，并以所兼任昭文馆大学士、史馆监修国史、集贤院集贤殿大学士作为上相、次相、末相之序。副相指参知政事，习称执政，与宰相合称"宰执"。参知政事升政事堂，与宰相同议政事，轮流知印、押班、奏事。中书下设孔目、吏、户、兵礼、刑五房办事机构，习称中书五房，分理政务。枢密院习称枢府、西府，主管军队的调遣和移防等，长官为枢密使、副使，也称为执政，下设办事机构为枢密院承旨司，设承首、副承旨，后设承旨、副都承旨。承旨司下又分设兵、吏、户、礼四房，后增设刑房及处理边防事务的北面河西房。

人物·赵普  04

⏲ 时间：北宋初年

# 炮制出来的金匮之盟

> 赵普作为赵宋皇朝的开国奠基人之一，既辅佐太祖开国立业、创建制度，也帮助太宗迅速稳定了权力移交之后的政治局面。特别是其针对太宗嗣位非正而炮制金匮之盟，一方面为太宗争取了政治资本，一方面也改善了自己与当今天子的关系。

## ❀ 烛影斧声

开宝九年（976）十月二十日凌晨，正值盛年的宋太祖忽然驾崩，时年50岁，死前并无任何暴疾的征兆。太祖去世前夜风雪漫天，太祖召其弟晋王赵光义入宫饮宴。左右近侍皆不得侍奉，只是在烛影摇曳中，远远看到晋王时而离席，好似有躲避和谢绝之意，然后又见太祖手持玉斧戳地，大声地对晋王说："好为之，好为之。"谁料，次日凌晨天还未亮，太祖就驾崩于万岁殿。

太祖的皇后宋氏急忙派宦官王继恩召皇子赵德芳入宫，想让赵德芳承嗣。不料，王继恩自作主张，中途改道去召晋王，并与早已迎候于府门外的晋王亲信、医官程德玄一起劝说赵光义入宫。当王继恩回宫后，皇后问道："德芳来了吗？"王继恩答道："晋王到了！"宋皇后见到赵光义，知道大势已去，且惊且怕，只能口称"官家"（宋代俗称皇帝为官家），央求赵光义保全母子性命。赵光义也佯装哭泣道："共保富贵，不要担忧。"

开宝九年（976）十月，赵光义即位，是为宋太宗，改当年为太平兴国元年。

▸ 檀木描金经函·北宋

浙江省博物馆藏。该函呈长方形，函内施酱褐色漆，檀木为胎，子母口，须弥座。其金色花纹与一般描金漆器做法不同，是金粉调胶，直接用笔画于漆面上，纹饰繁缛，精美无比，是宋代漆器标志性器物。

## 金匮之盟

太祖死得蹊跷，太宗即位也令人疑窦丛生，为后人留下了"烛影斧声"的千古疑案，使得时人议论纷纷，人心颇有不服。太宗的当务之急便是安抚人心，力求为自己的夺位之嫌找个冠冕堂皇的借口。

太平兴国六年（981），赵普抛出了"金匮之盟"，为太宗解围。按照民间的说法，太祖、太宗和秦王赵廷美兄弟三人的生母杜太后，在临终前曾召当时的宰相赵普进宫听受遗命。杜太后问太祖道："你自己知道你为什么能得到江山吗？"太祖呜咽哭啼，不能回答。杜太后便责备他说："我是自己老死的，你哭也没有用。我跟你谈国家大事，你怎么只知道哭呢！"杜太后又问刚才的那个问题，太祖这次回答说："我之所以得天下，全靠了祖先的余德，太后的庇荫。"杜太后说："你说的不对！你能得天下，是因为周世宗让幼儿即位做了皇帝，人心不附造成的。倘若周朝有一位年长的君主，你能得到天下做皇帝吗？"

接着，杜太后又教训太祖，为了防止后周那种幼儿主天下而失天下的情况再次出现，宋朝要继立长君。她要求太祖死后要传位给光义，光义死后要传位给小弟秦王廷美，廷美死后则传位给太祖之子德昭。最后杜太后说："四海至广，万机至众，能立年长者为君主，实在是国家社稷的福分。"太祖叩谢母亲的临终教诲，哭着说："我一定按照母亲的教导来办。"为了监督太祖实施，杜太后又让赵普把自己的话记下来作为将来皇位继承的依据。赵普随即在杜太后床前按照太后的意思写好了誓书，并在誓书末尾署上了自己的名字。太祖便将誓书锁于金匮，交由谨慎可靠的宫人管理，秘藏宫中。

· 《帝鉴图说》之宋太祖敬受母教·明·无款 ·

杜太后临终前教训宋太祖，要他将来务必遵循传位于长者的遗训，并命当朝宰相赵普记录做成誓书，署名锁于金匮，结果日后，这成了宋太宗排除异己、独传亲子的王牌。

## 相互利用的盟约

太宗继位之后，一度以皇弟赵廷美为开封府尹兼中书令，封齐王；太祖之子赵德昭为永兴节度使兼侍中，封武功郡王。同时，下诏令齐王赵廷美、武功郡王赵德

昭位在宰相之上。但随着自己地位逐渐巩固,太宗决心传位给自己的儿子,可是又受到"金匮之盟"的限制,左右为难。

太平兴国四年(979),太宗在高梁河战败,一度失踪,军中竟出现拥戴赵德昭的事件。后来太宗回到汴京,迟迟不赏消灭北汉、攻取太原的有功将士,一时朝中、军中议论纷纷。赵德昭入宫规劝,不料太宗却因此大怒,冷冰冰地对德昭说:"等你自己做皇帝了,再赏也不迟!"赵德昭听了之后,惶恐异常,回府就自杀了。两年以后的太

**定窑白地酱彩缠枝牡丹纹瓶·北宋**

平兴国六年(981),赵德昭的弟弟赵德芳也不明不白地死了。太祖的两个儿子都死了,对皇位的威胁就剩下了幼弟廷美。要打击赵廷美,太宗在当时急需一种完全有利于自己的舆论和一个非常得力的助手。

赵普是太祖开国时的元老重臣,太宗正可借用他的重要地位和政治影响来打击廷美。而此时的赵普连遭冷落,又被宰相卢多逊逼得无处可退,甚至身家性命都岌岌可危。赵普为求自保,也瞧准太宗的需要,投其所好,抛出了"金匮之盟"修改本这张王牌。

赵普所提供的"金匮之盟"的修改本是完全有利于太宗的"独传约"。在这个版本中,杜太后的遗诏变成了独传于太宗。而对于赵廷美、赵德芳则只字未提。为了继续表现对太宗的忠心,赵普甚至以太祖为例,告诫太宗:"太祖已经错了一回,你怎么能错第二回呢?"赵普以开国元老和"金匮之盟"唯一记录者的身份,不但使得太宗即位变得名正言顺,而且也为太宗下一步打击幼弟,进而实现传位亲子的计划铺平了道路。

当然,太宗也不忘投桃报李,恢复了赵普的相位,并将其置于首相的地位,正好压在了卢多逊的头上。第二年,赵普向太宗告发卢多逊跟赵廷美交往密切,意图不轨。太宗借机兴大狱,将赵廷美安置到了房州(今湖北房县),卢多逊则被流放到了崖州(今海南三亚)。赵廷美的势力被彻底涤荡,太宗传位亲子的道路障碍至此也被扫清。

## 05 吴越降宋

时间：978

宋朝建立后，弱小的吴越政权立即表示臣附。北宋太平兴国三年（978），吴越正式归顺，辖有13州1军86县的吴越地就此划入了中央政权的统一管辖之下。

### ❁ 开国君主的遗言

唐帝国的崩溃使得当时的中国陷入了一个四分五裂的境地，从朱温建立梁朝开始的五十多年里，中原地区前后换了后梁、后唐、后晋、后汉、后周五个短暂的王朝，合起来叫作"五代"。与此同时，在南方和巴蜀地方，还有许多割据政权，有的称帝，有的称王，前后一共建立了九个国家（前蜀、吴、闽、吴越、楚、南汉、南平、后蜀、南唐），加上在北方建立的北汉，一共是十国，所以这一时期被称为"五代十国"。割据势力们彼此互相侵攻，中原大地战乱不断，人民流离失所。

吴越国是一个南方的弱小的割据势力，为了维持自己的地位，吴越国的统治者从创始人钱镠开始就采取了"事大"的对外方针。在后梁的朱温即位不久，当时还是镇海（今浙江杭州）节度使的钱镠就首先派人到汴京祝贺，表示愿意称臣。朱温十分高兴，封了他做吴越王、诸道兵马都元帅。后唐灭后梁以后，钱镠又向后唐上表称臣，不仅得到了吴越国王、天下兵马都元帅的头衔，而且还得到了玉册金印，以示恩宠。钱镠临死前留下了一个遗言："子孙后代要量力而行，如果遇到了真正能统一天下的人要尽早归附。"

### ❁ 怀璧其罪

有了钱镠立下的方针，后人也是有样学样，尤其是他的后人钱俶更是把"事大"的这个方针发挥得淋漓尽致。钱俶本名叫钱弘俶，为了避宋朝的讳所以改名为钱俶。在五代的后周时期，由于后周的强大，钱俶立刻表示了臣服，不仅进贡了大量的金银财宝，还积极配合后周的军事行动。后周显德三年（956），周世宗征讨淮南的时候，钱俶应后周的要求出兵进攻常州。钱俶的这种臣服的姿态自然让后周的统治者很高兴，于是连连加封钱俶的官职，后周广顺元年（951），授诸道兵马元帅，第二年，授天下兵马元帅。到了后周世宗的时候又加封为天下兵马都元帅，可见后周对钱俶的满意程度。北宋建立后，钱俶更是恭敬有加，不但加倍地进贡上好的瓷器金银，还亲赴汴梁进行朝觐，可谓是把属国的礼节做到了极致。

当然吴越国的统治者们如此对大国奉承讨好并不是他们愿意这样做，实在是为了在当时险恶环境当中图生存的一种不得已的手段。当时的吴越国的疆土狭小，极盛时也只辖有杭、越、湖、苏、秀、婺、睦、衢、台、温、处、明、福13州；另又设有镇海、镇东、中吴、宣德、武胜、彰武等节镇。这块土地丰裕肥美，所谓"怀璧其罪"，吴越国虽然富裕但是毕竟疆域太小，实力不足，这就使得吴越国成了周边各大割据势力必取之而后快的一块肥肉。

## 助宋灭南唐

当年钱镠衣锦还乡，他的父亲却避而不见，说了这么一番话："我们家数代都是耕田打渔为生，没有人能富贵到如此地步。现在你控制了13州，三面受敌，还要和人争雄，我怕你一旦失败，要连累我们整个家族。"这番话清楚地道明了吴越国所处险恶境地。为了保存自己，吴越的统治者必然要实行远交近攻的策略。当然吴越国的实力太弱，所谓的"远交近攻"也只能变成抱住中原强国大腿的一种狐假虎威的自保之道。

宋朝立国之后，太祖赵匡胤定下了一个先平定南方再扫平北方的战略方针，这样就

**杭州保俶塔**

保俶塔位于杭州的西湖北岸。此塔原名应天塔，始建于北宋开宝年间（968～975）。传说赵匡胤建北宋后，把吴越王钱俶召到了京城汴梁。吴越王的母舅吴延爽为祈求他能平安归来，特建此塔，称为保俶塔。

使得吴越国一下子首当其冲。就在宋朝发动攻灭南唐的战争后，当时的南唐后主李煜曾致书钱俶说："今天我完蛋了，明天你还好得了吗？"这句话明白地道出了当时吴越国的尴尬处境。吴越国的丞相沈虎子也说南唐是"国之屏蔽"，要求和南唐一起对抗宋朝，以此来保住吴越国的独立地位。可是钱俶最终看清楚了当时的天下大势，知道宋朝的统一是不可抗拒，顽抗到底最终只能死路一条。于是钱俶不仅没有援助南唐，反而遵照赵匡胤的命令，派出大批精锐夹击南唐，最终促成了南唐的灭国。

## 和平统一

南唐灭国之后下一个自然就是吴越国，这一点无论是吴越国的统治者钱俶还是他的臣子心里都十分清楚的，可是人总是会心存侥幸，钱俶也不例外，还幻想宋太祖看在吴越国多年忠诚侍奉的份上让吴越国维持自身的独立。可是太平兴国三年（978），钱俶第二次去汴京朝觐时，曾经依附南唐的清源军节度使陈洪进向宋太宗赵光义献上了漳、泉二州的土地。有了这样的先例，吴越国想躲也躲不过去了。钱俶知道如果不尽快归顺宋朝，就会大祸临头，最终决定"保族全民"，将他的"锦绣山川"和11万带甲将士悉数献纳给宋朝，实现了和平统一。

由于和平统一，吴越国军民无一人死伤，也无丝毫的财产损失，为此宋太宗对钱俶大加赞扬。在吴越国统治时期，时人对这个割据政权没有多少好感，并留下若干吴越国"重敛虐民"的记载。钱俶"纳土归宋"后，躲过一场战争浩劫的吴越居民感谢钱氏的功德，世代流传的都是钱王兴修钱塘江堤等利国利民的事迹，甚至有钱王射退钱塘江潮之类的传说。直到六百余年后的明代末年，人们仍可看到"吴越

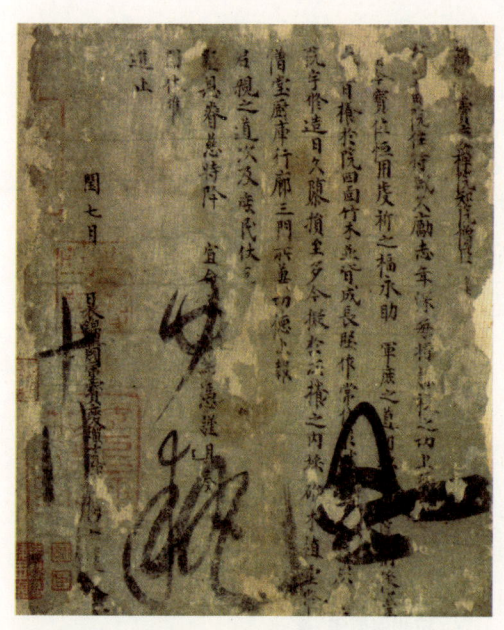

· 《批答卷》·吴越·钱俶 ·

该书法卷是钱镠、钱俶父子书法的合卷，此为后半部分，是庆禅院僧崇定上奏表文，有钱俶的批字和花押，据考写于北宋太平兴国二年（977）闰七月，表文楷书，结体严密，质朴敦厚。

之民,追思钱氏,百年如新"的情景。

## 泽及子孙

由于钱家自始至终执行"事大"政策,使得钱俶归宋后受到空前的礼遇,太宗"申誓于山河",发誓永保钱氏子孙富贵。钱俶先被封为淮海国王,后改封为邓王。对于抵达汴京的近三千名钱氏族人,太宗大加封赏,让他们"文武自择其官",被授予官职者有上千人,不少人出任或在后来升任节度使、观察使、将军、尚书,直至当上宰相。钱俶之子钱惟演还娶了公主,和皇室结为亲家,待遇优厚至极。北宋末年,在开封等地的钱王后裔已达上万人。因此,当时的人们都说"忠孝盛大,惟钱氏一族,信为善之报不虚"。

宋代灭亡后,后世的人们鉴于钱王的历史功绩,对其后裔仍很敬重。明代初年,钱王后裔、江西建昌知府钱克邦在办理税粮时有过失,可能会被朝廷处死,其子便带着后唐昭宗时赐给钱俶的恕本人九死、子孙三死的金书铁券,去南京"诣阙自陈"。明太祖朱元璋召见了这个少年,对他说:"五代时天下大乱,各据一方,你的祖先能保护两浙的人民过上和平的生活。到了宋朝,知道太祖、太宗是真主,便将土地归附。你的祖先做下的这些功绩,可延续到现在。"于是朱元璋法外施恩,赦免了钱克邦,并发回已经查抄的田产家财。在清代,乾隆皇帝在屡次下江南时多次亲临西子湖畔祭祀钱王的表忠观等处,并在一首御制诗中称誉钱王"端因识时务,可以号英雄",称誉钱氏子孙"勖哉钱氏族,百世守家风"。

### 六和塔

六和塔乃北宋开宝三年(970)吴越国王钱俶为镇压钱塘江大潮而建,位于杭州城钱塘江畔,北倚群峰,因该地旧有六和寺,取佛家六种规约之意,故称。别名六合塔,则是"天、地、东、西、南、北"六方以显示其广阔的含义。初建时规模极大,塔身为砖木结构,共分9级,高167米多,斗拱、重檐、塔身三者在尺度阴影处理上极为恰当,明暗间隔收分合度,轮廓衬托分明。塔身上装有塔灯,在钱塘江上夜航的船只,都把它当作航标。宣和三年(1121)毁于兵火,南宋绍兴二十三年(1153)重建。塔身减为7级,平面呈八角形,仿木结构砖砌,外观木檐13层,高59.89米,占地1.3亩。每级中心皆有小室,小室外有廊道,级与级间铺有螺旋形阶梯,塔内须弥座上均雕有花卉、人物、虫鱼鸟兽等图案,精致入微,栩栩如生。塔外木檐回廊宽阔舒展,登塔之人可由塔内步入外廊,周览江山景色。

# 06 半部《论语》治天下

时间：922～992

自宋太祖以后，北宋王朝的君主大臣们都极其重视自身的文化修养，在皇帝、宰相亲自带头的榜样影响下，崇尚儒学、重视文化的风气很快流传开来。

## ❀ 宰相须读书

北宋初年的一个冬天，夜里大雪纷飞。在一片银装素裹之中，两位客人先后来到汴京城内的某处深宅大院，在温暖的火炉旁宾主三人饮酒夜谈，就是在到这里，北宋王朝结束五代乱世，平定天下的策略诞生了。这两位来客是北宋开国皇帝赵匡胤和他的胞弟、后来的宋太宗赵光义，这座深宅大院的主人则是北宋的开国元勋赵普（922～992）。

赵普的原籍在幽州蓟县（今北京西南），后来他的父亲带领家族迁到洛阳（今属河南）居住。后周时，赵普在军中担任小吏，以勤奋能干得到赵匡胤的赏识，很快被提拔为归德军节度使掌书记，成为他的幕僚。赵匡胤称帝以后，赵普的官职不断提升，乾德二年（964）成为一人之下万人之上的宰相。

身为朝廷重臣的赵普并非文人出身，这在极重文治的北宋实在是一个罕见的特例。曾为小吏的赵普年少失学，虽然认识文字，读的书却并不多，再加上他平素不善言辞，所以很多人都以为他从不读书。决心大量任命文官，开创一个全新制度的宋太祖经常劝他在平时多注意学习文化，甚至为此很严厉地批评赵普。从此赵普开始知道读书的重要性，于是努力地学习儒家典籍。

## ❀《论语》治天下

赵普读得最多的是被儒生们分外推崇的《论语》，赵普将这部号称足以"修身、齐家、治国、平天下"的书放在卧室的盒子里，每天退朝

图说中国史
北宋

回家就关上房门用心攻读。在后世作为启蒙读物的《三字经》中,有这样几句话——"赵中令,读鲁论;彼既仕,学且勤。"这段话的意思是:宰相赵普认真研读《论语》,即使做了官也坚持勤奋学习。一个小吏出身的人能够得到后世儒生这样的推崇,在中国历史上是非常少见的。

过了一段时间,同样重视文治的宋太宗赵光义即位,他组织当时的著名学者编纂一部规模宏大的分类百科全书——《太平总类》。《太平总类》收集摘录了一千六百多种古籍的重要内容,全书共一千卷,是一部很有价值的读物。对于这样一部巨著,宋太宗规定自己每天至少要看三卷,于是更名为《太平御览》。这位以好读书闻名的皇帝常对左右的人说:"只要打开书本,总会有好处的。"成语"开卷有益"就出自这里。太平兴国二年(977)三月,赵普被宋太宗从河阳(今河南孟州市)召回朝廷,升任太子太保。太平兴国六年(981)九月,赵普被封为梁国公,再次担任宰相一职。此时赵普已经不是昔日的"吴下阿蒙",得到任命后,他自信地对宋太宗说道:"臣有《论语》一部,以半部佐太祖定天下,以半部佐陛下致太平。"由此传下"半部《论语》治天下"的千古名言。

"半部《论语》治天下"这句话后来被人们按照自己的需要做出不同的解释,许多学者认为这是读书一定要专精的证明。崇拜孔子的儒生相信这说明儒家典籍包含了世间的一切道理,仅仅读熟一册《论语》就足以让人出将入相。批判儒家文化的人则将之理解为装聋作哑的权谋之术。无论如何,北宋开国君臣们开创了以文官治国的先河,在举国崇文的浪潮下,中国迎来了又一个文化高峰。

《雪夜访普图》·明·刘俊

《雪夜访普图》描绘的是宋太祖退朝之后,于风雪之夜造访重臣赵普,并和他策划如何结束十国割据局面的故事。

# 五彩缤纷的岁时节令

形成于汉代的四时节令到唐宋已基本定型。从正月初一开始，元宵、清明节、端午节、七夕、中元节、中秋、重阳、立冬、冬至等重要岁时节日，均有民俗活动，而且极为讲究。宋代的岁时节令庆祝活动丰富多彩，形式多样，反映了宋代社会生活的多彩侧面。

### ● 元旦

"正月朔日，谓之元旦，俗呼为新年。一岁节序，此为之首"，元旦（今春节），即正月初一，是中国古代最盛大的节日，宋代亦袭此节，家家户户"净庭户，换门神，挂钟馗，钉桃符"。北宋末年，唐代名将秦琼、尉迟敬德取代传说中能打鬼驱邪的钟馗成为"门神"。由于宋代印刷技术的进步，还出现了木版年画，张贴于家中，增添节日气氛。自宋代发明火药后，从除夕夜到元旦，燃放爆竹也是一景。南宋时期临安城还要在元旦燃放焰火。新年伊始，家家户户还要拜天地、祭祖先、互相祝贺。上层士大夫中还流行送名片以代替登门拜年。这一天，"不论贫富，游玩琳宫梵宇，竟日不绝。家家饮宴，笑语喧哗"。

### ● 元宵观灯

正月十五为元宵节，又称为"上元节"，也称灯节。唐代时，灯节为三日，宋初延长为五日。宋帝多强调元宵节应"与民同乐"。城内处处张灯、人人观灯，南宋时临安城内"四十里灯光不绝"。元宵节灯品繁多，以"苏灯"为最，圈片大者，径三四尺，皆五色琉璃所成；山水人物花竹翎毛，种种奇妙，令人佩服。宋朝还出现了"猜灯谜"的节日活动。

### ● 寒食与清明

寒食为宋代三大节之一，节前做好饭菜，节日期间禁火。北宋时期放假七天，南宋时缩短为五日。节前，宋人还有家家折柳插门的习俗，江淮尤其盛行。南宋时期，临安一带的市民还有乘舟游西湖、看龙舟的习俗，不少士庶在湖中饮宴行乐，"至晚携西湖土宜（土产）而归"。寒食节的第三天为清明节，是扫墓祭祖的节日，"官员士庶，俱出郊省坟，以尽思时之敬"，皇室也早早"发宫人车马往绍兴攒宫朝陵。宗室南班，亦分遣诸陵，行朝享礼"，扫墓时还要烧剪成圆钱或元宝形的"纸钱"。

**景德镇窑影青瓷刻花注子注碗·宋**

## ● 端午

农历五月初五的端午节是夏季的重要节日。"自五月一日至端午节前一日,卖桃柳、葵花、蒲叶、佛道艾。次日家家铺陈于门首。与粽子、五色水团、茶酒共餐,又钉艾人于门上,士庶递相宴赏。"北宋时期盛行"合泥做张天师,以艾为头,以蒜为拳,置于门户上",或用朱砂写"茶"字倒贴在墙上,南宋民间还要制作小红袋,装入雄黄,系于身上,都是为了达到驱邪避瘟的目的。端午期间人们还要吃粽子,饮雄黄酒、菖蒲酒等。

## ● 中秋与重阳

农历八月十五中秋节是秋季的重大节日,也是赏月的最佳时节。两宋赏月之风不减前朝,"中秋夜,贵家结饰台榭,民间争占酒楼玩月""此夜天街卖买,直至五鼓,玩月游人,婆娑于市,至晓不绝"。赏月之余,石榴、梨、枣、栗等中秋助兴佳品也是不可或缺的。除赏月外,赏桂、观潮在宋代也十分盛行。尤其是宋室南迁后,临安观潮更是热闹。九九重阳,自秦汉以来逐步形成的登高、插茱萸、赏菊花、吃重阳糕等习俗在宋代依然兴盛。北宋汴京民众在重阳节"多出郊外登高",在郊外高山上聚会行乐。宋代还极为流行赏菊、佩菊。宋代重阳糕的制作也更加精致,最为著名的是狮蛮糕。

**玉兔捣药饰件**

宋人的节日缤纷多彩,中秋节是其中重要的节日。八月十五,一轮明月挂在空中,人们不免想起传说中的月宫,说起嫦娥奔月、玉兔捣药……

## ● 冬至与除夕

冬至与寒食、元旦为北宋的三大节日,至南宋,冬至则与元旦并列,称为"亚岁"。北宋汴京"最重此节,虽至贫者,一年之间,积累假借,至此日更易新衣,备办饮食,享祀先祖。官放关扑,庆贺往来,一如年节",南宋杭州也是"最重一阳贺冬","三日之内,店肆皆罢市,垂帘饮博,谓之做节"。北南宋两朝在冬至之日,都要在京城南郊举行"祭天",称为"南郊",以祈求上天保佑子民。冬至还有吃馄饨、喝稀豆粥的饮食习俗。农历十二月二十四日,宋人称为交年节,也称小年。这一天要举行"醉司命""照虚耗""诵经咒""扫屋宇"等多种节日活动。从小年夜开始,到除夕"士庶家不论大小家,俱洒扫门闾,去尘秽,净庭户,换门神,挂钟馗,钉桃符,贴春牌,祭祀祖宗"。由于除夕是"一夜连两岁,五更分二年",宋人还有守岁的习俗,"士庶之家,围炉团坐,达旦不寐"。

## 07 太宗受挫高梁河

**人物 赵光义**

**时间：979**

五代时期，辽国趁着中原大乱夺取了燕云十六州。北宋建立后，为了确保中原地区不受到来自北方的威胁，理所当然要夺回这片土地。然而宋太宗仓促北伐，导致失败，从此幽云地区与中原隔绝长达两百余年。

### ❀ 幽州攻防战

太平兴国四年（979），宋太宗亲统大军进攻北汉，包围了其都城太原。辽国南府宰相耶律沙率军来援，被宋军击败，北汉主刘继元随即投降。北汉灭亡，宋朝基本完成了统一大业。

然而此战的轻易成功却使宋太宗头脑发热，过高估计了己方的实力，他立即移师向东，想要一举收复燕云十六州。诸将都劝谏说："长期在外，士兵疲倦，粮饷匮乏，不宜再战。"太宗根本听不进去。

当年六月，宋太宗没等诸路兵马会合，就匆忙挺进至辽国占领地区，直指涿州（今属河北），随即将辽国北院大王耶律希达所部击破于沙河（在今河北易县境内），又与辽国南院大王耶律斜轸恶战于得胜口。宋军势如破竹，辽国守将纷纷投降，宋太宗更加志得意满。

辽国涿州判官刘厚德举城投降，宋军遂于二十六日挺进到幽州城南，耶律希达和耶律斜轸退守清沙河（在今北京昌平境内）。当时守备幽州的是辽国名将韩德让，他在危急中安抚人心，严密防守，以待援军的到来。宋太宗屯兵坚城之下，一连半月都无法攻克。

### ❀ 高梁河之战

此时辽景宗耶律贤（948～982）在位，他患有头风

《宋太宗像》·宋·无款

病，无法正常上朝理事，朝政都由皇后萧燕燕（953～1009）决断。萧皇后听到宋军北伐的消息，立刻召集众臣商议，并发五院兵马，由耶律沙、耶律休哥（？～998）等将统率，分道救援幽州。

七月初六，耶律沙所部到达幽州，与宋军大战于高梁河（今北京西直门外）。宋军人数众多，士气高昂，耶律沙虽然奋勇厮杀，临近傍晚的时候也已损失惨重，准备向北撤退。就在这个时候，耶律休哥率领精锐骑兵赶到。耶律休哥，字逊宁，契丹名将。他听说耶律沙即将战败，就命令士兵每人手持两个火把，趁着夜色直插宋军侧翼。宋军看到满山遍野的火炬，不知道契丹援军来了多少，人心慌乱，士气开始低落。

此时，驻守清沙河的耶律斜轸也赶来救援，两将分左右两翼夹击宋军。已经鏖战了大半天的宋军本就疲惫不堪，经不起两支生力军的冲锋，各部纷纷崩溃。韩德让也趁机打开幽州城门掩杀出来，宋军大败，死伤万余人。

## ❀ 乘坐驴车逃命

此时宋太宗也身负重伤，逃到涿州后没等歇息，耶律休哥率大军又已杀到，太宗伤重无法骑马，臣子们只好找来一辆驴车，把他扶上车，混在乱军中向南奔逃。

**鎏银鱼龙纹铁斧·宋**

此斧前为龙首，后为鱼尾。鱼龙腹部以下接铸一锥状柄，铸造精工，为稀世珍品，根据款识可知此斧为嘉祐元年（1056）制造。

宋军丢弃粮草辎重无数，所收复的各州土地又重新被契丹人占领。各部好不容易站稳脚跟，收拢败卒，却找不到宋太宗的去向，混乱中很多人怀疑太宗已经遇难，提议拥立太祖之子德昭继位。后来终于找到了太宗，此议才作罢。

回到汴梁后，太宗认为既然此次北伐失败，就不能再赏赐灭亡北汉有功的将领们。德昭为众将请赏，太宗嫉恨前事，斥责他说："等你做了皇帝，再赏赐也还不迟！"德昭闻言大惊失色，回家后就自刎身亡。

高梁河之战是北宋转向"守内虚外"战略的转折之一。此役使宋初经过苦心训练而日渐强大的宋军伤亡惨重，而拥戴德昭的事件更让太宗恐惧。战后，太宗不但没有加强军队的训练，反而开始全力加强对军队的控制，此后宋军的战斗力日益下降。

图说中国史

北宋

🕒 时间：北宋初年

# 杨家将名传千古

> 作为北宋时期一个将领辈出的著名家族，杨家将在中国历史上具有特殊地位。他们的形象活跃在评书、小说、戏曲等诸多方面，为广大群众所喜闻乐见。历史上真实的杨家将当然没有民间传说与文学作品中那么传奇，然而杨家一门三代精忠报国的事迹，却着实值得世人敬佩。

在山西代县的旧城里，耸立着一座历史悠久的钟鼓楼，这座钟鼓楼的南、北两面，分别悬挂着"威震三关"和"声闻四达"两块巨大的匾额。传说这是当地人出于对杨家将不朽功勋的景仰，在很久以前专门建立的纪念性建筑。

## ❀ 随汉归宋

提起杨家将，人们首先想到的多半是杨业。这位曾经名震遐迩的名将原名杨重贵，早在弱冠之年便效力于割据山西的北汉政权。年少英武的他很受君主看重，被北汉主赐名为刘继业。深得赏识的刘继业很快被任命为保卫指挥使，在对北宋的作战中以骁勇著称，不久因功升为建雄军节度使。此时，宋太祖赵匡胤成功夺取了后周政权，面对北宋王朝咄咄逼人的压力，刘继业预感到中原的统一大局已经不可逆转，便向当时的北汉主刘继元提出"奉国归宋"的建议，结果遭到北汉君臣的一致反对。虽然刘继业主张对北宋降服，却从未背叛北汉政权。后来北汉国都为宋军攻克，他仍在城南率领军队与宋

• 开封天波杨府杨业像 •

杨业戎马一生，忠君爱国，至死不渝，威名远扬，杨家将的传奇故事就是从他而起。

军苦战，宋太宗让已投降的刘继元派亲信前往劝降，刘继业悲愤地大哭一场后，最终投降了宋朝。宋太宗素知他的威名，将其派往山西前线，受潘美节制。归宋之后刘继业恢复原姓，改名杨业。

## "杨无敌"

在宋辽边防线上的频繁冲突中，杨业再一次显露出惊人的勇武和指挥才能，几次战斗下来，敌兵一见"杨"字大旗，无不避战退走，称他为"杨无敌"。杨业驻守边关八年之久，辽军始终不敢侵入一步。因功勋卓著，杨业很快被提升为云州观察使。雍熙三年（986），宋太宗决定派出三路军队征讨辽国，以恢复汉族政权的传统疆域。其中西路军以潘美为主将，杨业为副将。在开始的时候，各路军队进展得还算顺利，西路军很快夺取了辽国的四个州。然而随着北伐主力中路军的作战失利，宋太宗匆忙命令各路人马班师回国，又叮嘱西路军将四州百姓迁回中原。当时辽国的军队已经开始反击，杨业与辽军交锋多年，深知敌我情势，他认为西路军的任务只是迁移民众，并不需要与敌人决战。但是主将潘美却不以为然，他嘲笑杨业畏惧敌人，认为西路军应该给予追击的敌人迎头痛击。最后杨业力争不果，只得在主将潘美的督促下冒险出击。临行前他和潘美约定，由潘美在要道部署步兵强弩以备接应。可

---

### 延伸阅读

**武举考试**

天圣七年（1029），仁宗下诏设置武举考试，"以待方略智勇之士"。考试内容主要是骑马射箭。至皇祐元年（1049）九月，罢武举。嘉祐八年（1063），枢密院上书，认为文官武将缺一不可，与其把军队交给那些不学无术之人，不如任用那些饱读兵书、熟知阵法又有武艺者为将。治平元年（1064）九月，亲政不久的英宗命翰林学士、知制诰等官员议定恢复武举考试的具体方案。他们认为武举应同科举考试同时进行，允许高级文武官员推荐人才参加武举考试。英宗照准，并下诏规定，每次武举考试前，由兵部统计人数，进行资格审查。次年三月举行初试，由军马司主试骑马、射箭和相关武艺。初试合格者再由皇帝委派官员，偕兵部长官在秘阁组织复试，合格者授予武职。由此，武举考试恢复。

潘美等人在得到了杨业败退的消息之后，带领所部慌忙撤退。鏖战之后的杨业率军来到约定的地点，看到原本应该在此接应的宋军竟然不见踪影。在悲愤与绝望之下，杨业率领部下转身再战。苦战中，他在受伤几十处、左右死伤殆尽的情况下仍手刃敌军数十人，最终为辽军生擒，后来绝食而死。杨业的长子杨延玉，部将王贵、贺怀浦等都在这次战斗中力战身亡。

## 名将杨延昭

在民间传说中，杨业是杨家将的第一代，杨家的众多英烈里以他的牺牲最为壮烈。第二代杨家将的代表人物是杨业的儿子杨延昭。杨延昭在幼年时沉默寡言，却十分喜欢玩行军作战的游戏，父亲看到后曾感慨道："这个孩子像我啊。"此后每次上战场都带他同行，杨延昭也很快锻炼成为一名骁勇善战的将领。雍熙三年（986），杨业率军北伐，让杨延昭担任先锋，结果杨延昭在与辽军激战时被乱箭射穿了手臂，但他毫不介意，更加拼命地与敌人厮杀。后来杨延昭被保举出任巡检使，在河北的边防前线任职。咸平二年（999），辽国突然南下进犯北宋。杨延昭当时正在遂城（今河北徐水）驻守。遂城的城池很小，又没有做好防守的准备，得知辽军来袭后，满城人心惶惶，杨延昭临危不乱，从容地组织壮丁配合宋军守城，同时着手安定遂城人心。当时正值隆冬，他便命令宋军担水浇在城墙上，一夜之间就冻成了坚冰，光滑的城墙让辽军无从下手，只好撤退。杨延昭每逢作战都身先士卒，获得功劳无不与部下分享。辽、宋两国的军民都对他非常敬畏，称之为"杨六郎"。景德二年（1005），杨延昭被授予高阳关副都部署，于大中祥符七年（1014）卒于任上，终年57岁。宋真宗听到这个消息后极为悲痛，专门派遣使者将杨延昭的灵柩运回京城，边地百姓看到南行的灵柩无不落泪相送。杨延昭正处于北宋与辽国势均力敌的对峙时期，为保卫边疆奋战二十多年，深得百姓的爱戴，是北宋前期难得的名将。

## 功业永流传

杨文广是杨延昭的第三个儿子，在年轻的时候得到范仲淹赏识，由此参加了对西夏的防御作战。当时杨文广接到军令,要他率领部队在北宋和西夏的边境地区修筑城堡。为防止西夏破坏,杨文广先放出风声要在另外一个地方筑城,而后迅速率军赶往真正的目的地,连夜抢修城寨,构筑防御工事。前来骚扰的西夏军队看到宋军壁垒森严、准备充足,只得无奈撤退。不久辽宋边境烽烟又起,一心报国的杨文广于是向朝廷提出攻取幽燕的策略,但是还没等到朝廷回复他便英年早逝了。

杨业、杨延昭、杨文广等人都是历史上真实的英雄人物,尤其是前两位,早在北宋时期就已经天下闻名。欧阳修曾盛赞杨业、杨延昭道:"父子皆为名将,其智勇号称无敌,至今天下之士,至于里儿野竖,皆能道之。"然而积弱的宋朝最终还是亡于外敌,于是宋朝遗民更加怀念那些血战保国的将领们,杨家将的故事就在这样的背景下广为流传。宋元之际,民间艺人们把杨家将的故事编成戏曲、评书。到了明清两代,小说家们又把他们的故事编成《杨家将演义》《杨家将传》等小说,通过夸张而生动的文字将杨家将的英勇事迹一代代地流传下去。

### 古北口杨无敌祠

由于杨业战功卓著,国人称之为"杨无敌"。图中的杨无敌祠位于今北京密云古北口,以纪念北宋名将杨业。

人物 吕蒙正

09

时间：946～1011

# 君子坦荡荡

吕蒙正在朝为官，于太宗、真宗时三度为相，深得两代皇帝的信任；在民间，则有少年行乞、刘相招亲等传说流传，至今以吕蒙正为题材的戏剧仍是不少地区戏剧剧种的保留剧目，其传奇的生活经历固然吸引人，但他的为人处世才是流芳百世的根本原因。

## ❀ "饭后钟"的典故

吕蒙正（946～1011）少年时家贫，不得已行乞为生，他曾寄宿于一间寺庙中读书，寺里的和尚经常揶揄他。寺中的规矩，吃饭前先敲钟集合，他以钟声为号，于和尚处吃饭。久而久之，和尚们对这个白吃饭的人颇有怨言，他们商量出一个整人的方法。

一天，和尚们故意在吃完饭以后才敲响钟，等吕蒙正赶到时，看到的是和尚们吃完后的残羹剩菜。这就是俗语"饭后钟"的来历。这样的屈辱任谁都会难以忍受，吕蒙正因这一刺激而更加勤奋好学，于太宗太平兴国二年（977）考中进士，成了北宋第一位状元。他成名后也曾来到旧时的寺庙，寺里的和尚以为他会打击报复，但吕蒙正胸襟宽阔，并没有以怨报怨，而是厚赠和尚们许多礼物，以报答借住之恩，和尚们见此情景颇多愧叹。

## ❀ 君子坦荡荡

吕蒙正中状元后，平步青云，没过几年就任参知政事，进入二府执政。少年得志自然有人看不惯，一次上朝之时，有人在政事堂的帘后说："这个人也配做参知政事？"吕蒙正假装没有听到，若无其事地走了过去。但和他一起走的人都很生气，想去查清楚到底是谁说的，好去理论。吕蒙正却阻止了此人，他说："如果知道是谁说的，我肯定会生气，他也会惴惴不安，双方都会心存芥蒂，所以还不如不知道他的姓名为好。"这件事在朝廷上传开来后，吕蒙正的威望不降反增。

不许别人去查找说话的人，如果是虚伪的人，必然会做出"我很大度，不用追究"的姿态，但吕蒙正老实地说出如果知道了对方是谁自己会生气的话，足见其性格中的坦诚与可爱。

太宗老年时，喜欢听歌功颂德之词。

·《吕蒙正接彩球》·现代·于水

相传吕蒙正入仕前除了满腹经纶也是一贫如洗,偏偏世间就有刘月娥这样的奇女子能看到他前途无量,甘愿相随。这幅画作描绘的正是吕蒙正与刘月娥的姻缘故事。

一次盛宴后,太宗对吕蒙正说:"京城现在如此繁盛,是我治理得好啊!"吕蒙正却不附和,反而说:"臣曾经见到出都城门外没有几里远的地方就有很多因为饥寒而死的人,臣愿陛下的目光由近及远,那才是天下苍生之幸啊。"

## 识人辨才

吕蒙正在太宗、真宗朝三度为相,非常重视对人才的举荐。

真宗朝时,一次真宗欲遣人出使朔方(今宁夏一带),吕蒙正推荐了一个人,真宗不同意。过了几天,真宗又让吕蒙正推荐人选,他还是推荐了原来的那个人,又被真宗驳回。直到第三次,吕蒙正还是推荐同一个人。真宗对他说:"你怎么这样固执呢?"吕蒙正回答道:"这次出使,只有这个人合适,其他人都不行。臣不愿意因为顺着皇帝的意愿行事,而使国事受到损害。"真宗退朝后对左右侍奉的人叹道:"蒙正气量,我不如。"于是采纳了吕蒙正的意见,让他所荐之人出使,果然非常称职。

大中祥符年间,吕蒙正退休在家。一次,真宗探望吕蒙正的病情时问:"你的儿子中间有哪个可堪大用?"吕蒙正说:"我的儿子都不中用,只有侄子吕夷简现任颍州推官,他是个宰相之才。"吕夷简因此才为真宗所知,后来在真宗、仁宗二朝吕夷简受到皇帝重用,真的做了宰相。

## 人物 吕端 10 吕端大事不糊涂

时间：935～1000

> 吕端是宋初的一代名相，老成持重识大体。在朝廷奏议中，吕端往往在紧要关头深谋远虑，颇得太宗的赞许。被称为"大事不糊涂"的吕端，对太宗死后平稳顺利地进行政权交接起了至关重要的作用。

### ◎ 时运不济

吕端（935～1000），字易直，幽州安次（今属河北）人。后晋时以父荫补官；入宋后，历知成都府、蔡州，升为枢密直学士。太宗至道元年（995），继吕蒙正为相。吕端为相前，太宗曾询问众臣，有人对太宗说："吕端为人糊涂，不宜为相。"太宗笑说："吕端小事糊涂，大事不糊涂。"仍然任命他为宰相。

吕端在别人眼里的糊涂形象由来有二。一为吕端在事关个人利益的一些问题上确有"糊涂"之处。他早年出知蔡州，就因为清廉善政，而为当地官吏和百姓上奏朝廷，请求他能留任。吕端一生不蓄家产，不为亲友谋私利，以至亲戚兄弟竟贫困到变卖田宅的地步。二来他对职务上的升迁表现得毫不介意，虽多次被贬，但从不计较。赵普曾称赞他说："吕端得到赞赏不露喜色，遇到挫折也没有惧意，也从来不会到处向人诉苦，是个能做宰相的人。"但吕端的官运也实在不济，他本来是太宗弟秦王赵廷美的属官。太宗为了让自己的儿子即位，一意迫害赵廷美，直至将他贬至房州，死在那里。作为属官的吕端，官位自然也是一贬再贬。

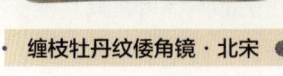

· 缠枝牡丹纹倭角镜·北宋·

后来吕端又做了太宗次子许王元僖的属官,太宗长子元佐因疯癫被废,元僖本来很有希望被立为太子,却突然中毒而死。太宗派人追究,又查出元僖许多不法行为,太宗一气之下追夺了元僖的封号。作为属官的吕端虽然没有被深究,但也被降职。他自己竟然还向太宗认罪说:"臣以前是秦王的属官,因为对下属管教不严被降职,陛下不以臣为辱,又让臣升迁。这次许王暴死,是臣辅佐不力,陛下又不肯降重罪,臣实在是幸运。臣现在只想做个颍州副使就行了。"太宗对他说:"朕知道你的能力。"没过多久,吕端就官复原职,进而拜相。

## 大事不糊涂

太宗晚年,因为高梁河之战的箭伤困扰,不得不认真考虑起继承人的问题。太宗长子元佐自幼聪明机警,深得太宗喜爱。本来太宗逼死太祖之子德昭、德芳,迫害弟弟廷美,都可以说是为了给元佐即位创造条件,但元佐并不领情,屡次维护叔叔廷美,最后竟因为廷美的死而悲愤成疾,以至发狂。元佐发狂后,太宗的次子元僖又中毒而死,太宗听从寇准的意见立三子元侃为皇太子,改名为恒,即日后的宋真宗。而宫内李皇后、内侍王继恩对此并不满意。为了维护太子,太宗特意挑选了吕端为相,就是看重了吕端可以保护太子。果然,太宗去世后,李皇后欲立元佐为帝,吕端据理驳回李皇后的话,力保太子赵恒登位。

真宗即位之时,垂帘召见群臣。吕端对太后欲图不轨之事还不放心,于是,上前掀开帘子看到确实是赵恒本人才放下心来,率领群臣叩拜。因为吕端的"大事不糊涂",真宗才能顺利即位,因此吕端一直受到真宗的敬重。

### 延伸阅读

#### 《百家姓》产生

北宋时编的《百家姓》是流传较广的以识字教育为主的综合性识字课本。《百家姓》是集汉族姓氏为四言韵语的蒙学课本,作者的姓名已佚。全篇从"赵、钱、孙、李"始,为"尊国姓",以"赵"姓居首。全篇虽是四百多个前后并无联系的字的堆积,由于编排得巧,极便于诵读,不仅为孩童提供识字条件,而且提供全国姓氏的基本内容。《百家姓》和《三字经》《千字文》曾合称"三、百、千",成为相辅相成的整套启蒙识字教材,一直流传到清末。后世曾有不少对《百家姓》《三字经》的改编本,但都未能较久、较广地流传,无法取代旧本。

## 11 王小波、李顺起义

时间：993

> 北宋建国之初，根基未稳，即发生了王小波、李顺起义。这次起义第一次提出了"均贫富"的口号，在中国的农民战争史中具有重要意义。

王朝更迭，新兴的政权一般都"与民休息"，正是朝政稳定，社会蓬勃发展的大好时机。但是，在宋初却发生了王小波、李顺起义。

### 王小波起兵

川蜀地区，向以"天府之国"而闻名，物产丰富，生活安宁。四川还是中国重要的产茶区之一。这里远离中原，在五代十国时期没有遭到什么战争的破坏。然而在和平时期，四川商人与官府勾结垄断了当地的"边茶"贸易，贱价强购，使茶农、茶贩深受欺压。越来越多的茶农生活陷入了绝境，很多人只得逃亡。

淳化四年（993），四川西部大旱，然而官府却赋敛急迫，逼得大批农民失业，走投无路的茶农在王小波的带领下爆发了青城起义。

王小波（又作王小幡、王小博），青城县（今四川都江堰市西南）人，与他的妻弟李顺靠贩茶为生。淳化四年（993）二月，他以"吾疾贫富不均，今为汝均之"的口号，聚集当地衣食无着的茶农一起发动起义。青城起义后，附近的茶农纷纷响应，起义军很快发展到了几万人。在王小波的带领下，起义军一举攻克了青城县，随后又攻破彭山县，处死了贪赃虐民的县令齐元振，开仓济贫，声威大振。

此后，义军转战于蜀、邛、眉（今四川崇庆、邛崃、眉山）等境。所到之处，征收乡里富户大姓的钱财米粟，除留其家用之外，一律分发给穷人，得到了贫苦农民的热烈拥护，"旬日之间，归之者数万"。

十二月，王小波率起义军北上，在江原（今四川崇庆东南江源镇）

与西川宋军展开激战。混战中,王小波被西川都巡检使张玘的冷箭射伤了额头,但是王小波不顾自己的伤势,继续进攻,杀死了张玘,攻克江原,取得了西川之战的大捷。

### ◉ 继承遗志

西川之战后,王小波终因伤势过重而牺牲。义军共推李顺为继任统帅,继续实行"均贫富"的主张。李顺率领起义军从江原出发,第二年正月,攻克成都、汉州(今四川广汉)、彭州(今属四川),起义军壮大到数十万人。李顺在成都建立大蜀政权,称大蜀王,改元"应运",设官置署,铸造"应运元宝"和"应运通宝",控制了川峡大部分地区,北达剑关(今四川剑阁北),南至巫峡,东到夔峡。北宋政权极为惊慌,太宗急忙派遣宦官王继恩为剑南西川招安使,统帅中央禁军从剑门入川攻讨;又派兵自湖北入夔门,呼应王继恩,共同镇压起义军。而这时,义军主力正在围攻梓州(今四川三台),久攻不下,战线过长,兵力分散。

至道元年(995)五月,宋军围攻成都,城内仅有十多万起义军。李顺率领手下将士拼死抵抗,终因寡不敌众,成都失陷,12名义军首领被俘就义,3万余兵士殉难。

李顺在混战中不幸牺牲,也有民间传说,攻城时宋军杀害的仅是一个长得很像李顺的人。李顺本人化装成一个和尚,秘密逃出成都,辗转到广州,继续率领农民军战斗,直到30年后,才在广州被发现遇害。这种说法虽然不太真实,却可以表达出川蜀百姓对李顺的爱戴之情。

李顺死后,起义军余部在张余的带领下继续转战于成都南部及东川,直到至道二年(996)五月,才被宋军镇压下去。

"神虎第一指挥第三都朱记"铜印·北宋

## 人物 向敏中

## 12 向敏中智断命案

⏱ 时间：949～1020

> 官场中欺下瞒上的事情屡见不鲜，如果不能如向敏中一般体察入微，那么工作中的失误是不可避免的。如何做到不为他人所欺骗呢？细心思考，不轻信别人是最重要的一点。

向敏中（949～1020）字常之，开封人，曾经担任真宗朝的宰相。太宗太平兴国五年（980），向敏中考中进士，迈入仕途。年少得意的他深得太宗喜爱，曾在一百多天内官升数级，从权判大理寺升迁至右谏议大夫、同知枢密院事，可谓恩宠无以复加。咸平四年（1001），向敏中以参知政事进政事堂，不久由于官场斗争被排挤出京，任建延路（今属陕西）安抚使，从此主持西北地区政务十余年。向敏中在任内勤政爱民，奖励垦殖，以政绩卓著闻名一时，在当地留下不少传奇故事。

### ❀ 倒霉的和尚

向敏中在西北任职的时候，有一段时间驻节在长安（今西安）。某天夜里，一个和尚路过长安附近的村舍，疲惫的僧人向村民请求借宿一晚，这个要求被拒绝了。和尚见到院门外拴着一辆马车，就转而请求在车厢中休息一下。到了深夜，有个歹徒进入这户人家，裹挟一个妇女和一包财物越墙逃跑。这时和尚还没有睡着，看见强盗进出后，他想自己刚才要求借宿没被主人接纳，后来才勉强住进车厢里，现在主人丢失了女子、财物，自己大概要受到猜疑，明天很有可能把他捉住送到衙门。于是胆小怕事的和尚连夜逃走了，他不敢走原来的大道，只得在野地里奔走，不料却掉进一口枯井。巧合的是，被强盗所掳走的那个妇

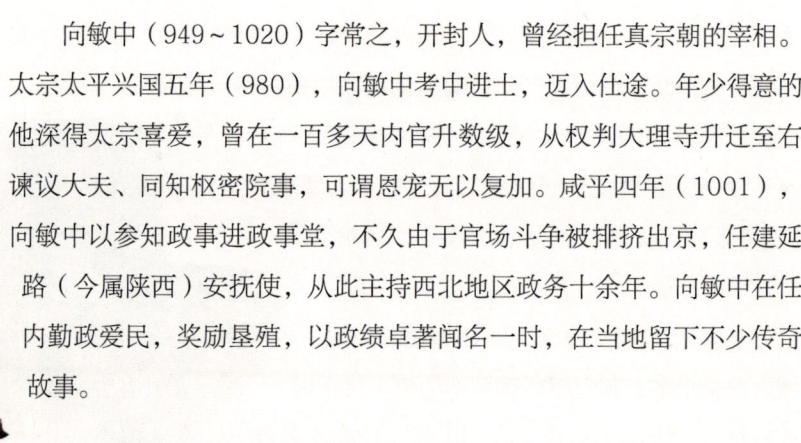

**鎏金玲珑银塔·北宋**
此塔出土于浙江慧光塔，全塔由银片制成，塔刹由多层相轮、宝珠等组合而成，十分精美。

女已经被杀害，尸体正好被丢进这口井中。到了第二天，主人家跟着足迹沿途搜寻，在井中找到和尚以及妇女的尸体，就一并送到衙门。偏生当地的地方官很是糊涂，审理案件一味刑讯逼供，倒霉的和尚忍受不了酷刑，不得已被迫招供道："我和那家的儿媳妇通奸，那天引诱她一起私奔，走到路上担心被他们家里的人捉住，于是把她杀了，又将尸体抛入井中，结果自己在黑夜里也不小心跌进井中。至于赃物，原本放在枯井旁边，不知道被什么人拿走了。"

## ❀ 查访真凶

这件命案就这样被地方官结案了，公文很快呈送到上一级的主管部门。如果不是向敏中对此案的供词感到怀疑，那么这个和尚大概就要枉死在刽子手的刀下，真凶也就永远地逍遥法外了。向敏中为此多次提审和尚，但是畏惧酷刑的和尚只是认罪，反复念叨："我在上辈子欠了她一条命，没什么为自己辩解的了。"经过连续几次追问，和尚才交代了实情。为了侦破这起抢劫杀人案，向敏中秘密派出公差，在暗中查访真正的凶手。

一天，几个公差在村间的小店里吃饭。开店的老太婆听说他们是从城里来的，不知道这几个穿着平常的人是官府中人，就好奇地问道："那个和尚的案子办得怎样了？"公差们骗她道："昨天已经在街上用杖打死了。"老太婆叹了口气，接着问道："如果以后抓住了真正的凶手，那该怎么办呢？"公差道："要是这样的话就是官府错判了案子。即使找到真凶也不敢再追究了。"老太婆说："这么说来，我就是讲出真情也没什么害处了。那个妇女其实是本村的一个少年杀的，和尚被冤枉了。"公差们从老太婆口中套出凶手的住处，随即上门将其捕获，并从他家搜出抢劫得来的赃物。经过一番审讯，凶手招认了全部罪行。延津路百姓闻听这个案子的破获经过，都把向敏中当作神人一般，各地官员也都打起精神，不敢在公务中玩忽职守了。

**王唯一所铸针灸铜人**

王唯一，或名惟德，北宋医学家，精于针灸。历任仁宗、英宗两朝医官。仁宗天圣五年（1027），王唯一负责设计，政府组织工匠，以精铜铸成人体模型两具。仁宗下令将一具置于医官院，一具置于大相国寺仁济殿。他所撰针灸著作名为《铜人腧穴针灸图经》由政府颁行全国，与针灸铜人相辅行世。

# 宋人的生活

宋朝是中国社会市民阶级正式产生的年代，富裕闲暇的市民阶层对娱乐休闲产生出前所未有的兴趣和热情，安逸享乐的心理诉求席卷了整个社会，极大地刺激了茶坊酒市、娱乐业等行业的发展。都市中酒楼茶坊林立，瓦舍勾栏密布，棋牌游艺花样百出，备受欢迎。凡此种种，都奠定了宋代市民生活娱情乐性的基调。在物质文明与精神文明双双登峰的两宋时期，市民社会的日常生活也悄然发生着深刻而广泛的变化，为后人展示了一幅生动、鲜活的历史长卷。宋代社会的巨大变迁首先体现在人们的衣食住行的方式以及休闲娱乐、节日庆典的习俗上。素朴典雅、标识分明的服饰衣着，综合南北的美味佳肴，四通八达的交通驿站……凡此种种，无不增添了宋代社会世俗生活的灵气与朝气。

- **彩色吹笙画像砖雕**

这件砖雕表现了一位乐师直立，双手握笙，呈吹奏状，形象生动逼真。

- **宋煮茶画像砖（拓片）**

宋代的茶艺水平发展到了一定的高度，形成了比较完善的煮茶工艺和器具。

• 磁州窑卧童·宋 •

童子呈伏卧状，身上以褐彩绘简洁的纹饰面部表情生动，身体比例匀称恰当，形象天真可爱，反映了宋代写实的审美取向及雕塑造型艺术的水平。

• 彩绘砖雕·推磨 •

这块砖雕是宋代墓葬砖雕。此砖为青灰色，雕刻了一个磨坊，内有两位妇人用力推石磨，墙上挂有箩筐、簸箕等物。画面生动真实，是研究宋代民俗的重要资料。

• 影青凤首瓜棱壶 •

直口，长颈，腹部呈瓜棱形，圈足。口沿上置一凤首为盖，肩部一侧置细长弯流。通体施青白釉，釉质光亮，壶体修长，颈底部凸雕弦纹为饰。宋时在景德镇影青瓷壶中，以瓜棱式为多。

• 《蚕织图》（局部）·宋 •

・人物・
赵恒

**13**

⏱ 时间：1004

# 澶渊之盟

> 澶渊之盟是宋真宗在己方有利的军事条件下屈辱求和的产物。对宋而言，这份丧权辱国的和约不但加重了北宋人民的负担，还助长了辽国勒索的气焰。对辽而言，则是在不利的军事环境中争得了巨大的利益。当然，澶渊之盟也让宋、辽之间维持了百年的和平，促进了经贸的往来和民族的融合。

## ❀ 无险可守的宋朝

赵匡胤夺取皇位成功之后建立了北宋，凭借着后周建立起来的雄厚国力，赵匡胤开始了他统一天下的步伐。可是赵匡胤的才能比起雄才大略的后周世宗柴荣要差得很远，对于当时北方强大的辽国非常忌惮，不敢进行北伐，搞了一个先南后北的统一战略，企图统一南方以后再对辽所占领的燕云十六州北伐。后周世宗时，辽国皇帝耶律贤是一个少有的昏君，在历史上有"睡王"的称号，他当政时正是辽国的力量最为衰弱的时期，因此后周世宗大胆北伐，顷刻之间夺得三关等燕南的全部土地，辽兵畏惧后周军，将守幽州的辽兵后撤，眼见幽州指日可下，可惜后周世宗突发疾病，不得不撤军，以至功败垂成。

《宋真宗像》·清·无款

赵匡胤没有后周世宗的胆略，白白断送了大好时机，结果等北宋南征结束后，辽国的统治者早已换成了巾帼不让须眉的一代女杰萧太后，此时辽国经过了萧太后十年的休养生息后国力早已恢复，实力强劲。赵匡胤死后他的弟弟赵光义继位，此时北宋已经统一了南方，开始谋划北伐。可是不仅北伐的大好时机已经丧失，而且赵光义的军事才能比起赵匡胤又差了许多，北伐只落得丢盔弃甲狼狈而逃的结局。从此宋朝畏辽如虎，

再不敢轻言北伐。而不收复燕云十六州，宋朝就失掉了北方长城的掩护，整个华北平原暴露在游牧民族的铁蹄之下，无险可守。

## ◉ 辽兵南下

太宗死后，真宗继位。当年太宗趁着辽国萧太后当政的时候北伐，企图欺负人家孤儿寡母。可是没料到萧太后雄才大略、胆识过人，结果自己"偷鸡不成蚀把米"，被打得抱头鼠窜。辽国也如法炮制，太宗刚刚去世，辽国就频频发兵入侵。经过了多次试探性的战斗后，辽国于宋景德元年、辽统和二十二年（1004）闰九月，辽萧太后、圣宗耶律隆绪亲领大兵南下，号称20万大军，经保、定二州，直取澶州（今河南濮阳），威胁东京。

辽军大举攻宋，震动了宋廷。真宗也在边臣不断告急声中感到形势严峻，遂诏令调兵遣将，加强战备。为此，宋真宗还准备"亲征决胜"，召集群臣为其亲征日期出谋划策。但是除了寇准和少数主战派大臣，其他重臣都不同意皇帝亲自去第一线，而真宗也并没有下定亲征的决心，因此亲征一事就耽搁了下来。

## ◉ 果断的决策

景德元年（1004）闰九月十二日，辽圣宗与萧太后进驻固安（今属河北），任命南京统军使、兰陵郡王萧挞凛、奚部大王萧观音奴为先锋，向宋境发起了进攻。十五日，辽分兵攻略威鲁军、顺安军（今河北高阳东之旧高阳城），打败了顺安的宋军。十六日，辽军再攻威鲁军，又打败了宋军。然后，转兵西攻北平寨，被宋守将田敏率部击退；再东趋保州，攻城不克。于是辽先锋将遂与圣宗、萧太后会兵于望都（今属河北），准备继续南进。

面对辽军大举进攻，真宗再次召集辅臣讨论亲征之事。然而此时的朝廷大臣们却大多畏惧辽军，更有人为了一己私利鼓动真宗迁都。如参知政事王钦若为江南人，密请真宗迁都金陵（今南京），佥枢密院事陈尧叟为蜀人，又请迁都成都。这种名为迁都，实则是趁国家危难之时给自己捞取政治上的利益，这样的建议自然被寇准所反对，真宗只好停止

了迁都之议,决意亲征,以振奋军心,鼓舞士气,后来的历史发展也充分地证明了这一决策的正确性。

## 真宗亲征

景德元年(1004)十一月二十日,辽将萧巴雅尔、萧观音奴率渤海兵攻陷了德清军(今河南清丰西北)。两日后,辽圣宗与萧太后遂率主力进抵澶州城之北。辽军主力到达澶州城外后,立即从东北西三面将澶州围住。宋澶州守将李继隆等紧急埋伏劲弩,控扼要害,组织守城防御;辽军亦作攻城准备。就在这时,辽统军使萧挞凛恃其勇敢,在率轻骑观察地形时,被宋掌床子弩的威虎军头张环从暗处发弩射中。由于正射中萧挞凛的额头,他立即从马上坠地。辽兵众竞相前往扶救,但终因伤势过重而死亡。对于他的死,萧太后极为悲痛,军中士气大受损伤。但是,仍以主力围困澶州,并分兵继续南进。同月二十五日,辽军又攻下了通利军(今河南浚县东北),大有越过澶州,逼进宋朝都城之势。

随着辽军步步紧逼,真宗的"亲征"计划才被迫逐渐付诸实施。终于在十一月末,真宗到达澶州北城,宋军士气大振。萧太后知道辽国不可能一举灭宋,有心求和。真宗派曹利用去辽营议和。十二月,辽派使臣韩杞来,扬言要索还周世宗时收复的关南地。真宗不敢再战,但是也不愿答应割让土地,于是派曹利用再去辽营,密告可给银绢许也。宋辽立誓书,商订和议,宋向辽每年输银10万两,绢20万匹;沿边州军,各守疆界,两地人户不得交侵;两朝城池依旧修缮,不得增筑城堡、改移河道。

## 和平的代价

曹利用再度出使前,问真宗许给辽的银绢数。真宗说:"如果实在不得已百万也行!"寇准却私下召曹利用到营帐

### 料敌塔

料敌塔在今河北定州市。宋真宗咸平四年(1001)诏建此塔,于仁宗至和二年(1055)建成。因定州在宋时与辽接邻,为军事要地,所以此塔成为料敌塔,作为瞭望监视敌情之用。

说："虽然皇帝说可以许百万，但若过30万，我就杀了你！"和议成后，内侍误传为300万，真宗虽然大惊，但接着就说："能就此了事也行啊！"等到曹利用入奏说是许银绢30万，真宗大喜，特予厚赏。辽兵岁得银绢，班师回朝。宋朝以屈辱妥协暂退敌兵。真宗自作《回銮诗》与群臣唱和，来庆祝所谓"了事"的"胜利"。宋朝以屈辱的方式取得了和平，可是从军事上来看，宋军在战略上其实是占据了优势的。当时辽军前进方向层层受阻，兵力损失很大，而自身后方却有数个宋朝军事重镇未能拔除，时时威胁着辽军的退路。如果宋军下定决心与辽军进行大决战，胜负尚未可知。可宋、辽双方都缺乏决战的决心，最终还是以和议给这场大战画上了一个并不圆满的句号。

"澶渊之盟"后，辽一方面由于内部统治不稳，另一方面也感到难以打败宋朝，所以不再举兵南下，宋辽两国的战事基本结束，南北对峙的局面形成。此后的100多年间，宋辽大体上维持着和平状态。

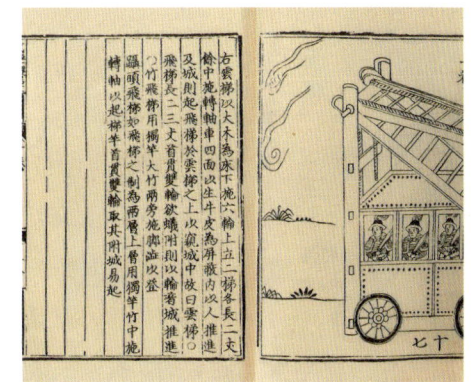

·《武经总要》书影

## 延伸阅读

### 《武经总要》

《武经总要》是中国现存最早的官修兵书。康定元年（1040），宋仁宗仿效唐朝以来专门设局、官修正史的组织形式，命翰林学士曾公亮、丁度等通晓军事者编撰，当年成书。全书共40卷，分前后两集，前集20卷，其中制度15卷，边防5卷，分别论述了军队建设和用兵作战的基本理论、制度和军事常识，内容涉及选将科兵、教育训练、军队编制、行军宿营、古今阵法、侦查联络、地形地物、城邑攻守、水战火攻、步骑应用、武器装备以及边防各州的方位四至、地理沿革、山川河流、关隘道路、军事要点等，并配有大量插图。后集20卷，其中故事15卷，占候5卷，分类介绍历代著名战例，比较用兵得失，总结经验教训，讲述阴阳占候。该书图文并茂，堪称中国历史上第一部军事百科全书。对于研究中国军事学术史、兵器史具有重要的参考价值。它开创的兵书编撰体例，对后世影响很大，例如明朝范景文著的《正续武经总要》，赵本学、俞大猷所撰《续武经总要》，唐顺之的《武编》，茅元仪的《武备志》都明显受到《武经总要》的启发和影响。

## 14 王旦晚节不保

⏱ 时间：957～1017

> 王旦在真宗朝长期担任宰执，他宽宏大度，能容人纳良，被真宗视为左右手。但在真宗大搞封禅和天书降临的闹剧中，他没能坚守自己的原则，被迫同流合污，在人生的最后关头留下了污点。

### ❀ 大度宰相

王旦（957～1017）的父亲王祐，为宋太祖、太宗两朝名臣，王旦自幼家学渊源，显得沉稳静默，王祐很喜欢儿子，认为他可以位至公相。王旦于太宗太平兴国五年（980）中进士，开始了仕途生涯。

真宗即位后，王旦为中书舍人，后升为翰林学士兼知审官院、通进银台封驳司。真宗平素知道王旦的贤德，一次王旦奏事退出后，真宗目送他，说道："为朕致太平者，必是此人也。"

咸平四年（1001），王旦升任宰执。当时寇准也在真宗左右，寇准心高气傲，对王旦位居自己之上很不服气，因此有时在真宗面前对王旦的言行有所诋毁。一次，王旦主持的中书省向寇准主持的枢密院送去一份文件，写作上违反了规格，寇准马上将此事汇报真宗，王旦因此受到责备，连具体承办这项工作的人也受到处分。事隔不到一个月，枢密院有文件送往中书省，没想到也违背了格式，收到公文的人想这下可以报复了，很高兴地把这份文件送交王旦，但王旦不仅未告发寇准，而且把文件退还给枢密院，请他们主动改正，寇准由此改变了对王旦的看法。

对于寇准的攻击，王旦也从不介怀，反而因为欣赏寇准的才干而一直在真宗面前维护他。真宗对王旦的大度很惊讶，在一次私下交谈时问道："你经常说寇准的好话，

・《王旦像》·清·无款

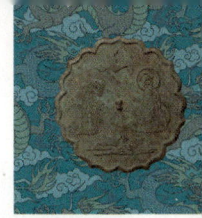

寇准却一再说你的短处,你怎么能一直这样做呢?"

王旦笑答:"这也是理所当然的事情。臣为相多年,缺失一定很多,但因位高权重,普通大臣都不敢说出来。寇准能够指出我的不足之处,更可见他的忠贞率直,这也是臣看重他的原因。有这样的臣子,是国家的福气。"

真宗听了大笑道:"人们常说宰相肚里能撑船,我看说的就是你了。"

## ❁ 晚节不保

王旦气量恢宏,从容大度,为国家举荐贤才,是一个真正的忠臣。但他在真宗朝中后期的天书降临闹剧中却没有表现出一个宰执应有的气节,结果竟被人将其与五代冯道一类人相提并论,不能不说是王旦一生的污点。

真宗在澶渊之盟后,因为城下之盟而感到屈辱,王钦若趁机建议封祀,大搞所谓"神道之教"。真宗被说得心动,但他一向重视王旦的意见,担心王旦会反对,王钦若自告奋勇:"臣去和他说吧。"

我们无从得知王钦若对王旦说了些什么,但王旦并没有对封祀之事提出异议。即使有了王钦若的保证,真宗仍然觉得要对王旦表示一下。一次宫廷宴会后,真宗赐给王旦一坛封好的酒,特意嘱咐道:"拿回去和妻儿家人一起享用吧。"王旦回到家打开一看,哪里是酒,里面都是一颗颗明珠。王旦心里明白这是真宗在堵自己的嘴,暗示在"东封西祀"的闹剧中,自己已经没有发言权了。

果然,在此后一直延续到真宗去世的天书降临闹剧中,王旦不但没有站出来反对;作为宰相,反而在真宗一手导演的闹剧中扮演了奉请、宫使等角色。王旦的所作所为很为时人所诟,当时很多人认为王旦深受皇帝信任,真宗对他几乎言听计从,但他却没能劝阻真宗停止闹剧,将他比作只善其身的冯道。王旦的内心也一直对自己没能坚持立场而感到愧疚,临终前,他对家人说:"我一生没有什么大的过错,但没有劝谏天书一事,让我无法自赎。我死了之后,你们要把我头发削光,身披缁衣入殓。"一代名相就这样怀着愧疚而去。

人物
赵恒

15

⏱ 时间：1008 ~ 1029

# 玉清昭应宫的大火

> 为了粉饰太平，真宗亲自策划了天书迷信的佞道造神闹剧，开北宋历史之恶劣的先例，使君臣上下如痴如狂，丧失了进取精神，消磨了意志，助长了迷信之风在社会上的流行，产生了深远的不良影响。

## ❋ 寻找粉饰太平的借口

所谓"玉清昭应宫"，乃是宋真宗赵恒为掩饰自己对外战争的失败而修建的。修建玉清昭应宫的目的除贮藏"天书"外，还供奉有玉皇、圣祖（真宗捏造出来的赵氏祖先——赵玄朗）、太祖（赵匡胤）、太宗（赵光义）的塑像神主。整个建筑群规模宏伟，原计划要15年修成，但修筑时昼夜不停，夜间则燃烛施工，所以只用了7年。那么，为什么宋朝要在向辽朝付出了每年30万银绢的巨额赔付之后，还要兴造如此巨大的工程呢？

景德元年（1004）十二月的澶渊之盟，结束了宋、辽之间40多年来的敌对状况，开始了大体上和平相处的新局面，但宋朝为此付出了面子和银子的代价。真宗急需一个冠冕堂皇甚至是神乎其神的借口，来粉饰太平，掩盖澶渊之盟的耻辱。以攻讦寇准起家的知枢密院事王钦若向真宗建议："惟有封禅泰山，可以镇服四海，

**真宗禅地祇玉册·北宋**

中国台北故宫博物院藏。宋真宗禅地玉册的质地为青白色闪玉。册分十六简，简与简间以金线串联。册文以楷体书写后刻划，并涂以金漆。此玉册是宋真宗封禅泰山的历史见证。

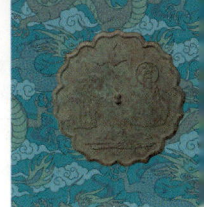

夸示外国。"然而，真宗认为进行封禅需要"天瑞"作为借口，这个不太好出现。王钦若便暗示"天瑞"可以人为制造，他说："前代便有以人力造成'天瑞'的，只要皇帝深信并崇敬它，以明示天下，则与真的'天瑞'并没有什么区别。何况连圣人都是以神道设教的。"这番话无疑深深地打动了真宗。

## ◎ 天书降临

景德五年（1008）正月初三，真宗在崇政殿召见以宰相王旦、知枢密院事王钦若为首的文武重臣，亲自宣布了一个特大喜讯："去年冬天十一月二十七日将近半夜时分，朕正要就寝，忽然寝殿内突然亮起来了。朕看到一位帽子上闪烁着星辰光芒、身穿绛衣的神人，出现在朕的面前。他对朕说：'你要在正殿举行一场为期一个月的黄道场，到时候上天就会降下天书《大中祥符》三篇给你。不要泄漏天机！'朕肃然起敬，正要起身回答，神人却已不见了踪影。从十二月初一开始，朕就开始了斋戒，并在朝元殿建道场以求神人保佑。到今天，正好皇城司来报告说，看到在左承天门南面的鸱尾上挂着一条黄帛。朕连忙派人去查勘情况。派去的人回来报告说：'那条黄帛长约二丈，像封着书卷，用青丝绳缠着，隐约能看出里面有字迹。'朕想这就是神人所说的天书吧！"

"淳化元宝"金币·北宋

首相王旦立即率群臣称贺，认为这是上天对真宗兢兢业业、勤政爱民的奖赏。随后，真宗步行到承天门，焚香跪拜，瞻仰天书，派两名太监登上门楼，十分恭敬地取下黄绢和天书。王旦接过来交给真宗，真宗亲自将其放于自己的龙舆上。一君一相步行前导，引导天书到举行黄道场的地方，授予同知枢密院事陈尧叟启封。只见黄帛上写着："赵受命，兴于宋，付于恒（真宗名），居其器，守于正，世七百，九九定。"真宗跪受后，又命陈尧叟宣读，天书共三幅，皆用黄色颜料书写，所写内容类似《尚书·洪范》和《道德经》，是一些艰涩的文字，赞扬真宗能以孝道和仁政治理天下，希望他要保持清净简俭，这样宋

朝的国运必能昌盛绵长。真宗再次跪接天书，用锦帛将其缠裹后收藏到金匮中。接着，真宗又派专使祭告天地、宗庙、社稷，大赦天下，改元为"大中祥符"。所谓"大中"，乃是天书中的讲法，意思是万事适中；所谓"祥符"，则是指的上天降下天书。

## 封禅大典

这等旷古未有的特大喜事自然少不得文臣们的凑趣。陈尧叟、陈彭年、丁谓等人马上引经据典，阐述天书的伟大意义。消息传出，举国上下欢欣鼓舞，各种"祥瑞"纷纷上报。先是兖州父老百姓1287人来到汴京，请求真宗到泰山举行封禅大典。接着，这年来京参加科举的全国考生846人也上书请求封禅。随后，宰相王旦等率领文武百官、军队将士、地方官员、少数民族首领、和尚道士、社会名流等三万人五次上书，请求举行封禅大典。

在天意和民意的一致要求下，真宗终于下诏，准备在泰山举行封禅大典。并任命了包括宰相王旦在内的五位宰执大臣为"大礼五使"，负责筹备事宜。

在各项筹备工作紧锣密鼓进行过程中，各地的"祥瑞"不断报来，某处大丰收；某处根绝了犯罪，连监狱都空了；某处仙鹤飞翔、麒麟出现。当然，来自泰山的祥瑞最多。而真宗再次梦到前面的那位神人告诉他，七月又将有天书降下，并将这个好消息告诉了王钦若。果然，王钦若一到泰山，便报告说有人发现了天书！

经过充分准备，大中祥符元年（1008）十月初四，真宗带着王旦、王钦若等朝中大批官员及护驾军队，浩浩荡荡地前往泰山，在泰山举行了隆重的封禅大典。之后，还到曲阜拜谒孔庙，尊孔子为玄圣文宣王。

## 上天的惩罚

封禅以后，存放天书又成为一个大问题，真宗决定修建玉清昭应宫来感谢上天

**泰山碧霞元君祠**

碧霞祠是泰山极顶最大的古建筑群，始建于宋朝大中祥符年间（1008～1016），内祀碧霞元君。碧霞祠金碧辉煌，俨然天上宫阙。

图说中国史
北宋

降下天书的恩德。但这遭到了张齐贤等一大批正直大臣的反对，甚至王旦私下里也表示了不同意见。丁谓再次给真宗出坏主意，他对真宗说："陛下富有天下，建一座宫殿来为国家求福，就说为您祈皇嗣又如何？群臣有谁劝阻陛下的，就用这个理由来搪塞他。"原来真宗儿子少，而且多在幼小时夭折，用祈求皇嗣做理由，从此便无人再敢劝谏。

大中祥符二年（1009），真宗命丁谓为修玉清昭应宫使，主持修造工作。丁谓做这些事可谓是尽心尽力。整个建筑群凡东西310步，南北140步。丁谓征集大批工匠，严令日夜不停，只用了7年时间便建成。时人认为其豪华气派程度，甚至超过了秦代的阿房宫和汉代的建章宫。但到仁宗天圣七年（1029）六月，一场因为雷击而引起的大火却焚毁了这座玉清昭应宫，熊熊大火烧了一夜，竟将殿阁楼宇变成了一片瓦砾废墟，只剩下长生、崇寿两座小殿。这座为配合天书、封禅而建造的宫殿烧毁后，群臣纷纷要求不再重建，人们用行动表示了对这次造神运动的不满。

真宗死后，刘太后将天书作为随葬品陪葬真宗于永定陵，由此，这场天书降临的闹剧终于落下了帷幕。

人物
刘太后

## 16 太后保命之道

时间：? ~ 1033

> 刘太后是宋朝垂帘听政的第一位太后，她在仁宗生母死后的待遇问题上非常理智，听取了吕夷简的意见，为自己和家族留了一条退路，不失为一位明智的人物。

### ❀ 专宠后宫

刘氏（? ~ 1033）小时候双亲皆故，后来和银匠龚美一起来到京城，被当时尚为藩王的真宗看中。后来真宗即位，刘氏进封德妃，一直专宠于后宫。当时一位姓李的宫人服侍刘德妃，一次为真宗侍寝后怀了孕。刘氏在和真宗散步时，头上的玉钗掉了，真宗命人取回，私下祈祷说："如果玉钗完好无损，那就应该生男孩。"玉钗取回后完好无损，而李氏也果然生了个男孩。

但刘德妃把孩子要过来，对外宣称是自己生的，这个孩子就是日后的宋仁宗。李氏并不为真宗所重视，后宫中人也不敢违背最受皇帝宠爱的刘德妃的意愿。就这样，仁宗以刘氏之子的身份成长，对自己的身世一直毫无所知。

大中祥符五年（1012），刘德妃被立为皇后，她天资聪颖过人，加上勤读史书，记忆力又好，真宗患病后，她逐渐开始干预朝政。

### ❀ 垂帘听政

乾兴元年（1022）二月，真宗去世，仁宗登基。因为仁宗年幼，遗命刘皇后为太后，垂帘听政以辅佐皇帝。

刘太后临朝后，穿戴的礼服，出入的礼仪都和皇帝一样。她颁布制令，虽不称"朕"，但称"吾"，她的生日被定为长宁节，普天同庆，她父亲的名字举国避讳。群臣还给刘太后上了一个同皇帝一样冗长的尊号，叫"应元崇德仁寿慈圣太后",俨然是个虽无其名但有其实的女皇帝。

不久,刘太后遇到了武则天称帝前相同的情况,有人为求富贵,上书请求依照武则天的旧例,为刘氏建立七庙,但刘太后不予采纳。还有人献《武后临朝图》,意图昭然若揭。刘太后生气地把图扔掉,并说:"我不会做这样辜负祖宗的事情!"最终坚持了自己对礼法的尊重。

刘太后颇有政治才干,她号令严明,恩威并用。她执政期间,政治较为清明,被后世史家尊为一代贤后。她在听政之初,将真宗后期举国疯狂的天书降临运动做了了结,把所谓的天书作为殉葬品随真宗一起下葬。同时她还力倡节俭,惩治贪官,并禁止"献羡余"。所谓"羡余"就是官吏在定额赋税之外,巧立名目多收钱,并把这笔横财当中的一部分贡献朝廷,炫耀政绩,以便捞取政治资本。刘太后制止这种做法,为百姓带来了实实在在的好处。

《宋真宗刘皇后像》·宋·无款

## 厚葬李氏保太平

仁宗明道元年(1032),皇帝的生母李氏病故。刘太后虽然夺了她的孩子,但对她并没有像某些朝代的嫔妃那样迫害。而李氏也谦恭自保,在真宗死后默默生活在先朝妃嫔中,从来没有因为自己是皇帝生母而有所异动。仁宗自幼为刘太后抚养,母子感情很好,刘太后又掌握着朝政,从没有人告诉皇帝他的生母并非刘太后。

而此时李氏既死,刘太后在朝会上想对外宣布按照普通宫人的礼节将她安葬,宰相吕夷简认为不妥,说:"李宸妃生育皇帝,如果丧礼不成样子的话,将来必定会有人因此获罪。应该以皇后的衣服入殓,并以水银灌注,也好作为将来的证据。"

刘太后毕竟老练,立马醒悟过来,将李氏以大礼下葬于洪福院。

明道二年(1033)刘太后去世,果然有人将仁宗的身世披露出来,并添油加醋说李氏死于非命。仁宗在悲痛过后,一面派人去洪福院检查生母的棺木,一面派兵包围了刘家的宅邸。开棺后发现李氏穿着皇后的衣服,面容栩栩如生,仁宗才放下心来,解除了对刘家的包围,并且为自己竟然不信任刘太后的为人而惭愧,反而对刘家更好了。

## 17 名将种世衡

**时间：仁宗年间**

何谓名将？人们很难找到一个统一的标准。东征西讨、横刀立马的固然是名将；恪尽职守、保家卫国的也应当是名将。种世衡一生没有经历大的会战，但是他驻守西北数十年，为巩固北宋边防悉心竭力，当真是鞠躬尽瘁，死而后已。

### 体恤民情

种世衡，字仲平，洛阳人，是宋初名将种放的侄子，因此，他在很年轻的时候就得到出仕机会。

仁宗天圣（1023～1032）初年，种世衡出任武功知县，以清廉正直闻名。当时，宋朝西北地区的党项族首领李元昊反叛宋朝，经常派遣骑兵侵扰各地。受到威胁的百姓们十分恐慌，不少人甚至准备迁到秦岭以南躲避灾祸。为了能够让辖区百姓安居乐业，种世衡在武功县组织精壮青年数千人，精心训练他们，以抵御党项人的侵扰。几次吃亏之后，党项人再也不敢来武功县抢掠。种世衡在知县的任上一改过去诸多弊端，他所施行的政令无不经过慎重考虑，与乡老士绅商讨确定后，再于县城张贴布告征求百姓意见，得到大多数人支持后才开始执行。

后来种世衡被调到环庆、鄜延一带负责边防，开始了他的行伍生涯。种世衡果然不负范仲淹的期望，在各个职位上都恪尽职守，做了许多卓有实效的事情。

西夏建国以后，党项人对北宋边境的威胁越发严重。为了剪除元昊的两员大将，从而削弱敌人实力，种世衡又派遣间谍散布谣言，宣称他们要投奔宋朝，结果元昊自毁长城，杀掉了自己的干将。

### 安抚羌人

在种世衡的辖区内有一位叫奴讹的羌族酋长，他正直刚强却又骄傲

自满,从来不到汉人的城池里去拜见地方长官。种世衡就任时,奴讹因为听说过种世衡的威名,破例参加了当地官绅的迎接。种世衡深知与当地少数民族搞好关系的重要性,于是主动与奴讹交谈,一时宾主相谈甚欢,分别前约定次日由种世衡去拜访这位羌族酋长。

谁知天公不作美,当晚下起了鹅毛大雪,待到翌日放晴,地上的积雪早已没过膝盖。种世衡手下的官吏们纷纷劝他改天再去拜会,但是种世衡为了不失信于羌人,坚持今天一定要去羌族部落。当种世衡一行冒着雪花来到羌人部落时,奴讹根本就没有准备。直到种世衡开玩笑的用脚把奴讹踢起来时,奴讹才如梦方醒,感动地说:"在您之前,从来没有汉人官员到我们部落来过,您居然在这样的天气里来了,大人果然对我是推心置腹的信任啊!"于是带领整个部落的人向种世衡行跪拜大礼。

种世衡善于统领士卒,治军赏罚严明;军队所到之处秋毫无犯,因此极得人心。虽然受朝廷限制,以及那个时代的太多局限,他没能开边万里,立下战功。然而种世衡在军中任职期间,屡次化解西夏对北宋边防的威胁,更多次击退来犯的党项人,堪称北宋王朝的一代名将。

· 青白瓷瓜棱执壶 · 北宋

## 延伸阅读

### 灵岩寺泥塑

  灵岩寺佛教罗汉像在宋朝开始雕塑,经历元、明二朝,始告竣工,成为中国古代雕塑艺术宝库之一,梁启超称之为"海内第一名塑"。灵岩寺位于山东省济南市长清区灵岩山,相传始建于前秦永兴(357~359)年间,宋时,通称"十方灵岩禅寺",成为著名寺院,寺内泥塑罗汉像也闻名遐迩。这些罗汉像体腔内大多藏有各种文物,如铜镜、钱币以及墨竹题记,有一尊泥塑还以铁罗汉为内胎。根据碑传等材料推断,在宋英宗治平三年(1066),始造塑像32身,元朝致和元年(1328),又重新妆塑,现存塑像是清同治十三年(1874)整修的,这些泥塑身高1.6米左右,呈环状排列于殿内四周下层壁坛之上。在表现手法上追求形象逼真,年龄和身体特征各有差异。宋代泥塑已体现出相当成熟的解剖学知识,其结构合理,轮廓清晰,甚至连衣纹都刚劲有力,富于质感,人物神态各异,雕塑工艺达到了很高的艺术水平。

人物 狄青

## 18 狄青雨夜夺昆仑

⏰ 时间：1053

> 狄青（1008～1057），字汉臣，是北宋中期的名将。他本是行伍出身，在与西夏的战争中屡建奇功，擢升为枢密使同平章事，这在北宋历史上是非常罕见的。而他"上元三鼓夺昆仑"的事迹，更在民间广为流传。

### ❀ 名将狄青

最先发现狄青才能的是北宋名臣韩琦和范仲淹。韩、范两人在受命防御西夏进攻的时候，从行伍中将狄青提拔起来，范仲淹还传授狄青《左氏春秋传》，告诫他说："为将者不知古今之事，不过是一介匹夫。"于是狄青开始读书识字，累功升为马军副都指挥使。

当时西北军中，为了避免士兵逃亡，往往在他们脸上刺字，狄青虽然升为大将，脸上的刺青也并没有除去。宋仁宗曾经劝他涂抹药膏，抹去这屈辱的痕迹，狄青却说："陛下不问门第高低，破格提拔微臣，而微臣所以能有今日，全靠当兵作战，脸上刺字。臣希望留下这个记号，让士兵们都感念陛下的恩德，都知道只要奋勇报效国家，就能受到重用。"仁宗听了这番话，更加器重狄青。

狄青生平经历过25场大战，据说他习惯披散头发，罩着青铜制作的面具，看上去仿佛鬼神一般，西夏兵闻风而遁，不敢冒触他的锋芒。然而，真正使狄青名垂青史的，还是皇祐五年（1053）夜袭昆仑关，大破侬智高的战役。

### ❀ 侬智高叛乱

侬智高是今广西一带的土著豪强，因为遭受交趾国（安南国的别称，在今越

《狄青像》·明·无款

南）的进攻，向宋朝求援，请求内附。宋朝没有答应他的请求，侬智高大怒，就自立为王，建"南天国"，发兵攻陷邕州（今广西南宁），并进围广州。宋仁宗调派附近兵马围剿，却因为承平日久，士卒疲弱，屡吃败仗。

皇祐四年（1052）七月，侬智高攻陷昭州（今广西平乐）。宋仁宗曾任命孙沔为秦州知府，但孙沔在觐见的时候却说："秦州的事情，陛下不用担忧，陛下应该日夜以岭南为念。臣看侬智高气焰日益嚣张，官军总吃败仗。"正好昭州失陷的消息传来，仁宗就改任孙沔为广南安抚使，让他去对付侬智高。

孙沔请求调拨骑兵，分发精良的兵器，宰相梁适呵斥他说："你别惊惶失措。"孙沔反驳说："以前因为准备不足，官军才会总吃败仗，现在我想做点准备，你却假装镇静，毫无准备，这正是导致国家危亡的根源！"梁适没办法，就派发给他七百名士兵。

孙沔来到岭南，故意吩咐下属说："朝廷的大军就要开到了，你们赶紧准备物资，建造营房。"侬智高听说这个消息，心生疑虑，不敢贸然杀向岭北。侬智高想要和宋朝讲和，就提出封自己为邕桂节度使的条件。仁宗本想答应，梁适却反对说："如果同意，岭南就不再受朝廷管辖了。"正好狄青被任命为枢密副使，上书请求前往平定侬智高，仁宗同意了。

**● 余靖铜像 ●**

余靖是北宋庆历四谏官之一，字安道，号武溪，韶州曲江（今属广东韶关）人。曾官至工部尚书，因其忠勇，后人尊称为忠襄公。

## ❀ 用兵如神

交趾向宋朝提出请求，愿意出兵共伐侬智高，狄青反对说："向外人借兵，平定我国内的叛乱，不是有利的事情。区区一个侬智高，竟然横行南疆，朝廷不能平定，还要向蛮夷借兵，是自暴其短，蛮夷定会因此闹出乱子来。"仁宗同意他的见解。

狄青请求带上他在对西夏作战中训练出来的数百名骑兵，会合朝廷所派发的禁军，前往岭南征战。十二月，狄青来到宾州（今广西宾

**阿嵯耶观音像·大理**

云南省博物馆藏。金像，附镂空银背光。体态修长，戴化佛冠，上身袒露，带臂钏、项圈，下着薄长裙，衣纹弧状悬垂，赤足。右手下垂，左手上扬做弹指状。头光和背光内圈饰镂空的六瓣花纹，外环为跳动的火焰纹，其间又饰联珠纹带，颇显工细精美。造型与南诏《中兴图卷》所绘梵僧所铸"圣像"一致，是富于宋代地方特色的佛教造像。

阳），会合孙沔、余靖等将的兵马。鉴于从前地方军队互无统属，分散作战，往往被敌人各个击破，狄青下令说："不得随便开战，要听我的统一指挥。"部将陈曙不遵号令，结果被侬智高击溃于昆仑关（在今广西邕宁境内）前，狄青当着众将之面处斩陈曙及其部将共32人。孙沔、余靖面面相觑，诸将吓得双腿发抖，不敢仰视。

狄青立威之时，恰是皇祐五年（1053）正月中旬，他命令全军扎营休息10日过上元节。侬智高得到消息，大为宽心，不做戒备。然而狄青次日就统率前军，派孙沔统率中军，余靖殿后，趁着雨夜悄悄开到昆仑关附近。

## 🏵 百钱祈神的奥秘

狄青的一系列举动，虚虚实实，神出鬼没，连自己的部下也无法确切掌握他的动向，侬智高就更不必说了。听说宋军趁夜已到关下，侬智高匆忙领兵下关来迎战，宋军初战不利，狄青就手持白旗为号，命令他带来的骑兵从两翼夹击敌军。这支骑兵经过多年训练，纵横开阖，毫不混乱，侬智高因此战败，溃逃50里，丢下了数千具尸体。狄青夺取昆仑关，随后追杀，侬智高放火烧毁邕州城，遁入大理国。叛乱就这样被平定了。

传说狄青在奇袭昆仑关之前，为了鼓舞士气，就取了100枚铜钱在神前祈祷，说："此行如果能够取胜，就让所有的铜钱都正面朝上。"士兵们全都不相信，但狄青把钱一齐抛向空中，落下的时候却枚枚正面朝上。士兵们欢声雷动，认为上天保佑，于是人人奋勇争先。直到战斗胜利后，狄青揭穿谜底，原来那些铜钱是他特制的，两面都是正面。

因为平定侬智高叛乱之功，狄青随即被任命为枢密使同平章事，相当于宰相的地位。而侬智高则最终死在大理国，宋朝向大理交涉，让他们献出了侬智高的首级，传首京城。

## 延伸阅读

### 水运仪象台

水运仪象台是中国古代一种大型的天文仪器，由宋朝天文学家苏颂等人创建。它是集观测天象的浑仪、演示天象的浑象、计量时间的漏刻和报告时刻的机械装置于一体的综合性观测仪器，实际上是一座小型的天文台。整个水运仪象台高12米，宽7米，共分3层，相当于一幢四层楼的建筑物。最上层的板屋内放置着1台浑仪，屋的顶板可以自由开启，平时关闭屋顶，以防雨淋，这已经具有现代天文观测室的雏形了；中层放置着一架浑象；下层又可分成五小层木阁，每小层木阁内均安排了若干个木人，5层共有162个木人，它们各司其职：每到一定的时刻，就会有木人自行出来打钟、击鼓或敲打乐器、报告时刻、指示时辰等。在木阁的后面放置着精度很高的两级漏刻和一套机械传动装置，可以说这里是整个水运仪象台的"心脏"部分，用漏壶的水冲动机轮，驱动传动装置，浑仪、浑象和报时装置便会按部就班地动作起来。这台仪器的制造水平堪称一绝，充分体现了中国古代人民的聪明才智和富于创造的精神。

人物
包拯

## 19 吏治的典范

时间：999～1062

> 包拯是中国历史上清官的典型，其一生清正廉洁，执法公正，疾恶如仇，直言敢谏，从而为后世所敬仰。他的以民为本的治国理念，选贤任能的吏治思想，遵法重律的法治精神，直到今天仍有诸多现实意义。

"清心为治本，直道是身谋。秀干终成栋，精钢不作钩。仓充鼠雀喜，草尽兔狐愁。史册有遗训，勿贻来者羞。"这首《戒廉诗》是包拯一生中留下的唯一一首诗。

### ❀ 善于审案，廉洁为官

包拯（999～1062），字希仁，庐州合肥（今属安徽）人。年幼时便以勤学闻名，成年后更以孝行达于乡里。仁宗天圣五年（1027），中甲科进士，除大理评事，出知建昌县（今江西永修）。因父母年事已高，他请求改在合肥附近就职，遂改授和州（今安徽和县）监税，但由于父母不愿随他赴任而辞官，回乡侍养双亲。直到父母去世，包拯才出来做官。在赴京候选期间，他写下了上面这首诗，表明了自己从政、为人的志向与原则。

不久，他出知天长县（今属安徽），在这里他很快就以处理"牛舌案"而显示出断讼执法的明敏正直。某日，有一农夫至县衙告状，说昨夜歹徒割去他家耕牛的舌头，请求追查罪犯。包拯认为割去牛舌并无任何财利可图，故推断此事必是仇家的报复行为。于是，让农夫私下里将牛屠宰，在市面上卖

《包拯像》·清·无款

肉以引罪犯上钩。因为宋代法律规定：宰杀耕牛是犯法行为。果然，割牛舌的仇家见牛主宰牛售肉，想让官府治他的罪，果然前往县衙首告，自然自投罗网，疑案立破。包拯善于审案的名声就此传开。

此后，包拯升任端州（今广东肇庆）知州。端州以盛产文房四宝之一的"端砚"而著名，端砚历来是文人士大夫寻觅的珍品。以前的历任知州多在"贡砚"数额之外，加征数十倍，盘剥百姓，以饱私囊和贿赂权贵。当地民众和砚工苦不堪言。包拯来知端州之后，不但革除了弊政，向民间征收端砚，除了进贡朝廷的以外，连一块都不增加，而且任满离去时，也没有私下里带走一块端砚作为纪念。

## ❀ 巧对边情

庆历六年（1046），包拯奉命出使契丹，贺辽正旦节，在驿馆他巧妙地回答了辽国馆伴关于雄州新开便门的疑问，打消了辽国的怀疑。包拯在归来途中，刻意留心边防形势，积极向仁宗献策，圆满地完成了这次出使使命。庆历八年（1048），上《天章阁对策》等奏疏。在"庆历新政"前后，包拯还提出过一系列改革建议，如主张严格选拔官员，裁汰冗杂，对年满70岁者应强令致仕（退休），以解决冗官问题。他还主张暂时停止招募士兵，在现有员额中拣斥老弱，以解决冗兵问题，同时应选练精兵强将，训练义勇，以充实边备，防御契丹。

关于边将的选拔，包拯的见识明显高于时人，他向仁宗建议不必硬性区分文武的分别，限制高卑的差异，只看其人才干如何。必须要考核他应敌制胜的谋略，询问他安边御众的方法，然后"擢而用之"。他认为，官吏是皇帝御民的中介和工具，因而所选拔的人才首先应具有对朝廷忠心耿耿、恪尽职守的品德，其次还应具有处理政务的能力。在转运使任上，包拯也善于体察民情，兴利除弊，因而颇有政绩。任京东转运

**端石重卦砚·北宋**

此砚呈长方抄手式，下端无堵，相传为宋端溪梅花坑石，石质纯正，淡紫色，通体青花，间有翠点。砚背有长短不一的石柱，共有64柱，恰合八卦重列之数，因以得名。

使时，他曾巡察各地，访问贫困冶铁户，并据实情申报转运司，豁免了这些铁户所欠的官铁，同时又鼓励有能力者开炉冶铁，发展生产。

## ❀ 不畏皇权

皇祐二年（1050），包拯除天章阁待制、知谏院。在此期间，他不但敢于弹劾当朝宰相宋庠长期占据高位却毫无建树，还将反腐败的矛头直接指向了仁宗本人。仁宗宠信张贵妃，爱屋及乌，竟然违反祖宗不任外戚的制度，任命张贵妃的伯父张尧佐为掌管全国财政的最高长官——三司使。一时朝野上下，议论纷纷。包拯愤然上书，弹劾张尧佐，指出正当国家财政困难之时，任用这样的庸人理财，会酿成财政危机。仁宗皇帝只好为之变通，任命张尧佐为淮康军节度使。不料，包拯不依不饶，再次上奏章，弹劾张尧佐。仁宗有些生气地说："节度使是粗官，何用争？"包拯不客气地回答："节度使，太祖、太宗皆曾为之，恐非粗官！"言辞激烈得连唾沫都啐到仁宗的脸上，仁宗暂时打消此念。但是事隔一年，仁宗又封张尧佐为宣徽南院使。于是，包拯第三次指出仁宗的偏执，要求让张尧佐不许担任使相。仁宗无奈，只好作罢。

由于包拯敢于弹劾权贵，当时汴京朝野上下甚至称包拯为"包弹"，大家只要看到了官吏有违法行为的，就必然会

《帝鉴图说》之宋仁宗改容听讲·明·无款

宋仁宗生性宽和，又有贤相辅导向学，当时讲官一丝不苟，仁宗都能认真听讲并谨记，始终如一，遂成一代贤君。

说："有包弹矣。"包拯的清正廉洁、不畏权贵、执法如山的精神，已经为天下所熟知。

## ❀ 克己奉公

皇祐四年（1052），包拯再除龙图阁直学士、河北都转运使，后改知瀛、扬、庐等州府。在这次的地方官任上，包拯的执法刚正不阿、行政克己奉公，无不处处激浊扬清、彰显政声。特别是在其出任自己家乡——庐州知州时，更是如此。他的一些亲朋故旧自以为包拯来庐州做官，必能为他们撑起一把庇护伞，于是做了不少仗势欺人，甚至扰乱官府的不法之事。包

拯知道后,决心大义灭亲,以示警诫。正好有一位从舅触犯了法律,包拯不以近亲为忌,在公堂上严格按照国家的法令办事,将其痛打了一顿。自此以后,亲旧皆屏息收敛,再不敢有任何的胡作非为了。

嘉祐元年(1056),包拯权知开封府。他在任仅一年多的时间,便把首都治理得井井有条。他拆除中官势族跨河修建的园榭,疏通了惠民河,便利了民生;整顿吏风,改革诉讼制度,大开正门,使告状者可直接至公堂见官纳状,自陈冤屈,使属吏无法欺瞒,无法敲诈勒索百姓,案件也能审得更加公正,所以百姓中就出现了"关节不到,有阎罗包老"的谚语。现藏开封博物馆的北宋《开封府题名记》碑上,共刻有183位开封知府的姓名和上任年月,唯独包拯的名字早已磨去,据说这是因为人们在观赏碑记时,由于敬仰包拯而经常用手抚摸指点其名,天长日久,竟将碑字磨掉。

嘉祐七年(1062)五月,包拯逝世于开封邸舍,终年64岁,谥号孝肃。临终前,他留下遗嘱说:"后代子孙做官,如果犯了贪污罪,不许回老家;死了以后,也不许葬在包家的祖坟里面。"可称是一代吏治的典范。

**· 包公墓 ·**

包公墓全称包孝肃公墓园,位于安徽省合肥市包河南畔林区,与包公祠紧紧相连,园内安葬包拯和夫人及子孙遗骨。

## 20 先天下之忧而忧

**人物·范仲淹**
时间：989～1052

> 作为一个忧国忧民的封建文人，范仲淹以满腔的热情投入到自己的报国梦想中，并在屡次遭遇排挤、打击的情况下仍旧毫不退缩。这种精神鼓舞了此后的无数仁人志士，更让范仲淹得以千古流芳。

宋真宗大中祥符七年（1014），真宗皇帝率领文武百官前往亳州（今属安徽）太清宫祈福。浩浩荡荡的皇家车辇仪仗轰动了整个南京（今河南商丘），街道上挤满了看热闹的人。然而应天书院的一个学生却闭门不出，依旧埋头读书。有人特地跑来叫他出去看皇帝，学生随口回道："将来再见也不晚。"这位潜心攻读、对看热闹毫无兴趣的学生，便是后来著名的改革家、思想家范仲淹。

**范仲淹像**

### ❀ 坎坷求学

范仲淹（989～1052），字希文。他的父亲范墉曾担任武宁军节度掌书记。他出生后不久，父亲便不幸逝世，贫苦无依的母亲谢氏带着尚在襁褓中的儿子，改嫁到山东一户姓朱的人家。从此范仲淹改姓名为朱说，在继父家长大成人。朱家原本是山东的富户，然而作为养子的范仲淹生活得并不如意，为了磨炼自己，他在青年的时候独自去山上的寺院用功读书，过着清苦的生活。

有一天，范仲淹看不惯兄弟们的奢侈浪费，便规劝他们节俭一些，不料兄弟们听得很不耐烦，其中一人便脱口说道："我们花的是朱家的钱，关你什么事？"范仲淹听了一怔，追问这是什么意思。后来有人告诉他母亲改嫁的事情，这件事让他深受震动，决心离开朱家，前往应天求学。在应天书院就读期间，范仲淹的生活极其艰苦，每天只能喝粥度日。这种情况被他同学的父亲知道了，于是叫人给他送来很多饭菜。然而直到食物放坏变质，范仲淹都未尝一口。那位同学问他为什么不吃，范仲淹道："我不是不感激你的好意，只是我早已习惯粗茶淡饭，如果现在就开始享受这样丰盛的饭菜，那我以后还能吃得下粥吗？"

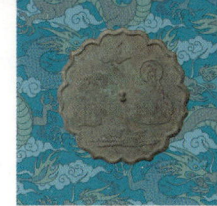

图说中国史

## 三起三落

苦心人，天不负。经过长年的寒窗苦读，范仲淹成为一位以博学多才、擅长诗文著称的年轻学者。就在真宗路过南京的第二年，也就是大中祥符八年（1015），他考中进士，在东京的宫殿中见到了皇帝。

范仲淹进入仕途后，先被外派担任地方官。他很快以为官清廉、政绩突出闻名官场，因而被调回京师任职。然而范仲淹并不适合当时朝廷上下的腐朽风气，又对时政弊端多有抨击，所以深为权臣嫉恨，先后三次被贬出京。第一次被贬时，志同道合的好友们一直把他送到京师的城门外，称赞他不畏权奸，虽然遭遇贬黜，却"此行非常光荣"。后来又一次被贬时，有人安慰他"此行尤为光荣"。三起三落的范仲淹听罢笑道："仲淹前后已是三光了！"腐朽势力对范仲淹的打击非但没有消磨掉他的意志，反而给他带来空前的声誉。

## 庆历新政

庆历三年（1043）四月，仁宗将范仲淹调回京师，担任参知政事，与枢密副使富弼、韩琦等人一同主持朝政。此时，北宋的官僚机构越发臃肿，行政效率极其低下，百姓负担十分沉重，国家财政却入不敷出。面对这样严重的统治危机，仁宗几

### 历史词典

### 珠算的发明

随着商品经济的繁荣，商业上对快速计算有了迫切的需求，珠算的发明适应了这种需要。至迟到北宋时期中国已发明了算盘，著名的《清明上河图》上有一家"赵太丞家"药铺，其柜台上即放着一把算盘。因药价贵贱悬殊，一方有八九味，多则十几味，须分别乘出再加，计算较繁，所以药铺需用算盘最迫切。初期的珠算，运算方法比较简单，所以只在商业贸易中流行，尚不能代替传统的筹算，不为士大夫所重视。明代珠算已流行于民间，并取代了筹算。明代中期以后，珠算界人才辈出，珠算书畅销。中国的算盘和珠算书还分别传入朝鲜、日本和泰国。珠算是中国的独创，对世界文明进程起了推动作用。

· 《范文正公文集》书影·元

此本为元代覆宋本，封面签题为"宋范仲淹集"，白口，左右双边，字体端方凝重，避讳谨严，宋讳勖、树、署、项等字缺笔，而构、沟等字不避。

次召见范仲淹等人，催促道："你们为国尽心，不必有什么顾虑，凡是急需变革的事情，都尽快提出来。"

范仲淹一向主张改革弊政，早在天圣五年（1027），他就上书朝廷，提出一系列革新建议。得到皇帝的信任与委托，范仲淹认真总结了酝酿已久的改革思想，很快呈上著名的新政纲领《答手诏条陈十事》，在其中提出了"明黜陟、抑侥幸、精贡举、择官长、均公田、厚农桑、修武备、减徭役、覃恩信、重命令"等十项以整顿吏治为核心的改革主张。仁宗和其他大臣商议后，决定将这些改革措施以诏令的形式逐步颁发全国。于是，北宋轰动一时的庆历新政，就这样在范仲淹的领导下开始了。同年年底，为检查各地官员的为官操守，范仲淹专门选派了一批人去四处探访。一旦得知哪个官僚欺压民众、贪污受贿，范仲淹就翻开官员们的花名册，把这个不称职的人勾掉。枢密副使富弼见他毫不留情地罢免了一个又一个官员，担心他因此得罪太多的人，于是劝说道："你一笔勾掉很容易，但是这一笔之下可要使他们一家人痛哭啊！"范仲淹听罢，指着那些官员的名字愤慨道："一家人哭总比一路人哭要好吧！"在这样严格的考察下，众多尸位素餐的不称职者被清理出官场，清廉贤能的官员纷纷得到提拔，大大提高了官府的办事效率。

## 新政的失败

然而庆历新政直接损害了盘踞在北宋官场的腐朽势力，因此他们对改革派恨之入骨。为了破坏新政的推行，这些人纠集起来一同诬蔑范仲淹、富弼、欧阳修、石介等人结交朋党，又重金贿赂宦官，让他们不断在仁宗面前散布对范仲淹的谗言。曾经在西北任职的枢密使夏竦与范仲淹相交已久，新政开始后，他在改革派官员的揭发、抨击下丢掉了显耀官职。

恼羞成怒的夏竦决心报复改革派，他让家里的一个丫鬟每天临摹石介的书法。等到练好了，夏竦便指使她用石介的字迹伪造了一封密信。在这封信里写满了大逆不道的言语，宣称要废黜仁宗，拥立一个符合改革派心意的傀儡皇帝。在夏竦的蓄意谋划下，改革派阴谋另立皇帝的谣言四处传播，一时人心惶惶。感到自身受到威胁的仁宗开始动摇，虽然他没有完全相信

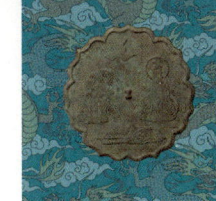

那些谣言，然而对改革派的猜忌，使仁宗失去继续改革的信心。

庆历五年（1045），曾经慷慨激昂、励精图治的仁宗下诏废止一切改革措施，随即解除了范仲淹参知政事的职务，将他贬至邓州（今属河南）担任地方官。不久，富弼、欧阳修等改革派人士也相继被外放。至此，历时了一年有余的庆历新政以全面失败告终。

## 流传千古的不朽之作

改革失败对范仲淹打击很大，他被贬到邓州后身体一直不好。这时他接到好友来信，邀请文满天下的范仲淹为重新修竣的岳阳楼写一篇文章。为激励因力图改革而遭遇贬黜的同僚们，范仲淹在邓州的花洲书院挥毫撰写了流传千古的不朽之作——《岳阳楼记》。作者用洗练优美的文字描述了洞庭湖波澜壮阔的景色，并借景抒情，勉励失意的朋友们不要因自己的不幸而感到忧伤，应该"不以物喜，不以己悲"，不计较区区个人得失，做到"先天下之忧而忧，后天下之乐而乐"。

"先天下之忧而忧，后天下之乐而乐"这一句话，真切概括了范仲淹为人处世的行为准则，为日后无数忧国忧民的仁人志士所推崇。

范仲淹为官数十年，他在地方勤政爱民，为各地军民所感激传诵，西北的少数民族将他当作父亲一般尊敬，羌人称其为"龙图老子"。他在朝廷直谏不屈，屡次获罪贬黜仍不妥协。由他主持的庆历新政触及北宋王朝的政治、经济、军事等诸多方面，虽然因腐朽势力的阻挠、反对而失败，但是这次改革却直接引发了士大夫的议政风气，广泛传播了改革思想，为王安石的熙宁变法提供了宝贵的思想资源。

· 楷书《道服赞卷》·北宋·范仲淹

《道服赞卷》为纸本，是范仲淹唯一传世的楷书作品。宋代大书法家黄庭坚评价其书为"落笔痛快沉着，似近晋、宋人书"。此卷结字端谨，笔墨清健，有晋人书风。

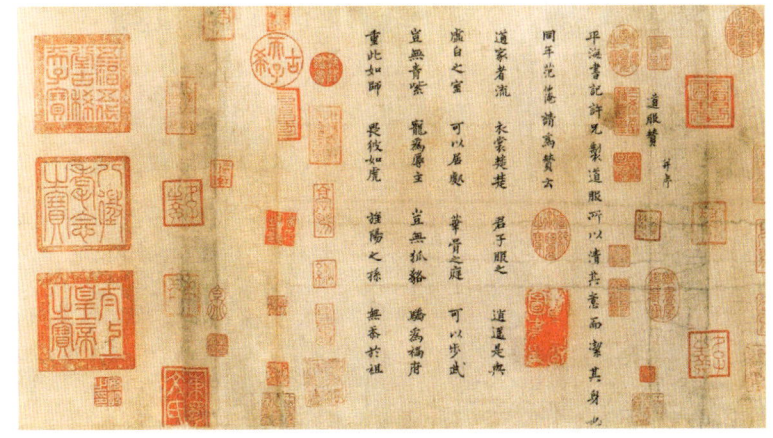

## 21 奉旨填词柳三变

时间：987～1053

在北宋文坛的众多词人中，柳永可以说是最不得志的一位。屡次的科考失意让他备受打击，使这位恃才傲物的词人尝尽了世间百态，为时人与后人留下众多优秀作品。柳永在科举考试中的失意是他个人的悲剧，却是中国文坛的一件幸事，因为这让人们得到一位才华横溢的词人柳三变。

### ❀ 落第的牢骚词

柳永（987～1053）原名柳三变，字耆卿，崇安（今属福建）人，因在家族中排行第七，所以又被人称为柳七。大约在30岁的时候，柳永离开家乡，前往京城求取功名。与那个时代的绝大多数知识分子一样，柳永也把通过科举获得功名富贵当作毕生追求，然而却因此给他带来了半生的坎坷和痛苦。

真宗天禧元年（1017），柳永来到花团锦簇的东京汴梁参加科举考试。以柳永耀人的才华来说，他应该有充分理由相信自己会金榜题名。谁知他的第一次科考以落榜告终，但柳永并不灰心，自信地填词笑道："富贵岂由人，时会高志须酬。"然而在五年之后的又一次科举考试中，柳永再次名落孙山。这一系列的打击让心高气傲的柳永大发牢骚，挥笔写就了那首著名的《鹤冲天》：

黄金榜上，偶失龙头望。明代暂遗贤，如何向？未遂风云便，争不恣狂荡。何须论得丧。才子词人，自是白衣卿相。

烟花巷陌，依约丹青屏障。幸有意中人，堪寻访。且恁偎红倚翠，风流事，平生畅。青春都一饷。忍把浮名，换了浅斟低唱。

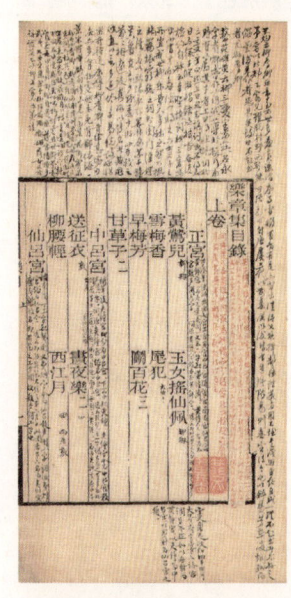

柳永《乐章集》内页

· 柳永纪念馆

柳永纪念馆位于福建武夷山风景名胜区武夷宫古街中段，为纪念北宋著名词人、婉约派词宗柳永而建。

在这首自我解嘲的小词中，柳永的真实之意是：我考不中科举有什么大不了的？我的才华早已为世人承认，看看人们对我的尊重，与那些穿着官服的人又有何区别？那些无用的虚名，还不如把它换酒来喝呢！

## "奉旨填词"

柳永可能还不清楚自己作品的影响力，"凡有井水处，即能歌柳词"，这首满腹牢骚的《鹤冲天》很快传到宫中，大为恼火的仁宗将作者记在心里。三年后柳永终于考中，然而当皇帝对取士名单做最后审核时发现了他的名字，于是冷笑道："既然要去浅斟低唱，又何必要这浮名呢？"又把他的名字划掉了。深受打击的柳永更加放浪形骸，浪迹于青楼红粉之地，流连于温香软玉之所，以卖词为生，不无解嘲地宣称自己是"奉旨填词"，后来干脆自号为"奉旨填词柳三变"。直到英宗即位，年近五十的柳永才算通过了科举考试，得到屯田员外郎这样一个小小的官职。郁郁不得志的柳永一直没有回到家乡，最终于汴京终老。死后家无余财，全靠东京的歌女们捐献财物方得以安葬。

柳永作为北宋时期的著名词人，在中国词史上占有重要地位。柳永尤其擅长描写青楼妓女和失意文人等下层人物的生活和心理，作品的主角多是市井平民。他使宋词这一优秀的艺术形式离开了达官贵人的歌筵闺房，走向社会的中下层，反映了更深更广的社会生活。柳永还擅长描绘都市的繁华景象以及四时风光，开创性地发展了词体。在他传世的二百多首词中，所用的词调竟有150个之多，大部分为前所未见的新调。柳永还丰富了词的表现手法，在作品中尤其讲究章法结构，词风率真明朗，语言自然流畅，有鲜明的个性特色。

人物 曹太后

**22**

时间：1063～1066

# 濮议之争

> 这是一场让无数大臣耗尽精力的大辩论，整个北宋朝野都为之动荡不安。一件在现代人看来无关紧要的事情，在当时饱读诗书的儒学弟子眼中变得比天塌下来还要严重。

## ❁ 宗子入继

北宋嘉祐七年（1062），赵曙被仁宗立为皇太子，封钜鹿郡公。第二年仁宗去世，赵曙即位，历史上将他称为英宗。英宗并非仁宗亲生儿子，他是真宗之弟商王赵元份的孙子，濮安懿王赵允让的儿子。作为懿王的世子，他本与皇位无关，但是却在机缘巧合下被无嗣的仁宗选中，成为宋朝第一位以宗子身份继承大统的皇帝。

英宗体弱多病，继位之初就大病一场，被迫由曹太后垂帘听政。后来虽然得以亲政，却在不久后就因病辞世，在位时间仅4年。

同他名义上的父亲仁宗一样，英宗也是一位很想有所作为的帝王，但深受儒家影响的他近乎偏执的恪守孝道，使英宗在即位伊始便与曹太后矛盾重重。亲政不久，又因追赠生父名分引发了一场震惊朝野的大动荡。等争议平复，英宗的生命也走到了终点。

## ❁ "皇伯"与"皇考"

英宗亲政后不久，宰相韩琦等人便提议讨论英宗生父的封号问题。这时距仁宗逝世已有14个月，宋英宗认为应该等过了先帝的"大祥"再行商议，也就是说在24个月后再来探讨。从后面发生的事情来看，这显然是英宗为了减少朝臣阻碍而做出的姿

·《宋仁宗曹皇后像》·宋·无款

态。治平二年（1065）四月初九，韩琦等大臣再次提出这一议题，于是英宗将议案送至太常礼院，交两制以上的官员讨论。由此，在北宋朝野引发了一场持续18个月的大论战，这就是中国历史上著名的"濮议"。他们争论的问题其实很简单，那就是当今皇帝应该管他已经死了的亲生父亲叫什么。这场论战对现代人来说是无法想象的荒唐，然而对于投入其中的北宋儒生来说，这却是一件关系到"家国命运"的大事。

按照传统儒家宗法制的观点，以王珪为首的一批大臣认为濮王是仁宗的兄长，所以仁宗的继子英宗应称其为"皇伯"。而以韩琦、欧阳修为首的宰相们则认为，英宗应该称他为"皇考"，也就是先父。两种观点的争执让英宗不好做出决断，于是将这个问题交给百官讨论。

英宗和他的宰相们原本以为，大臣们中间应该会有很多人迎合他们的意图。谁知情况恰好相反，朝堂上的文武百官对此反应非常激烈，大多赞同王珪等人的看法。

## ❁ 曹太后的决断

就在这时，曹太后十分愤怒，亲自起草诏书，严厉谴责韩琦等人的"荒诞举动"，宣称濮王不能被称为皇考。然而治平三年（1066），欧阳修与韩琦还是拿到了太后同意、英宗称濮王为皇考的签押。曹太后态度的这一转变，让人费解。拿到签押的英宗立刻下诏停止讨论，将王珪一派的几名御史贬出京城，同时宣布濮安懿王是自己的父亲。这一决定遭到了大臣们的坚决抵制，纷纷申请降级处分。面对官僚阶层空前的压力，英宗为了在生父死后的封号上体现孝心，不得不软硬兼施，对王珪诸人封官许愿，用尽了各种手段才达到目的。

因为英宗的生父被封为濮王，所以这场大辩论被称为"濮议"。今天看来，"濮议之争"并非单纯的儒教礼法、宗法之争，而是贯穿整个北宋官场的党派之间的权力之争，是北宋党争升级化的表现之一。

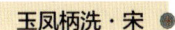

**玉凤柄洗·宋**

此玉器色泽青中泛黄且带灰，有淡褐色斑。器口圆整，一侧以一只口衔器壁、爪攀器缘、双翅开展环抱器身的凤鸟为柄，平底。凤鸟钩喙弧度流畅、细长凤眼有神、羽毛形态各有不同，尾羽一直延续至底心。舒卷有致的云气自双翼下开展，环绕器壁。

| 人物 欧阳修 | 23 | ⏰ 时间：1007～1072
# 六一居士欧阳修

> 欧阳修自幼勤勉学习，终于有所成就，成为北宋杰出的史学家和古文运动的旗手，在中国文学史上占有一席之地。

## ❀ 画荻教子

欧阳修（1007～1072），字永叔，号醉翁。他四岁的时候，父亲去世了，家里生活非常困难。他的母亲郑氏一心想让儿子读书，但家境贫穷无法上学。郑氏左思右想，决定自己教儿子。她买不起纸笔，就拿荻草秆在地上写字，代替纸笔，教儿子认字。这就是历史上有名的"画荻教子"的故事。

欧阳修读书非常刻苦专心，不少书读过就能背诵。家里的书读完了，他就向邻居借书。经过母亲的辛勤教育，再加上自己的努力，使他在少年时代就打下了很好的学问基础，并养成了良好的读书习惯。

## ❀ 认真的写作态度

欧阳修二十多岁的时候，任西京（今河南洛阳）留守推官（地方行政长官的助手）。当时西京留守是钱惟演，有一次，钱惟演在西京修建了一所驿舍，叫尹师鲁、谢希深和欧阳修三人各写一篇文章记述这件事情。三个人把写好了的文章拿来互相传阅，谢希深的文章七百字，欧阳修的文章五百多字，只有尹师鲁的文章三百多字。尹师鲁的文章虽短，文字却十分精练，叙事清晰、完整，而且结构严谨。

欧阳修看了，就带了酒去拜访尹师鲁，向他探讨文章的写法。尹师鲁对欧阳修说："你的文章写得还好，不过格调较

● 醉翁亭 ●
以欧阳修的《醉翁亭记》而扬名天下的醉翁亭，坐落在安徽滁州琅琊区琅琊山风景区内。

低，废话多。"欧阳修明白了自己文章的缺点，就重新写了一篇。重写的文章比尹师鲁的还要少二十几个字，内容却更加齐整。尹师鲁看了之后，非常钦佩，对人称赞说："欧阳修进步真快，简直是一日千里！"

据说，他的著名散文《醉翁亭记》的原稿开头写道：滁州（今属安徽）四面有山，东面有什么山，西面又有什么山，南面是什么山，北面又是什么山……这一来，就写了好几十个字。欧阳修写完一看，觉得太啰唆，就反复修改，到最后定稿的时候，只剩了"环滁皆山也"五个字。这样开头语言精练，意思又都表达清楚了。

到了晚年，欧阳修又把过去所写的文章，一篇篇拿出来，仔细地进行修改。他的夫人劝阻说："为什么要这样吃苦呢？你又不是学生，难道还怕先生责怪吗？"他笑着回答说："我虽然不怕先生责怪，但是怕后生讥笑。"

## ❁ 古文运动的领袖

宋朝初年，有些人写文章只追求辞藻华丽，句子和句子之间讲究对称，内容却空洞无物。欧阳修在读了唐朝大文学家韩愈的一部文集后，觉得韩愈的文章简洁明快，内容充实，说理透彻，因此对韩愈非常推崇。欧阳修一生博览群书，以文章冠天下。他文史兼通，造诣很深，对宋代文风的改革颇有贡献，名列唐宋古文八大家之一。

欧阳修在中国文学史上占有重要的地位，他是北宋古文运动的领袖，一向反对浮华艰涩的文风，提倡文章要写得通俗流畅。他还积极培养人才，对当时的诗文革新运动做出了很大的贡献。他的散文、诗、词都写得很好，是一位具有多方面才能的作家，一生写了大量的著作，除了诗文集《欧阳文忠公集》一百五十多卷以外，还编写了两部历史著作，一部是和宋祁等人修撰的《新唐书》，另一部是独撰的《新五代史》，这两部史书为后人研究历史提供了宝贵的史料。

欧阳修史学成就另一个重要的方面，就是他极为重视对古代文物的收集、著录和考辨，嘉祐七年（1062），他完成《集古录》一千卷，嘉祐八年（1063）到熙宁四年（1071），又完成《集古录金石跋尾》十卷，从而使他成了中国金石学的重要奠基人之一。

人物
沈括

⏱ 时间：1031～1095

# 24 沈括与《梦溪笔谈》

> 沈括在历史上是王安石变法的重要支持者，在神宗朝，无论在政治、经济上，他都有所作为。但后人记住的是他在科技文化上的伟大成就，以及最受重视的著作《梦溪笔谈》。

## ❀ 变法的支持者

沈括（1031～1095），字存中，生于钱塘（今浙江杭州）的一个官宦家庭。自幼勤奋好学，24岁时步入仕途，33岁考中进士。沈括生活的神宗年间，正是王安石变法的重要时期，沈括是变法的积极支持者，朝廷新政的各种规划他多有参与，后来升任权三司使，主持大宋财政，推行新法，在一定程度上改善了宋朝的财政状况。

作为变法的支持者，熙宁十年（1077），沈括遭到御史弹劾，被罢三司使，出知宣州（今安徽宣城），元丰三年（1080），改知延州（今陕西延安），不久兼任鄜延路经略安抚使，成为一方大员。元丰五年（1082）九月的永乐城大战中，宋军五路大军惨败，沈括作为一路主官，以"措置乖方"罪降为均州团练副使。元丰八年（1085），徙均州团练副使，在随州安置。哲宗元祐三年（1088），沈括将精心绘制的《天下州县图》献给朝廷，才被允许任便居住。沈括此后不再涉足官场，元祐五年（1090），沈括来到润州（今江苏镇江）的梦溪园，在此定居，潜心著述，度过了他的晚年生活。

沈括像

## ❀《梦溪笔谈》

沈括极富创新精神，而且很看重劳动人民在科技发展中的巨大作用，他曾在上书中说："各种发明创造不能全

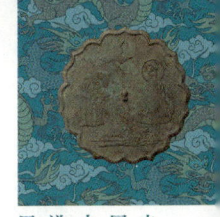

图说中国史
北宋

部归功于圣人,百工、市井、田野之人都可以参与进来。"正是在这种思想指导下,他留心观察群众的改革和创新,在《梦溪笔谈》中如实记录了不少民间的科学成就,如毕昇的活字印刷术、喻皓的《木经》、信州湿法炼铜、西夏冷锻铁甲等,这些记载成为今人了解当时科技发明的极其珍贵的史料。

《梦溪笔谈》是一部伟大的科学史著作,它长达三十卷(包括《补笔谈》三卷、《续笔谈》一卷),内容广博精深,涉及天文、地理、数学、物理、化学、文艺、历史、哲学等方面的知识,详细地总结了中国古代,特别是北宋时期自然科学所取得的辉煌成就。

沈括在政治上失意,但他晚年所著的《梦溪笔谈》却留存千古。英国科学史家李约瑟在他的《中国科学技术史》中高度评价了《梦溪笔谈》的意义,他说:"沈括算得上是中国整部科学史中最卓越的人物。"日本数学家三上义夫甚至这样赞美沈括:"日本的数学家没有一个比得上沈括……沈括这样的人物,在全世界数学史上找不到,唯有中国出了一个。"

明万历商氏半野堂刻本《梦溪笔谈》书影

## 延伸阅读

### 活字印刷

毕昇(?～1051),北宋著名发明家。仁宗庆历年间(1041～1048)发明活字排版印刷术。在此之前,只有摹印、拓印和雕版印刷,既笨重费力又耗料耗时,存放不便,有错字又不易更正。毕昇发明的活字印刷方法既简单灵活,又方便轻巧。其制作程序为:先用胶泥做成单字,用火烧硬,使其成为胶泥活字,然后分类放在木格里,一般常用字备用几个至几十个,以备排版之需。排版时,用一带框铁板作底托,上敷一层用松脂、蜡和纸灰混合制成的药剂,然后把需要的胶泥活字一个个从备用的木格里拣出来,排进框内,排满就成为一版,再用火烤。等药剂稍熔化,用一平板把字面压平,待药剂冷却凝固后,就成为版型。印刷时,只要在版型上刷上墨,敷上纸,加上一定压力即可。印完后,再用火把药剂烤化,轻轻一抖,活字便从铁板上脱落下来,下次又可再用。活字印刷术的发明,是印刷史上的一次伟大革命,它为中国文化经济的发展开辟了广阔的道路,为推动世界文明的发展也做出了重大贡献。

# 宋代制瓷艺术

中国瓷器发展到了宋代,不管在艺术外观还是瓷质都产生了很大的飞跃。南宋时,南方青瓷便出现了增长的趋势。在制釉技术上更有多项新的突破,如开始了由石灰釉向石灰碱釉的转变,发展了铜红釉和乳浊釉,发明了影青瓷、粉青釉、梅子青、油滴釉、兔毫釉以及片纹釉等。许多品种都具有强烈的玉质感。在装烧工艺中,发明了"覆烧"法及"火照"术。在唐代"南青北白"的基础上,宋代又涌现了汝、官、哥、钧、定,以及龙泉、景德、耀州等许多名窑,它们各具特色,都为中国瓷业的发展做出了积极的贡献。

**官窑青釉琮式瓶·南宋**

此器的形制是仿古玉器"琮"而成,圆口方体,器外壁自下而上分为五节,造型端庄。通体施青釉,釉质浑厚滋润,釉面上有许多细小纹片。

**景德镇窑青白瓷刻花卉纹注子·北宋**

景德镇是宋代江南地区著名瓷器产地,在当时以主要生产青白瓷而闻名于世。景德镇匠师出色地实现了模仿,烧出了色质如玉的青白瓷,满足了市场所需。

**龙泉窑青釉刻"元丰三年"款双系盖瓶·北宋**

英国大英博物馆藏。瓶为盘口,方唇,束颈,溜肩,肩部有半环形系,椭圆形腹,圈足。有盖,盖为宝珠钮,盖身和壶口字母口扣合。通体施青釉,釉色莹润光亮。瓶腹部刻有铭文:"元丰三年闰九月十五圆日,愿烧上色粮罂,承贮千万年香酒,归去,百年归后,荫孳千子万孙,永招富贵,长命大吉,受福无量,天下太平。"

- **哥窑鱼耳炉·南宋**

因产于浙江龙泉哥窑而得名。哥窑是宋代五大名窑之一，传世哥窑瓷器有两大特征，其一如胎色灰黑，足底露胎，呈"紫口铁足"状；其二釉面布满大小开片，大开片裂纹处色深，小开片色浅，呈现"金丝铁线"的特征。

- **官窑菱口洗·南宋**

官窑专门为宫廷制作瓶，所以异常精美，本品也是出自宋代官窑，釉胎均薄，呈六棱花形，釉为粉青色，是当时的上上品，器内及底部布满开片纹，层层叠叠，釉面光滑。

- **汝窑青釉水仙盆·北宋**

汝窑为宋代五大名窑之一，明代文人品评把它列为首位，因而汝窑有"天下第一窑"的美称。汝窑窑址位于今河南宝丰清凉店。由于它主要为宫廷烧造青瓷，而且烧造时间不长，仅20年左右，所以传世品不多。

- **定窑孩儿枕·北宋**

定窑为宋代五大名窑之一，从唐时就开始烧制白瓷，至宋代白瓷更是著称于世。此外还在白瓷胎上涂罩高温色釉，烧制出黑瓷、紫釉、绿釉以及白釉剔花等品种，深为世人所喜爱。

## 25 "拗相公"的改革

**人物 王安石**

⏲ 时间：1068～1085

> 宋神宗熙宁年间，王安石厉行改革，被称为"熙宁变法"。王安石变法通过改革抑制土地兼并，减轻赋税负担，取消贵族特权，充实了国库。然而，神宗驾崩后，王安石变法成果被其政敌摧毁，宋朝的最后一线生机也随之消失。从此，宋朝抱着文人的清高和祖宗的成法，在软弱可欺、强敌环伺、财政困窘的噩梦中挣扎。

### ❀ 王安石变法

治平四年（1067）正月，神宗赵顼即位。神宗做太子时就很欣赏法家思想，他在读《韩非子》时曾说："天下弊事很多，不可不改革。"如今，20岁的新皇登基，自然要锐意改革，富国强兵，改变前朝遗留下来的暮气沉沉的政局和危机四伏的现状。

熙宁元年（1068）四月，神宗召王安石入京，变法立制。

王安石（1021～1086），字介甫，号半山，临川（今江西抚州）人。他少年时，曾随着做官的父亲到过许多地方，对当时的社会问题有一些感性的认识。庆历四年（1044），王安石进士第四名及第，步入官场。多年为官经历，使王安石深切地认识到土地兼并是导致当时社会普遍贫困化的主要根源之所在，更严重的危害到国家的长治久安。

**南京半山园王安石故居**
王安石"熙宁新法"失败后，退居在这里，封荆国公，世称荆公。

于是，一场在中国历史上产生重大影响的变法运动轰轰烈烈地展开了，围绕富国强兵这一目标，王安石先后推行了农田水利、青苗、均输、保甲、免役、市易、保马、方田均税等新法。

王安石变法以"富国强兵"为目的，前后推行了近15年，乡村地主和自耕农都减轻了部分差役和赋税负担，国家增加了财政收入，朝廷内外的仓库所积存的钱粟"无不充衍"。

## 变法失败

王安石虽然有着改革者的勃勃雄心和坚强意志，可他做事执拗，冷面无情，人称"拗相公"。他大刀阔斧的改革，得罪了朝野上上下下所有的既得利益者。人不和，政不通，再好的决策都难以执行，前功尽弃，拗相公王安石的变法就是如此。这个倔强的政治家并没有丝毫的退却，他以"天变不足畏，祖宗不足法，人言不足恤"的"三不足"思想向神宗表明自己励志改革的决心。可惜，宋神宗并不像王安石那么坚决，他渐渐动摇起来。

特别是在熙宁七年（1074）河北大旱，数月无雨，灾民遍地。一些官员趁机散布谣言，说是变法遭到了天谴，才发生了旱灾。神宗的祖母曹太后和生母高太后也在神宗面前哭诉。为此，神宗整日长吁短叹，不知如何是好。王安石见此，愤而辞职，回江宁府（治所在今南京）去休养。

第二年二月，神宗再次召王安石回京任宰相，可是几个月后，天空中彗星滑过，人们认为这是不吉利的预兆，纷纷攻击新法。无论王安石如何为新法辩护，神宗还是犹豫不定。成也神宗，败也神宗。神宗的动摇使王安石失去了支持力量，各地对新政阳奉阴违。第二年春天，处处碰壁的王安石眼见自己的主张无法贯彻执行，再一次辞去相位。

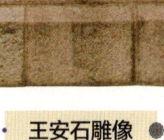

**王安石雕像**

元丰八年（1085），哲宗继位，高太后听政，以司马光为首的保守派重新掌权，新法立刻被废除。王安石的变法最终以失败告终，但因对变法的态度而形成的新旧两党之间的相互攻击，一直贯穿了整个北宋中后期，直至北宋灭亡。

人物 吕惠卿

26 ⏰ 时间：1032～1111

# 真小人吕惠卿

吕惠卿是熙宁变法的主要干将之一，因其在变法运动中的种种作为而成为一个争议人物。一方面因为参与制定、推行新法，而被时人尊称为"护法善神"；另一方面又由于其攻讦王安石的龌龊行为和借改革以营私的不良行径，而被列入《宋史·奸臣传》。

## ❀ 志同道合

吕惠卿（1032～1111），字吉甫，泉州晋江（今属福建）人。宋神宗熙宁年间，他是襄助王安石变法的第二号人物。

青年时代的吕惠卿，便以才学出众崭露头角。仁宗嘉祐二年（1057），年仅24岁的他高中进士。随即，被授职为真州（今江苏仪征）推官。其后，吕惠卿得到了文坛领袖欧阳修的赏识。

嘉祐六年（1061），欧阳修向仁宗皇帝推荐说："前真州推官吕惠卿，才识明敏，文辞优异，善于汲取前人经验而能反躬自省，可谓端雅之士，应当让其任馆阁之臣，作为国家养育贤才的储备。"吕惠卿在经历了一段军、州幕职官的历练后，来到中央任职，先后出任三司检法官、集贤院校勘等职。

在汴京，经过欧阳修的推荐，他结识了王安石，两人常在一起论经讲义，谈古道今，竟有许多共同的见地，遂成莫逆之交。在交往中，王安石对才华横溢、通晓世务的吕惠卿赞誉有加，认为他是一个出类拔萃的人才。王安石曾向神宗皇帝进言："吕惠卿的贤德，岂止在今人当中无人能比，就是前世大儒也未必能比得上。学先王之道而能真正运用于实践的，只有

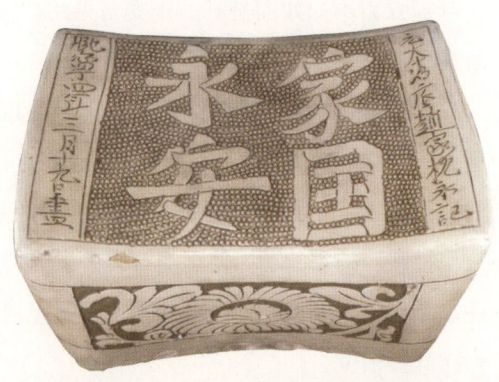

窑白釉刻珍珠地"家国永安"熙宁四年枕·北宋

此枕出土于河南鲁山段店窑，其上刻"元本冶底赵家枕永记熙宁四年三月十九日画"。其因明确的纪年、流畅的装饰及保存完整而著名，上面"家国永安"四字更表达了对当时北宋内忧外患的良好期望。

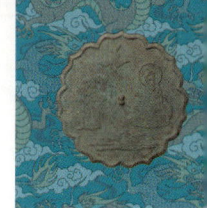

吕惠卿一人而已。"而对于王安石,吕惠卿也四处宣称:"我吕惠卿读儒书,只知道仲尼之可尊。读佛经,只知佛之可贵。而至今天,只知介甫之可师!"正是由于学术思想和政治理念的基本相同,使得两人大有相见恨晚的感觉。

## ❀ 旁观者清

熙宁二年(1069),王安石开始变法。朝廷设置了三司条例司,王安石任用吕惠卿为检详文字,事无大小巨细,都要先同他进行商议,然后才实行;王安石向神宗提交的疏议、奏章,也多由吕惠卿代笔。吕惠卿在变法运动中的出色表现,使他得到了神宗皇帝和变法领袖王安石的赞赏和重用。熙宁二年(1069)九月,他被晋升为太子中允、崇政殿说书,从此得以亲近和影响神宗皇帝。熙宁三年(1070)五月,朝廷取消制置三司条例司,把青苗、常平、差役、农田、水利等法全部归与司农寺掌管,由吕惠卿兼判司农寺。司农寺遂成为推行变法的主要部门,吕惠卿也因此成了变法运动中仅次于王安石的二号人物。

正在吕惠卿和王安石交往得异常火热的时候,却有人洞悉到当局者未曾察觉的一些隐忧。一次,司马光对神宗说:"吕惠卿阴险狡诈,并不是什么好人。正是他的作为使得王安石受到内外各界的批评,可惜王安石虽然贤德,却刚愎自用,不通世故,吕惠卿出主意,王安石就去施行。再者,王安石经常超擢亲近自己的人,也恐众心不服。"神宗为吕惠卿辩白说:"吕惠卿进对明辨,也是很有才学的人啊。"司马光连连摇头道:"吕惠卿确实通文博学,明辨聪慧,但却心术不正,您慢慢观察就知道了。"神宗听罢默不作声。司马光还亲自告诫王安石:"阿谀谄媚的人,现在对您百依百顺,言听计从;可是,假如您失去了权势,他必然会反戈一击出卖您。"此时,王安石却因为与司马光政见不同,而对他的话很反感,所以也不把这些忠告放在心上。

## ❀ "护法善神"的私心

熙宁七年(1074),王安石首次罢相。吕惠卿由于王安石和神宗的赏识,而被提拔为参知政事,成为王安石的继承人,和王安石之后的首相韩绛一起被称为变法派的"护法善神"和"传法沙门"。但吕惠卿的野心很大，他看出来宋神宗虽罢王安石的相位，其实不过是迫于旧党势力的舆论压力而做出的暂时回避。吕惠卿梦想彻底搞掉王安石，以取代其地位。因此想方设法地迫害王安石，以避免其再度复相。

为了彻底排挤王安石，吕惠卿采取了两个办法。其一，借郑侠上《流民图》之际，唆使自己的党羽诬告王安石的弟弟王安国，并借当时一桩谋反案败坏王安石的名声，他还罗织王安石兄弟的所谓罪行秘密上奏；其二，他把王安石在变法过程中给自己的私人信件拿给神宗看，内中有"无使齐年（暗指反对变法的参知政事冯京，他和王安石同年）知"和"无使上知"两句话。这两句话自然引起了神宗的极大反感，对神宗与王安石的关系是极大的破坏，造成两人裂痕的产生。

后来，王安石复相，他认为吕惠卿人才难得，故而不计前嫌，依旧信任有加。但为权力和野心所腐蚀的吕惠卿，已经不是当初的吕惠卿了。他大肆扶植亲信，先后把自己的弟弟吕升卿、吕和卿和妻弟方希觉等人放到了重要职位上；利用

· 定窑白釉夔龙纹"奉华"款盘·北宋

手中的权力谋取私利，大肆置办田产家宅；还排挤曾与自己共同主持变法的同僚，以稳固自己的地位。这些，不但变法派中的沈括、韩绛等人颇有意见，就是神宗本人也认为吕惠卿私心太重、心胸狭隘，提醒王安石："吕惠卿不济事，不是帮助你的人！"王安石竟浑然不解，反问神宗道："吕惠卿有什么做法令您不满意呢？"神宗只好坦言道："吕惠卿其人，嫉贤妒能、争强好胜、办事不公。"但王安石并没有听进去，还为吕惠卿辩解。

## ● 弄权者终为人所厌

由于在用人问题上的公心与私心的差异，吕惠卿在王安石二度为相之后，不但排挤王安石任命的官员，还处处排挤王安石本人，最终导致了两人关系的恶化和破裂。

恰在这个时候，御史蔡承禧上书弹劾吕惠卿，指责吕惠卿奸邪不法、威福赏刑，致使天下共愤。而曾经依附吕惠卿的御史中丞邓绾，此时也指斥吕氏弟兄的不法行径。于是，吕惠卿被贬，出知陈州。不久，吕惠卿的母亲病逝，神宗特诏在吕惠卿俸禄之外，恩赐五万钱让他治丧。但吕惠卿却嫌少，竟然给神宗上书，请求再增加一万五千钱。结果，御史上疏弹劾吕惠卿这种不忠不孝的行为，要求处置他。神宗因为吕惠卿曾为执政，为顾及他的脸面而暂未处罚。

元丰五年（1082），吕惠卿将要镇守鄜、延两州。神宗问他对陕西边防的意见，吕惠卿却说："陕西的边防驻军不但不能攻，亦不能守，只看大形势而已。"神宗大怒道："照你这么说，是说陕西可以放弃了？如此之人岂可委以边防重事？"于是神宗将他贬知单州（今山东单县）。

苏轼的弟弟苏辙曾经非常形象地总结吕惠卿说："（吕惠卿）胸怀张汤那样的狡辩奸诈，身负卢杞那样的奸佞乖邪，诡计多端，敢行非法之事。又兴起大狱，欲株连蔓引，诬陷公卿。只是因为神宗仁义圣明，事必躬亲，否则，安常守道的好人早就没法能生存下来的了。王安石对吕惠卿有羽翼覆卵的恩德，就像父亲和老师一样。吕惠卿求进之时，则附之若胶。及王安石罢相之日，则化为仇敌，不遗余力辱骂诬陷，猪狗都不屑去做的事而吕惠卿却能去做。"

• 《纺车图》·北宋·王居正 •
该图形象地表现了北宋农村妇女在大树下纺纱的情景。

人物 邓绾

## 27 好官须我为之

⏱ 时间：1028～1086

在变法得不到朝廷重臣支持的情况下，王安石起用了一大批渴望建立不世功业的年轻官员。这些年轻的改革者很快就沉醉在权力带来的快感中不能自拔，吕惠卿、章惇等人被列进后世史家的《宋史·奸臣传》中，而邓绾的"好官须我为之"的名言更成了官场小人的专用语。

### ❖ 科考一帆风顺

"朝为田舍郎，暮登天子堂。"在中国封建社会，做官是读书人梦寐以求的事情。不过宦海沉浮，官场险恶，除了要有相当的行政能力与人际关系，心理素质也要非同一般。宋朝的邓绾曾经公开说过："笑骂从汝，好官须我为之。"——只要我能当上大官，被人嘲笑又算什么，随便你们骂吧，与我又有什么影响？其厚颜无耻之形暴露无遗。

说出这样一番话的人并非不学无术之辈。邓绾，字文约，成都双流（今属四川）人。他自幼熟读儒家典籍，科考更是一帆风顺，"举进士，为礼部第一"，在注重科举取士的北宋，当真是前程远大。这位春风得意的年轻

• 《帝鉴图说》之宋神宗轸念流民·明·无款 •

宋神宗时推行王安石变法，由于新法推行不善，与民情脱节，致使民不聊生。有一个叫郑侠的州官，见路上流民惨状，心甚不忍，遂作《流民图》，并附奏章献于神宗，历数新法弊端。神宗反复观图，方知新法之害，体察民间疾苦，懊悔至极，于是罢黜新法。

图 说 中 国 史

读书人很快得到职方员外郎的官职，不久出任宁州通判。通判是略低于知州的地方长官，许多政令只有在知州与通判共同批准后才可以交下属官吏执行，同时通判又有监察官吏的权力，号称监州。一般而言，在作为地方官锻炼若干年后，只要不出现重大问题，就可以按部就班地获得提升，最终回到京城担任某一部门的要职。然而渴望一步登天的邓绾并不甘心忍受漫长的等待，适逢此时神宗决定推行变法，年轻的宁州通判把握时机，开始了自己在官场上的第一次投机。

## ❀ 投机逢迎王安石

神宗熙宁年间的王安石变法在公元11世纪是一件惊天动地的大事。无可否认，北宋日渐膨胀的官僚体系与日益低效的军政制度迫切需要一场彻底的改革。然而王安石的改革并非无懈可击，在实行过程中出现了许多不尽如人意之处，很快就遭遇到了强大的反对声浪。这些朝野官民的反对绝非一句"保守派阻挠"所能掩盖的。可惜的是，绰号"拗相公"的王安石并不打算接受任何异己意见，他在得不到重要臣僚支持的情况下，大胆启用了一批新进官僚。凡是认同他的改革，又具有相应能力的，不论出身、地域都被破格提拔，韩绛、吕惠卿、蔡卞、吕嘉问等人无不因而获得升迁。邓绾摸准了这一点，于是在任上为新法大唱赞歌，不过他未必是真心拥护变法，大有可能纯粹是为了取悦于王安石。

邓绾上书神宗，在奏折中盛赞道："陛下得到贤人的辅佐，颁行的新法让百姓无不欢喜歌舞。"又说形势一片大好，"以臣所见宁州观之，知一路皆然；以一

### 李成的山水画

李成（919～约967），字咸熙，北方山水画派三大宗师之一。世居长安，五代时随祖、父辈避地北海营丘（今山东临淄）。磊落有大志，因怀才不遇，放意诗酒，寓兴于画，尤工山水画。初师荆浩、关仝，后隐居山林，师法自然，凡烟云变灭，水石幽娴，树林萧森，山川险易，莫不曲尽其妙。最工寒林，其平远寒林，尤得潇洒清旷之致。墨法精微，善用淡墨，时称"惜墨如金"。画山石如云动，世称"卷云皴"。王诜评其画与范宽为"一文一武"，郭若虚论山水惟李成、关仝、范宽"三家鼎峙，百代标程（范式）"。甚受北宋人尊崇，称曰"李营丘"。画作真品传世甚少，留存下来的有《读碑窠石图》，与王晓合作，据南宋周密《云烟过眼录》记载，当时所见仅剩半幅，王晓所画人物已佚。此画相传是宋人摹本，现藏日本大阪市立美术馆。

路观之，知天下皆然。"除此之外，邓绾又多次写信给王安石，极尽献媚逢迎之能事。这一招果然奏效，在王安石的举荐下，神宗下旨召他进京予以接见。通过这次觐见，邓绾给王安石留下了不错的印象，两人相处得非常融洽。

## ❀ 厚脸谋官

不久，朝廷决定将邓绾官升一级，担任宁州知州。如果换作其他人的话，应当很欣喜地接受新的职位，但是邓绾却大为不满，公然向政事堂的宰相们发牢骚道："如此着急地召我来觐见，怎么能让我就这样回去呢？"对方反问他道："那你现在想得到什么官职呢？"邓绾很直接地说道："怎样也得是馆职。"所谓"馆职"，就是在北宋王朝的中央机构中任职。宰相们又问道："那做谏官可以吗？"他回答道："当然也可以。"邓绾的这一要求固然让人瞠目结舌，但更让人惊诧的是，第二天他居然就被提升为集贤院校理、检正中书孔目房，如愿以偿留在京都。在这里，不能不感慨王安石缺乏识人之明。

通过这种手段获得官职的邓绾，当然成为时人讥笑的目标。连邓绾的同乡都觉得非常羞愧，纷纷骂他是无耻之徒。然而邓绾却毫不在乎，用颇为无赖的口吻回敬道："笑骂从汝，好官须我为之。"

## ❀ 无耻之尤

如果邓绾到此为止的话，那么只能说这个人太过热衷于名利，未必能够名列《宋史·奸臣传》。很快被提升为御史中丞的邓绾，算是彻底攀附上王安石这棵大树。执掌谏言、监察机构的他不但在政治上阿谀王安石，更充当王安石扫清政敌的喉舌，不断打击反对新法的官员。几年后，王安石被迫离开朝廷，到地方任职。邓绾又阿附于新党另一领袖吕惠卿，对王安石的新政多有变动和攻击。待到王安石再次出任宰相，急于表示忠心的邓绾又掉过头来揭发吕惠卿纵容家人胡作非为的恶行，甚至上言要求录用王安石的儿子与女婿担任要职。这一番做法连王安石都觉得过分，认为邓绾"不安守本分，上书为宰相乞求恩赐，是侮辱国体的行为"。在经

乐舞女俑·宋

历这样一番波折之后，王安石才算认清了邓绾的为人，将他调去做地方官，让他离开了权力中枢。

"笑骂从汝，好官须我为之。"邓绾的为官之道在这一句中表现得淋漓尽致。这句话日后甚至成为指斥官场某些厚颜无耻行径的专用语。

· 《金门应诏图》·北宋·郭忠恕

中国台北故宫博物院藏。这幅作品表现了宋代官员在皇宫门外等待皇帝召见的情景，人物衣冠、殿宇楼阁充分反映了宋代的面貌风格。

人物 司马光

## 28 一意孤行司马光

时间：1019～1086

虽然司马光以巨著《资治通鉴》广为后人称颂，然而他却是一个相当刚愎自用、一意孤行的保守文人。虽然他有着出众的才华，却并不能虚心听取他人的正确意见，倘若司马光能够灵活变通一些，也许历史就会走向另一个方向了。

### ❀ 功名早就

元丰八年（1085）神宗逝世，他年仅10岁的儿子哲宗即位，由太皇太后高氏垂帘听政。在这一年，寓居洛阳的司马光奉诏入京主持国事，次年被任命为尚书左仆射兼门下侍郎，成为北宋王朝的宰相。

司马光（1019～1086）字君实，陕州夏县（今山西夏县）涑水乡人，世称"涑水先生"。他读书以刻苦用功闻名乡里，据说，不论是三伏酷暑，还是数九寒冬，他都捧着书本不放，有时甚至会忘记喝水吃饭。仁宗宝元元年（1038），司马光考中进士，历任馆阁校勘、同知礼院、天章阁待制兼侍讲、知谏院、御史中丞、翰林院学士兼侍读等职，可谓功名早就。然而司马光并不因此骄傲自满，而是平淡地说："贤者居世，会当履义蹈仁，以德自显，区区外名何足传耶！"反映了他立志建功立业、不求虚名的胸怀和见识。步入仕途后的司马光没有耽误学业，在勤奋

《司马光像》·清·无款

钻研下，他最终成为一位音乐、律历、天文、术数无不精通的渊博学者，其中最为精湛的是他对经学、史学的研究。

### ❀ 保守的政治主张

此时北宋建国已近百年，偌大的中原王朝开始出现种种危机。深受儒家思想熏陶的司马光连连上疏，陈述自己一系列的治国见解，这些奏章的主要内容是，朝廷

应以人才、礼治、仁政、信义作为安邦治国的根本，务必促使上下官员做到严格职守。在推举贤能、排斥奸佞的官场斗争中，司马光屡屡犯颜直谏，从不顾及个人安危，被朝野上下称为社稷之臣，神宗因而感慨道："如果有司马光这样的人常在身边，那么就不会再犯错误了。"在朝廷任职期间，司马光与王安石曾多次共事，然而由于政治见解的不同，两人渐行渐远，最终反目成仇。

熙宁三年（1070），王安石开始实施变法，因为政见不同，司马光坚辞枢密院副使一职，宣称自己和王安石只能有一个人留在朝堂中。神宗无奈之下，只得让他出任判西京御史台，外迁洛阳。虽然司马光与王安石在变法一事上存在严重分歧，然而就竭诚为国来说，二人并无差异，只不过在具体措施上各有侧重而已。王安石主要是围绕着当时财政、军事上存在的问题，通过大刀阔斧的经济、军事改革措施，以解决燃眉之急。司马光则认为现在是守成时期，应该偏重于伦理纲常、官员风纪的整顿，将原有的制度完善和发展，即使某些环节需要改革，也要稳妥小心，"治天下譬如居室，敝则修之，非大坏不更造也"，因为"大坏而更改，非得良匠美材不成。今二者皆无，臣恐风雨之不庇也"。

## 延伸阅读

### 理学五子

  理学，宋代称为道学，北宋中期主要分为两个学派：洛学与关学。学术界通常以周敦颐、程颐、程颢、张载、邵雍为北宋理学五子，而以周敦颐为理学开山。"洛学"，由河南程颢、程颐兄弟所创立。程颢，明道元年（1032）生，弟程颐，次年生。程颢，嘉祐二年（1057）中进士。经过近十年探索而创立理学，史称明道先生。其弟程颐，史称伊川先生，二程学派，史称"洛学"。"关学"为张载所创。他也是嘉祐二年中举进入仕途，熙宁三年（1070），辞职回家乡眉县横渠镇（今属陕西）研读"六经"，讲学授徒，世称"横渠先生"，成为关中士人的宗师。张载建立的学派，史称"关学"。张载死后，关学逐渐衰落。理学开山的周敦颐，所著《太极图》《易通》等，深为朱熹所推崇。周敦颐于景祐三年（1036）荫补入仕，时年20岁。嘉祐六年（1061），途经江州（今江西九江），筑室庐山莲华峰下濂溪旁，号"濂溪书屋"，世称"濂溪先生"。北宋理学五子之末的邵雍，字尧夫，熙宁十年（1077）死，后谥康节。著《皇极经世》等书，创立象数学体系。

相对来说，司马光的主张比较保守，但是从王安石变法过程中出现的偏差和问题来看，他的政治眼光是相当准确的。

## 千古巨著《资治通鉴》

来到洛阳之后，司马光开始专心修纂《资治通鉴》，为了完成这部旷世著作，他和助手们收集和整理了大量资料，除了采用历代的正史之外，还参考各种历史著作三百多种。《资治通鉴》材料丰富、考证严密，文字精练生动，由此成为中国史籍中最有价值的著作之一，它为后人研究历史提供了战国至唐代相当完备的资料。

为了方便读者阅读理解，司马光注意吸收纪传体的优点，为交代前因后果，大量采用连载、主载、附叙、追叙、补叙等写法，带有以事件为线索组织材料的独特风格。司马光还在《资治通鉴》一书中附有多篇评论，深入探讨治乱之因与君臣之道，因史事而发挥，就时事而议论，字里行间充满着经世济民的热切情感，体现出劝谏君主的良苦用心。经过19年的努力，这部材料翔实、叙事生动、议论深刻、文风质朴的史学巨著终于完成，作为主编，司马光所耗费的心血精力是难以估量的。在《进通鉴表》中，他说："研精极虑，穷竭所有，日力不足，继之以夜。"

书成之后，司马光已是"骸骨癯瘁，目视昏近，齿牙无几，神识衰耗，目前所为，旋踵遗忘"。其倾注毕生精力而成的《资治通鉴》寄托着他的治国情怀，司马光恳切地希望皇帝通过观览此书，能够"鉴前世之兴衰，考古今之得失，嘉善矜恶，取是舍非，是以懋稽古之盛德，跻无前之至治，俾四海群生咸蒙其福"。这样他就能"虽委骨九泉，志愿永毕"了。

## 元祐更化

司马光出任宰相后，在太皇太后高氏的支持下开始全面废除新法，史称"元祐更化"。太皇太后高氏曾被人誉为"女中尧舜"，然而她在政治上却极其保守和固执。在宋神宗生前，高氏便是王安石变法的主要反对者之一，她曾与仁宗曹皇后一起到宋神宗面前哭诉，宣称王安石的新政

· 《资治通鉴残稿》卷·北宋·司马光

败坏了祖宗成法，必定会害苦天下百姓。

垂帘听政后，太皇太后做的第一件事情，就是召回反对变法最为坚决的重臣司马光。司马光在变法之后一直寓居洛阳，许多贬黜外地的保守派官员都非常钦佩他，博学多闻的他更在民间拥有巨大影响。认为新政有可取之处，不应全面废止的苏轼劝阻他道："先皇刚刚去世，您就马上更改他的政策，这样做不好吧？"司马光斥道："先皇所立的法度自然不会去改动，但是王安石搞的那一套却是完全的祸国害民，为什么不去改呢？再说现在由太皇太后执政，太皇太后是先皇的母亲，做母亲的改动儿子的主张，有什么不可以的？"遂全面罢斥新法。

图说中国史

## ❀ 一意孤行

当时保守派内部也有不同意见，保守派要员范纯仁并不赞同全面废止变法措施，他对司马光说："王安石制定的法令有其可取的一面，不能因人废言。如果什么意见都必须是自己提出的、什么办法都必须是自己想出来的，这样就会在你的身边出现阿谀奉承之人。先生您一定要当心！"希望司马光广泛听取众人的看法，尤其是反对派的意见，这会对制定正确决策非常有益。但是司马光根本听不进去，执政八个月后，司马光便因病去世，但是他的举措为其他保守派官员继续严格执行。

司马光对王安石变法的全面否定，很可能与他在官场长期郁郁不得志的个人情绪有关。然而他大量起用保守派官员，又将支持变法的大臣逐出朝廷，在很大程度上激化了统治集团的内部斗争。元祐八年（1093）九月高太后去世，哲宗开始亲政，同年改元绍圣（1094~1098）。哲宗重新起用新党，并打击保守派，使新旧两党的政治斗争愈演愈烈。

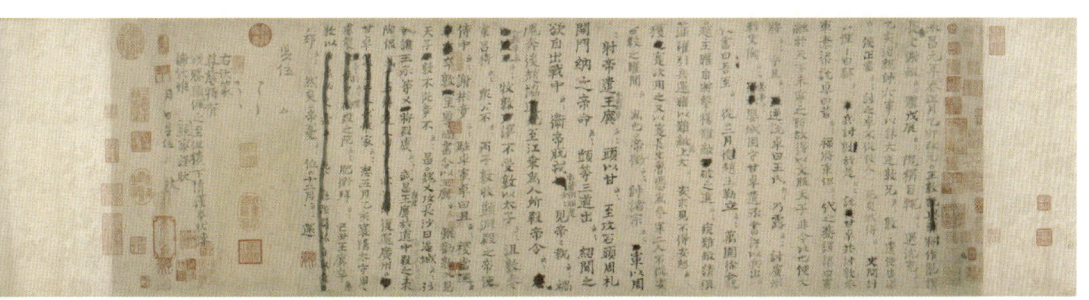

人物 苏轼

29

时间：1009～1112

# 一门三杰

在中国文学史上，苏氏父子三人具有无可比拟的特殊地位。从来没有一个家族能够同时涌现出这样多、又这般优秀的大文学家。他们的生平、际遇，既是一部起伏不定的人生历程，更是一个时代的精彩缩影。

在今四川眉山市，有一座富有四川特色的古典园林建筑。这座园林为红墙环抱，绿水萦绕，园内荷池相连，曲径通幽，堂馆亭榭掩映在翠竹浓荫之中，显得分外错落有致，有"三分水，二分竹"的"岛居"之称，那便是当地著名的旅游景点、由苏氏故居改建的三苏祠。三苏指的是苏洵、苏轼、苏辙三位大文学家，在"唐宋八大家"中，苏氏父子三人尤其引人注目。

## 父子成名

苏洵（1009～1066），字明允，眉山（今属四川）人。他是北宋著名的散文家，自号"老泉"。在后世的启蒙读物《三字经》中，有一段关于他的内容："苏老泉，廿有七，始发奋，读书籍。"据说苏洵年轻时游手好闲，糊里糊涂地混日子，直到27岁才开始发奋学习。

一天，苏洵的书房忽然冒起黑烟，以为发生火灾的家人拥进去一看，原来苏洵正在焚烧自己的文稿，决心改变已往的文风。经过十多年的闭门苦读，苏洵学业大进，以文采闻名乡里。仁宗嘉祐元年（1056），他带着苏轼（1037～1101）、苏辙（1039～1112）两个儿子来到汴京，拜见了当时的翰林学士、著名文学评论家欧阳修。欧阳修对苏洵的文章

四川眉山三苏祠内的苏轼塑像

赞不绝口，认为足以与古时的名作媲美，于是向朝廷推荐这个难得的人才。

在父子三人到京的第二年，苏轼、苏辙同时考中进士，一时轰动京师。嘉祐三年（1058），仁宗诏苏洵到舍人院参加考试，他以有病为由不肯应诏。嘉祐五年（1060），苏洵被直接任命为秘书省校书郎，不久去世。从传世的文章来看，苏洵是一个有很大政治抱负的读书人，他认为文章的主要目的是"言当世之要"，是为了"施之于今"。在《衡论》和《上皇帝书》等文中，他提出了一系列政治革新的主张。苏洵以为要治理好国家必须加强吏治，不能允许苟且拖延和怠惰风气出现，必须激发天下士人的进取心，只有这样才能使宋朝得以振兴。由于苏洵了解当时社会、官场的实际状况，又善于总结历史中的经验教训，因此他的政论文章有不少切中时弊的观点。

## 乌台诗案

在这样一位父亲的言传身教下，苏轼、苏辙两兄弟也在文学方面取得了惊人的成就，并继承了父亲忧国忧民的政治理念，在北宋的官场上赢得了显赫声名。当王安石开始变法时，担任端明殿学士兼礼部尚书的苏轼认为改革措施中有不妥之处，因而对此持反对态度，结果被王安石贬到杭州出任通判一职。然而政治迫害并没有到此结束，新党一派的御史们挖空心思地给这位大文学家罗织罪名，为了给他扣上"玩弄朝廷，讥嘲国家大事"的罪状，他们从苏轼的诗集中选出几条诗句，经过断章取义的歪曲后作为证据递交执法部门。例如"读书万卷不读律，致君尧舜知无术"一句，原本是苏轼说自己没有读通律法书籍，因而无法扶助皇帝成为像尧、舜那样的圣明君主，然而这句经过被御史们曲解，成为讽刺皇帝无能的诽谤之词。又如"东海若知明主意，应教斥卤变桑田"一句，被理解为反对朝廷兴修水利工程。再如"岂是闻韶忘解味，迩来三月食

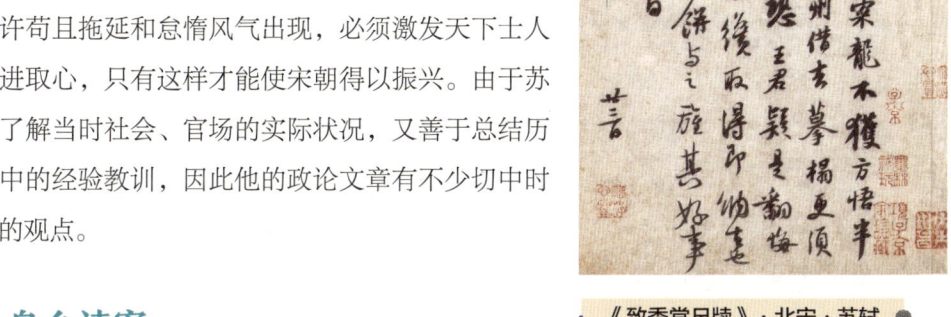

·《致季常尺牍》·北宋·苏轼

苏轼一生宦海浮沉，谪居黄州期间正是他艺术创作的顶峰时期，这幅作品又名《一夜帖》，正是他在这段时间的行书精品之一。

无盐"一句,是说他在讽刺新政的盐政举措。总之一句话,新党的一些官员就是要想方设法证明苏轼在讥讽皇上和宰相。恰在此时,日后对众多自然科学发现做出详细记录的沈括出来告密,落井下石地检举苏轼作诗嘲讽时政,"根到九泉无曲处,世间惟有蛰龙知"这两句诗被他指称为暗地里攻击宋神宗——皇帝是真龙天子,理应飞在天上,苏轼却说龙在九泉之下,简直是"大逆不道"。

不久,苏轼被逮捕入御史台狱。元丰二年(1079)十二月二十八日,为表示自己的宽大胸怀,宋神宗免除了他的死刑,将其流放到黄州(今湖北黄冈)。后来有人把这起案件的诉状和供述书编纂成书,名为《乌台诗案》。"乌台"是御史台的别称,由于这起文字狱是由御史台的言官发起,所以被称为"乌台诗案"。

## 仕途坎坷

被贬黄州后,心忧家国的苏轼,挥笔写就了《赤壁赋》等魅力四射的文学作品,为中国文学的宝库留下了可贵的财富。就在苏轼颠沛流离之时,他的弟弟苏辙因为替兄长求情受牵连,也被贬出京师。苏氏两兄弟相隔万里,各自写下了众多优秀诗篇。综观这期间的创作,他们虽然不乏旷达之语,但痛彻骨髓的悲哀还是不时从字里行间散发出来。元丰七年(1084),旧党开始当政,苏轼、苏辙先后结束了流放生涯回到京师。

此时正逢全面否定新法的"元祐更化",认为新法有可取之处,不应该全部废止的苏轼又成为旧党嫉恨的目标,恼羞成怒的司马光又一次将他贬到杭州。不久哲宗亲政,再次启用新党,被新党视为旧党骨干的苏轼被一贬再贬,最终被远远地发配到海南岛。与此同时,苏辙也被贬到岭南。

建中靖国元年(1101),为了庆祝自己的登基,宋徽宗决定大赦天下,至此苏轼才得以回到中原,在路过常州时悄然逝世,享年66岁。11年后,苏辙也在颍川离开人世。

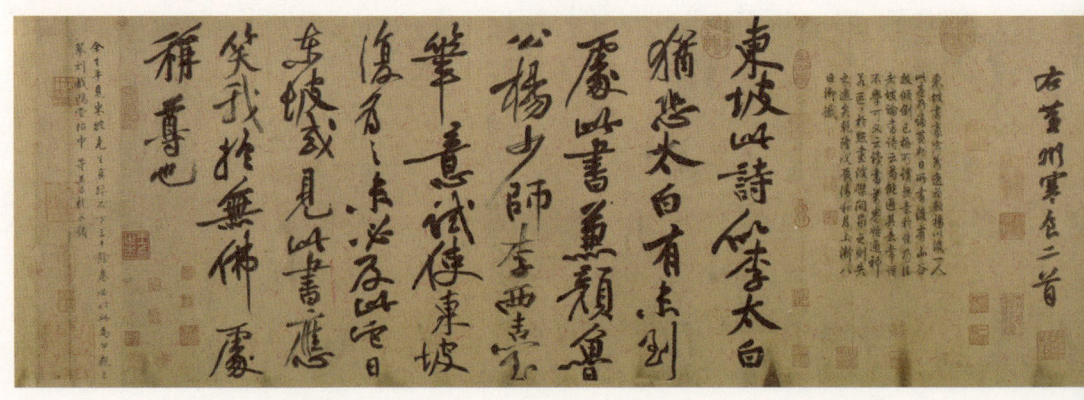

## ◉ 流芳千古

苏轼、苏辙兄弟对自身信念的坚持，决定了他们的仕途不会顺利，虽然两人在当时与后世都享有赫赫声誉，但是在他们漫长的官场生涯中，大概有一半的时间在贬谪中度过。苏轼生性豁达，喜欢交游，推举后进又不遗余力，所以生前门生弟子无数，其中极其优秀的有黄庭坚、秦观、晁补之、张耒四人，号称"苏门四学士"。苏轼的诗词数量极多，今存世的有三千多首，内容丰富多彩，或雄奇奔放，或富于理趣，或简单自然。对后人影响最大的是抒发人生感慨和歌咏自然景物的诗篇。如"大江东去，浪淘尽，千古风流人物。故垒西边，人道是，三国周郎赤壁。乱石穿空，惊涛拍岸，卷起千堆雪。江山如画，一时多少豪杰"这一豪迈作品，为世人千古传诵。苏轼善于运用新奇形象的比喻来描绘景物，阐发哲理，让人联想无穷，耳目一新。他的诗词冲破了晚唐五代以来词为"艳科"的旧框架，开创了独具一格的豪放词派。

和兄长比较起来，苏辙早期的诗词作品大都为生活琐事，咏物写景，多是与苏轼的唱和之作，其风格淳朴无华。晚年隐居颍川，对社会了解越发深入，写出了如《秋稼》等反映现实生活较为深刻的诗篇。苏辙的文学成就主要体现在散文方面，他尤其擅长政论和史论，常常在政论中纵谈天下大事，深刻分析当时政局，颇能一针见血。在散文写作上，苏辙也有自己的主张，他认为创作需要依靠丰富深厚的生活阅历，曾盛赞司马迁"行天下，周览四海名山大川，与燕赵间豪俊交游"的豪情。

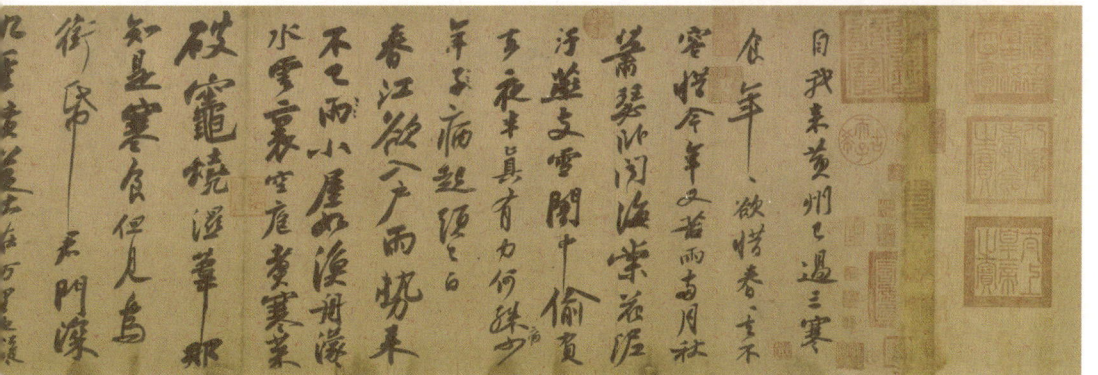

·《黄州寒食诗帖卷》·北宋·苏轼

人物
赵佶

30

时间：1102

# 党人碑

积弊难消的北宋自从王安石变法以来，新、旧两党纷争不断。这场原本因为政治观点、施政措施不同而爆发的政治斗争，逐渐异化为个人恩怨的争执，最终堕落到成为小团体甚至个人之间的争权夺利。

"始以党败人，终以党败国"，后世的学者在编纂《宋史》的时候，用这样一句话作为北宋"党争"的总结。这场绵延不断、历时数十年的党争，有如慢性自杀一般，缓慢但不可阻拦地破坏了统治阶层的稳定。北宋王朝自神宗以后，在风雨飘摇的政局动荡与交错复杂的频繁内耗中奄奄一息，最终为金人消灭。

## ◎ 意气之争

由新、旧两派的党争所造成的大规模政局动荡，在北宋几起几落。党争之始源于神宗起用王安石在朝廷主持变法，形成新党；反对变法的重要官僚如文彦博、司马光、苏轼等，或被贬谪外地，或自请外放，被称为旧党。神宗英年早逝，他10岁的儿子哲宗即位，由太皇太后高氏垂帘听政。反对变法的高氏排挤新党，司马光、苏轼等保守派官员因而回到朝廷。

在此期间，旧党对新党的攻击演化为毫无原则的意气之争，甚至开始采用文字狱等卑鄙手段来给对方罗织罪名。新、旧两党对政敌的打击越来越残酷，所使用的手段也越来越卑劣。高氏去世后，哲宗开始亲政，因为怨恨在太皇太后垂帘期间自己形同傀儡，于是屏弃旧党而又起用新党。以

《宋神宗向皇后坐像》·宋·无款

王安石继承者姿态出任宰相的章惇，不留余地地整肃政敌，他甚至向皇帝提出要把司马光的坟墓掘开，暴骨鞭尸以示惩戒。为此深感不安的同僚警告他千万不能开这种先例，以免将来冤冤相报无法收拾，章惇方才罢手。

## 大立党人碑

元符三年（1100），24岁的哲宗病死，徽宗赵佶继位，由厌恶新政的向太后垂帘听政，被贬的旧党人士纷纷官复原职。9个月后，向太后因病结束了垂帘听政，徽宗在正式执掌大权后，又决定将变法继续下去。

崇宁元年（1102），有个官员对徽宗说："推行新法是一件重要的事情，现在的朝臣中是没有人能协助陛下办好的。如果陛下准备继承神宗的遗志，那么非得重用蔡京不可。"这个官员将一幅图卷献给徽宗，这就是日后著名的《爱莫助之图》。这幅图仿效《史记》中的年表，按照宰相、执政、侍从、台谏、郎官、馆阁、学校分为七类，每类又分为左右两栏，左边为支持变法的，右边为态度保守的。结果左边的人名寥寥无几，从上到下只有7人而已。右边则密密麻麻排列着一百多人，满朝公卿无不在列。在左边诸人的最上面，用小字写着一个人的名字，那就是蔡京。七月，蔡京如愿以偿地成为宰相，这位在中国历史上"享有盛名"的奸臣主张严厉迫害"元祐党人"。就在他进入权力中枢的当月，北宋政府开始禁行元祐之法，已经去世的旧党官员削去官衔，在朝为官的一律降职流放。九月，挖空心思迫害旧党的蔡京在端礼门立起了一块"元祐党人碑"，又命令全国各地的州县都刻"党人碑"，以此诏告天下。

### 延伸阅读

**宋人好围棋**

围棋在宋代开始走向成熟化、系统化，成为中国围棋发展的第一个高峰时期。宋代举国上下都对围棋十分喜爱。宋代诸帝从太祖、太宗直到徽宗，都对围棋情有独钟，宋代社会各阶层也以围棋为乐，并涌现出了以一代棋坛宗师刘仲甫、李逸民为代表的大批杰出国手。李逸民所编写的《忘忧清乐集》正是集围棋千年发展大成的一部经典之作，对围棋的战术、理论都进行了详细回顾和总结，也折射出宋代围棋发展的辉煌景象。

"元祐"是哲宗早期年号，当时旧党掌权，被政敌称为"元祐党人"。相对应支持变法的人士又被人称为"元丰党人"。所谓的"党人碑"，就是当权者以及蔡京所厌弃的120名官员的名单。

## 民情汹汹

崇宁二年（1103）二月，徽宗接受蔡京的建议，诏令元祐党人子弟不准入京。四月，下旨毁掉司马光等人在景灵宫内的绘像，又在全国范围内收缴、销毁元祐党人的文集。耸立在端礼门外的党人碑是徽宗亲笔写就，在长长的名单前面着重说明这些人及其子孙永远不得为官，皇室子女也不得与碑上诸人的后代通婚。同样的石碑分别在全国各地树立。立碑者的意图相当明确，就是羞辱这些反对派人士。

然而民间的舆论并不能全为当朝宰相所左右。在长安有一位名叫安民的石工，当地官府接到朝廷命令后，要他按照汴京的样式在石碑上刻字，安民拒绝接受这样的工作。官员们问他缘由，安民道："小民虽然十分愚昧，却也知道立碑的意义。不过像司马光这样的人，海内对其正直有口皆碑。现在指斥他为奸人第一，让小民无法理解，所以不能镌刻。"当地官员怒叱道："你知道什么？朝廷有命，我等尚且不敢违抗，你区区一个石工，被官府调来服役，难道还敢违抗朝廷吗？"安民哭泣道："当然不敢不接受差役，但是小民

▶ 桂林龙隐洞内的"元祐党籍"摩崖石刻·宋 ◀

"元祐党籍碑"又称"元祐党人碑"，在桂林龙隐洞内，摩崖石刻高1.4米，宽1.3米，系摹刻蔡京真书，有些字迹已模糊难辨，但大体保存完好。

的姓名，请求不要按照惯例刻在石碑背上，免得世人知道是我刻的石碑。"官员又叱责道："你的姓名有什么用处？哪个要你镌上？"安民这才勉强遵命，完工后痛哭而去。

## 株连打击

党人碑的竖立，标志着新、旧两党由治国理念之争，彻底蜕变成私利、意气与权力之争。从此，北宋王朝的政治空气迅速恶化，曾经意图强国富民的变法，在不肖的继承者与顽固的反对者两相扭曲下，成为谋取私利的手段和攻击政敌的借口。随着对旧党打击的日渐加剧，党人碑上的名单不断变长，由120余人增加到309人。后来添加的这些人并非全是保守派成员，

图 说 中 国 史

把持朝政的奸臣集团甚至将自己个人的仇人也列入其内。

如果人们查阅党人碑上镌刻的名单，那么可以惊讶的从中看到一批著名学者、大文豪与大书法家的名字。这里面有司马光、范纯仁、苏辙、苏轼、黄庭坚、程颐……这些于后世在各个领域被尊为一代宗师之人，此时作为蔡京等权臣的对立面被斥为"奸党"。

在那个恐怖的时期，党人的家属门生无不遭遇各种打击，蔡京等人的疯狂迫害甚至株连到著名的爱国女词人李清照。李清照的父亲李格非是苏轼的弟子，因而得以名列党人碑上。她的公公赵挺之权势很大，官职连连上升。新婚不久的李清照救父心切，不顾封建礼教中新妇不能与公公"对语"的规矩，写诗给公公，请求其搭救自己的父亲。醉心于官场的赵挺之当然不会因此破坏新党来之不易的"大好形势"，断送自己的前程。大观元年（1107），赵挺之去世，蔡京开始打击赵家，赵明诚兄弟相继丢官，李清照只好和丈夫回到了青州（今山东青州）的故里。

## ❀ 只要元祐钱

王安石的新政在蔡京手中迅速变质，在变法的旗帜下，一个庞大的官僚集团想尽办法为自己谋取私利。比如原本为了减轻百姓劳役负担的免役法，由于执行者不可告人的目的成为增加税收、敲诈人民的手段。当时汴京的表演艺人编排短剧嘲讽蔡京，一个丑角端坐在舞台上做大官的样子，这时一个和尚登场，官员要求查看和尚的度牒，发现是元祐年间下发的，马上将之撕碎，把和尚斥骂出去。一会又来了位报到的小官，该官员一查档案，发现他乃是元祐年间出仕的，于是愤怒地把这个人赶走，宣布任何部门不许用他。这时，官员的家仆跑上台来，说这个月朝廷发的俸禄都是元祐年间（1086~1094）铸造的铜钱，问应当怎么处理。官员略一思量，嘱咐仆人把元祐钱从后门抬回家。在观众的喝彩中，丑角摇头念道："只要元祐钱！"徽宗崇宁五年（1106）正月，某夜晚汴京的天空上出现彗星。不久，文德殿东墙上的"元祐党人碑"遭到雷击，被断为两截。迷信道教的徽宗很是恐惧，认为这是上天在表示愤怒，于是派人在深夜偷偷地把端礼门党人碑毁坏。宰相蔡京发觉此事后，恼羞成怒地说："碑可以毁掉，但碑上的人名我永远不会忘记的！"

人物 赵佶

# 31 轻佻天子宋徽宗

时间：1082～1135

> 宋徽宗是中国历史上最著名的书画皇帝，他作为书画家是极其成功的，可作为皇帝却是极其失职。他排斥正直之士，肆意打击"元祐党人"，任用以蔡京为首的"六贼"等大批奸佞小人，奢华好物，怠弃朝政，最终造成了北宋王朝的灭亡。

## ❀ 励精图治

元符三年（1100）正月，哲宗赵煦去世。由于哲宗无子，兄终弟及，端王赵佶（1082～1135）继承了皇位，次年，改元"建中靖国"，这就是北宋历史上有名的徽宗。

在赵佶继承皇位之前，变法派后期领袖、宰相章惇就直言不讳地指出："端王轻佻，不可以君天下。"但建中靖国元年（1101）的徽宗的确曾经是想要励精图治，并不是后来的样子。这一阶段，他平反冤狱，窜逐奸佞；选贤任能，唯才是举；广开言路，察纳雅言；无偏无党，反对党争，大有中兴之主的气象。特别是在用人之道上，他前逐宵小，后纳忠直，将以大蔡小蔡（蔡京、蔡卞）等为代表的臭名昭著、心怀叵测的一大批奸佞之辈赶出了朝堂，引进了韩忠彦、李清臣、黄履等一批正直之士，还为文彦博、王珪、司马光、吕大防等33人恢复了名誉，史称"小元祐"。

《宋徽宗像》·宋·无款

## ❀ 蔡京复出

可这个被称为"小元祐"的局面并没有保持多长时间，北宋的政局就开始向倾覆的边缘滑去，其标志就是蔡京的复出。蔡京这次复出，一方面固然是由于右相曾布出于反对左相韩忠彦的政治需要而大力推荐，但更为主要的还是宋徽宗对于蔡京具有强烈的好感。建中靖国元年十一月，起居郎邓洵武看准徽宗已经坐稳了皇位，想要有所"作为"的心思，首创绍述神宗功业之说，攻击左相韩忠彦并推荐蔡京为相，得到尚书右丞温益的支持，为宋徽宗所欣然采纳，并于同月末决定改明年为崇宁元年（1102），明确宣示放弃调和中立政策，改为崇法熙宁之政。

宋徽宗需要借重蔡京的才干和行政能力，以及他作为"变法派"的出身，来清算元祐之政。于是，半年多的时间内，蔡京从被贬谪之地回到了朝廷的中枢，并一跃而成了宰相。再过半年，蔡京更升任左仆射兼门下侍郎，成了一人之下万人之上的首相。从此开始了以徽宗、蔡京为首的腐朽统治集团的黑暗统治。

##  打击异己

蔡京升任首相后，立即在徽宗的授意下，打着"绍述"神宗改革事业的旗号，开始了打压元祐党人，变更元祐条法的所谓"崇宁变法"。

### 《营造法式》

北宋建国以后百余年间，大兴土木，宫殿、衙署、庙宇、园囿的建造此起彼兴，造型豪华精美铺张，负责工程的大小官吏贪污成风，致使国库无法应付浩大的开支。因而，制定建筑的各种设计规范、用料、工时等标准，以明确房屋建筑的等级、艺术形式及料例功限，防止贪污盗窃被提到议事日程。哲宗元祐六年（1091），将作监第一次编成《营造法式》，由皇帝下诏颁行，此书史称《元法式》。因该书对用料、工时等标准规定不细，不能有效防止工程中的各种弊端，所以绍圣四年（1097）又诏李诫重新编修。李诫以他个人十余年来修建工程的经验又查阅大量文献，收集各工种操作规程、技术要领及各种建筑物构件的形制、加工方法，终于编成流传至今的这本《营造法式》，于崇宁二年（1103）刊行全国。《营造法式》主要分为5个部分，即释名、制度、功限、料例和图样共34卷，前面还有"看样"和目录各1卷。《营造法式》是北宋官方颁布的一部建筑设计施工的规范书，是中国古籍中最完整的一部建筑技术专著。

• 《瑞鹤图》·北宋·赵佶 •

绢本设色，51厘米×138.27厘米，辽宁省博物馆藏。赵佶（1082～1135），中国北宋画家、书法家，即宋徽宗。赵佶在政治上昏庸无能，但他在书画艺术方面却有精深造诣。他幼年即对诗词、书法、绘画、音乐、戏曲等艺术有广泛的爱好，在书画上尤其显露出超人的才华。《瑞鹤图》表现的是庄严耸立的汴梁宣德门，门上方彩云缭绕，神态各异的丹顶鹤翱翔盘旋，空中仿佛回荡着悦耳动听的仙鹤齐鸣的声音。

首先，仿照熙宁年间（1068～1077）设置三司条例司的体例，在尚书省设置讲议司，由蔡京亲自兼任提举。崇宁三年（1104），在显谟阁（神宗御书阁）为熙宁、元丰功臣绘像，以王安石配享孔庙；政和三年（1113）又追封王安石为舒王，以之标榜蔡京作为王安石改革事业的"继承人"，是货真价实的"新党"，而将搜刮民脂民膏的行为都称之为"新法"。

其次，利用讲议司作为党同伐异、打击异己的工具，其标志和最大的功业便是树立"元祐党人碑"。崇宁元年（1102）九月，经过徽宗的同意，蔡京将文彦博、司马光等120位元祐及元符年间恢复旧法的官员登记为元祐奸党，由徽宗御笔亲书刻石于端礼门，已经死了的削去官衔，活着的一律降职流放。

图说中国史

北宋

## ❀ 六贼乱政

通过详定元祐党籍，正直的官员几乎全部被排挤出朝，而蔡京的同伙却步步高升，一举把持朝政。以蔡京为首的这个奸邪小人集团，被时人称为"六贼"，共有：蔡京、王黼、童贯、梁师成、朱勔、李彦六人。其中蔡京和王黼先后任过首相或太师、太傅，总领朝政，他们把持中枢，依靠宦官童贯、梁师成，以朱勔、李彦为爪牙，打着绍述新法的旗号，逢迎徽宗的心意，无恶不作。一方面，引导徽宗尽情享乐，营造艮岳，大兴"花石纲"；一方面，在朝中公然卖官鬻爵。在地方巧立名目，增税加赋，搜刮民财。但即使如此，宋徽宗对蔡京仍然隆恩深重。其间，蔡京也曾遭弹罢相，但很快就又复相。

但是无论徽宗对蔡京如何信任，他们的关系也是君臣，蔡京仍然是皇帝棋盘上的一颗棋子。至高无上的权力仍然掌握在皇帝手中，蔡京既没有任何讨价还价的余地，更没有反抗的能力。在统治核心决策层搞平衡，任用政见不同或不同派别的人同时或轮流执政互相牵制，是历代统治者巩固政权的政治策略和有效经验，宋徽宗也是如此。他的御人之道便是对大臣今日用，明日免，即使蔡京也不过是他的工具。但正是因为宋徽宗对蔡京的强有力支持，才会使蔡京有恃无恐。所以，宋徽宗失政和蔡京有很大关系，但在某些重大问题上，蔡京并不一定起决定性作用。对北宋亡国，应当负主要责任的还是宋徽宗本人。

《帝鉴图说》之宋徽宗任用六贼·明·无款

宋徽宗重用的六人集团成员分别是蔡京、王黼、童贯、梁师成、朱勔、李彦，时人称之为"六贼"，他们把持中枢，打着绍述新法的旗号，逢迎徽宗的心意，排除异己，无恶不作。

人物 童贯 | 32

时间：1054～1126

# 宦官王爷童贯

让宦官穿上王袍，以儒家教条来看这无疑是一件不可容忍的事情。但生性轻浮的宋徽宗成功化解了所有阻力，将自己极其欣赏的大宦官童贯封为广阳郡王，这是喜剧，还是悲剧？

在中国历史上，童贯并非第一个封王的宦官。早在宋徽宗之前，南北朝时期，一位名叫宗爱的宦官就在生前被册封为郡王。然而在这些难以计数的宦官中，从来没有一个宦官如童贯一样在当时拥有显赫而又正面的声名，在他生前相当长的一段时间内，都被文武官员认为是难得的人才，这说明童贯确实有些才能。

## ❀ 西北立威

童贯（1054～1126），字道夫，开封（今属河南）人。初任供奉官，便与蔡京勾结。蔡京主持国政以后，童贯曾被派遣到西北地区担任监军，旨在收复为外族侵占的四个州县。当宋朝的军队抵达湟川后，他们在这里宰杀牲畜举行祭祀，召开誓师大会鼓舞士气，就在他们做好一切准备工作即将开战的时候，童贯突然接到皇帝停止进攻的手诏。原来不久前皇宫失火，宋徽宗认为这是上天反对对外兴兵的征兆。童贯看过手诏后，若无其事的将其折起来，军中主将向他探询诏书的内容。他不动声色地回答说："陛下祝愿我们早日凯旋。"

在这次战争中，宋军连续取得了几个胜仗。在庆祝收复四州的宴会上，当着兴高采烈的诸位将领，童贯缓缓拿出皇帝的那份手诏，传与众人观看。大吃一惊的主将惶恐地问童贯为什么这样做。童贯回答道："当时我军士气正盛，如果这样子止兵回朝，以后还怎么打仗呢？"主将又问道："要是打败了该怎么办？"童贯笑道："正因为这样，那时我才不给你看诏

《瘦金体秾芳诗帖》·北宋·赵佶

书，打败了当然由我一个人去领罪。"闻听此言，在场的宋军将领无不跪倒在地，为童贯的胆识与魄力所深深折服。

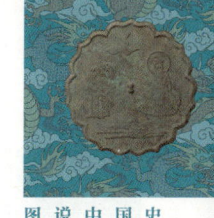

## 🌸 荒谬的中兴

政和元年（1111），童贯晋升为检校太尉，这个宦官从此成为北宋王朝主持军事的最高大员。同时，童贯还接受了一个任务，他将以副使的身份代表皇帝出使辽国。就在这次看似普通的外交活动中，他在辽国遇到了一位名叫马植的汉人，此人品行低劣，向童贯进献了联合新兴的金政权夹击辽国，收复燕云十六州的计划。对马植深信不疑的徽宗和一帮奸臣们从此开始梦想自己成为名留青史的中兴人物。

对于徽宗这种投机的做法，北宋朝廷内许多有远见的大臣都表示反对，但这些正确意见却不被徽宗所采纳。重和元年（1118），徽宗派马政等人自登州渡海至金，商讨共同灭辽之事。双方商定，金国负责攻打辽国中京大定府，北宋负责攻打辽国的燕京析津府和西京大同府。灭辽后，燕云之地归宋，宋则将每年给辽的岁币转给金国。可战斗力低下的宋军根本不是辽人的对手，童贯率军两攻燕京都无功而返。无奈之下，童贯等人只好以每年100万贯的"代税钱"将燕京及附近六州之地赎回。

宣和五年（1123），徽宗非常得意地宣布自己获得了无与伦比的伟大胜利，丢失了近二百年的燕云十六州终于回归了大宋版图。在这种虚妄的胜利下，大小奸臣们无不欢呼雀跃。为了庆祝胜利，宋徽宗决定对有功人员大加封赏，作为北伐军主帅的童贯因此被封为"徐豫国公"，不久晋封"广阳郡王"，成为宋朝以后唯一一个封王的宦官。然而在四年之后，曾经的盟友女真铁骑便踏上了北宋领土。靖康元年（1126），在朝野上下的一片谴责声浪中，名列"六贼"之一的广阳郡王童贯，被新即位的宋钦宗下令斩首。

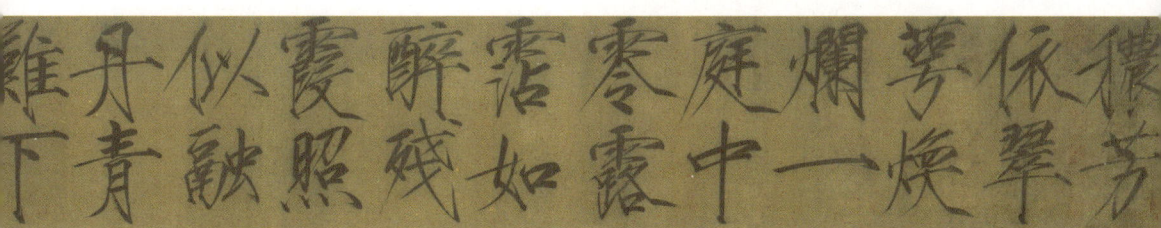

时间：1119～1121

## 33 方腊起义

> 官逼民反是封建社会绝大多数农民起义的根本原因。在极具艺术才华而治国无能的宋徽宗统治下，北宋王朝的百姓们陷入民不聊生的悲惨境地。频繁的徭役和日渐沉重的赋税让他们除了铤而走险再无选择，就在汴京的君臣高歌太平盛世，幻想讨伐辽国的时候，宋朝规模最大的方腊起义爆发了。

### ◎ 穷奢极欲

崇宁元年（1102），宋徽宗决定在杭州设立"造作局"。这个拥有数千名工匠的皇家手工业工场由宦官童贯主持，专门为皇室制造各种奢侈用品，所需的原料、工钱，悉数从民间无偿征取。醉心于园林艺术的徽宗降下旨意，在苏州设立"应奉局"，这个机构的任务是在江浙一带为皇帝搜罗珍奇物品与奇花异石，由此在中国的史书上留下一个特殊的名词——花石纲。

花石纲的本意是指运送奇花异石的船，唐宋时，民间习惯把成批运送的货物称为"纲"。应奉局征调大批船只通过运河向京都运送花石，所以被称为花石纲。在开始的时候，这种特殊的贡品数量有限，但是皇帝对这些奇花异石极

《帝鉴图说》之宋徽宗应奉花石·明·无款

宋徽宗酷爱花石纲而不顾民生疾苦，可以说是引发方腊起义的重要原因之一，也是导致北宋灭亡的重要原因之一。

其赞赏，呈献花石的地方官员纷纷加官晋爵。于是贪图富贵的官僚们便挖空心思地寻找种种怪石、花卉，将自己的荣华富贵寄托在对皇帝的邀宠之中。

政和年间（1111～1118），灵璧县的地方官进贡了一块巨石，由大船运送到京师，拆毁了一座城门才得以进城。看到这般精致的天然艺术品，宋徽宗大喜之下题字道："卿云万态奇峰。"随后，浙江的地方官吏又在太湖鼋山采得一块长四丈、宽二丈的巨石，这块石头孔窍天成，石上有一棵相传是唐代诗人白居易亲手栽种的桧树。为了将石头和桧树完完整整地献给皇帝，当地官员特别制造了两艘大船。几年后，又一块采自太湖的石头送到东京，目睹造物神奇的宋徽宗欣喜若狂，赏赐搬运它的船夫每人金碗一只，将这块大石头封为盘固侯。华亭（今属上海）有一株唐朝的古树，造型非常优美，地方官决定将它进献皇帝，由于此树过于巨大，难以通过桥梁，所以就专门制造了大船准备海运，结果起航不久便遭遇大风，一船民夫葬身大海。

为了找到出奇制胜的花石向皇帝邀宠，各地官吏如狼似虎地到处搜寻，不论是在高山峻岭还是在深宅大院，只要有一石一木稍稍值得玩味，便有官府差役在上面做出皇家记号，于是这件东西就成了呈献皇帝的供品。如果它在百姓家中，那么在起运前主人就必须妥善保护，稍有不慎就会被官僚以大不敬的罪名处置。运输时又往往拆墙毁屋，更有贪官污吏借此上下其手、盘剥百姓，为此倾家荡产者不计其数。北宋的花石纲前后持续了二十多年，形成了一场波及全国的大灾难。

## ❁ 官逼民反

宣和二年（1120）十月，在应奉局官吏频繁光顾的睦州青溪（今浙江淳安县），世代传习明教的方腊

**缂丝米芾书《长春图》卷·北宋**

此图为缂丝质地，上有鉴藏印。北宋的缂丝技术继承了唐代的技法，但花样比唐代更精细富丽，从装饰、实用领域脱颖而出，向欣赏性的艺术品转化，达到了中国古代缂丝艺术发展的一个高峰。

不堪忍受官吏勒索,便在家中的漆园里召集了几百人,激动地说道:"国家就如同一个家庭,如果一户人家的小辈们整年辛勤劳动,好不容易积累了一点粮食布帛,就被他们的父兄胡乱花费了;小辈们稍稍不称他们的心意,就被这些人鞭打斥骂,你们说这应该不应该?"乡人异口同声地回答道:"不应该!"方腊接着又道:"那些做父兄长辈的还不仅仅是浪费,他们更拿着家里财物去向仇人讨好求情,你们说该不该呢?"愤怒的乡人回答道:"怎么会有这种道理!"方腊流着眼泪说道:"现在官府赋税劳役这么重,那些贪官墨吏还要对百姓敲诈勒索。我们辛辛苦苦的生产了一点漆、纸,还没等出售就被他们搜刮一空。我们一年到头劳苦不堪,全家老小却受冻挨饿,连一餐饱饭都吃不上,你们说怎么办?"乡人们回答道:"你说怎么办,我们就怎么办。"

得到乡人的拥护后,方腊打着诛杀贪官的旗号发动起义,很快建立了自己的政权。方腊自称"圣公",担任起义军统帅,定年号为永乐,起义将士包着黄色头巾作为标志,旬日之间聚众十余万。几个月之内,方腊起义军就席卷东南地区,得到近百万民众的群起响应。愤怒的起义民众处死了所有落入己手的封建官吏。

## ❀ 残酷镇压

在才华横溢的徽宗看来,自己有两件事情迫切需要完成,一是采用马植的献策,从辽国手中收复燕云十六州;二是为自己修筑美轮美奂、空前绝后的皇家艺术园林"艮岳"。为此他必须加重百姓的赋税来充当军费,他必须从东南运输奇花异木和怪石到京都汴梁。而在这个时候冒出来破坏他宏图大计和享乐

### 历史词典
### 宋代的交通

宋代交通分水上交通与陆路交通两种。宋代十分重视发展水上交通,疏浚、拓宽北方的浅狭河流,与长江、淮河、珠江等自然河流一起,形成十分繁忙的内河航运体系。以汴河、广济河、惠民河、真楚运河为主的运河体系,承担着漕运的重要任务。宋代漕运通常每10船组成一纲,称为纲运。宋代东南沿海的海上交通也很发达,与亚非很多国家有贸易往来。宋代的陆上交通四通八达,驿路、官路通向首都及各路府州县,遇河有桥,遇大江、大河则靠渡船。通驿传的路称驿路,官路连接着各州、县城镇,大部分官路即是驿路。驿路、官路两旁通常都栽种树木,挖排水沟渠。驿路上每隔40里左右设有驿站馆舍,供赴、离任官员和出差的官吏军卒住宿。驿路上每隔20里左右设有递铺,有递卒负责传送各种文书。宋代由于马匹缺乏,陆上运输以牛车为主,驿站通常不备马匹,马递铺的马则多为驽马。

追求的方腊起义军,是自己繁荣盛世的污点,因此一定要受到最严厉的惩罚。

为了欺骗民众,徽宗下了一道罪己诏检讨自己,并下令撤销了造作局和应奉局。而在此同时,他将原本准备讨伐辽国、由童贯率领的十几万大军先行派遣到江浙,务求一举荡平方腊"逆贼"。宦官将军童贯趁方腊立足未稳,集中优势兵力大举进攻起义军控制的地区。各地的地主武装也打起"勤王"的旗号,配合宋军进行镇压"暴民"。没有作战经验又屡屡失掉战机的起义民众,在方腊的带领下被迫退回青溪固守,凭借当地复杂的地形与宋军周旋。青溪的地形复杂,群山峻岭中间险关要道极多,宋军几次进攻都无功而返。童贯于是采用招抚手段,引诱起义军中的意志不坚定者。在叛徒的带领下,宋军攻克了起义军的山寨,将方腊生擒后押解到东京汴梁,不久后便被凌迟处死。

## ❀ 宋江起义

方腊起义虽然失败了,但它给了北宋王朝一次沉重的打击。就在方腊起义前后,宋江领导的起义军也活跃于河北、山东、淮南一带。他们打出"劫富济贫"的旗号,在所过之处,诛杀贪官恶霸,将他们的财产分给贫苦百姓,因而得到广大群众的支持和拥护。宋江起义军人数不多,却作战勇敢,屡次以少胜多,击败宋军,他们转战各地,产生了很大影响。宣和三年(1121)夏,方腊大起义被镇压后,十余万宋军陆续移师北上,经过将近一个月的围剿,宋江起义军被迫向官府投降。南宋时,说唱艺人以此编出《宋江三十六人赞》的评书,他们的事迹在民间辗转流传,慢慢演变成"梁山好汉一百零八将"的故事。得到各地起义军皆被扑灭的报告,徽宗立即恢复了应奉局,更变本加厉地在东京汴梁设置了应奉司。为恢复方腊起义期间中断的园林建设,他指示各地官员加紧搜刮"四方珍异之物",又命令凯旋的宋军随即北上,投入到联金灭辽的战争中。

▸ 徽宗时青铜南吕编钟·北宋

人物
赵良嗣

34

⏱ 时间：北宋末年

# "香花楼子"的幻灭

当北宋"光复"了梦寐以求的燕云故地时，当地百姓并没有如同他们所期待的那样，箪食壶浆以迎接"王师"，迎接新统治者的只有猜疑和观望。假如远在开封的宋徽宗能够真切地认识到这一点，或许就不会轻易采用马植的献策，至少也不会对郭药师等降将委以重任。风雨飘摇的北宋王朝虽然未必能够因而摆脱灭亡的命运，但应该不会破败得如此之快吧！

## ❀ 十六州之失

燕云十六州又称"幽云十六州"，在中国历史上这是一个特殊的名词，指的是五代以后，华北北部幽州（今北京）与云州（今山西大同）一带的州县。在后晋天福元年（936），急于当皇帝的石敬瑭为了得到契丹人的军事援助，将这一片土地割让给了契丹（即辽国）。翻开中国地图，我们可以看到，当时华北北部所有的关隘要塞和天然屏障，包括古代的万里长城，几乎全部都在燕云十六州境内。这一地区的丧失，使整个中原门户洞开，一马平川的华北平原完全暴露在北方游牧民族的威胁之下。

当时就有人评论道："燕蓟不收，则河北之地不固；河北不固，则河南不可高枕而卧。"从后周世宗开始，中原王朝多次试图收复十六州的故土，然而除了莫州（今河北任丘）和瀛州（今河北河间）两地之外，其他十四州始终没有再次纳入中原王朝的版图。宋太宗曾对辽国发动过两次大规模的进攻，两次都遭到惨败。其中一次宋太宗御驾亲征，结果宋军大败，在激战中中箭受伤，坐在一辆驴车上狂奔才得以逃生。

## ❀ 偶然的机会

进入12世纪之后，北宋一雪前耻的机会似乎来到了。徽宗政和元年（1111），官拜检校太尉、开府仪同三司、领枢密院事的大宦官童贯奉命出使辽国。按照"澶渊之盟"中两国约为兄弟之邦的外交惯例，童贯一行是为了庆贺辽国天祚帝的生辰。烦琐虚伪的外交过程按部就班地进行着，然而在回国的途中，一位辽国汉人的来临改变了这次行程的意义。这个人名叫马植，出身于燕云地区的汉人大姓,当时他在辽国的朝廷里已经做到了光禄卿的官职。倾心北宋、同时也不乏个人野心的他,向童贯献上收复故土的计策。童贯听到后喜出望外,于是嘱咐马植继续留在辽国,见机行事。

三年之后,女真首领完颜阿骨打因为不满辽国统治者的压榨,于白山黑水之间起兵反辽,几年之内所向披靡,日薄西山的辽国在女真人凌厉的攻势下不堪一击。马植认为时机已经成熟,于是在政和五年(1115)叛逃到北宋,得到徽宗的亲自接见。站在北宋朝堂上的马植慷慨陈词,称:"辽国在女真的攻击下必然会灭亡,希望陛下能够念及沦陷于燕云十六州的汉家百姓,代表上天讨伐辽国。燕云十六州生活在水深火热之中的汉人百姓,必然会在两国边界上用香花搭起彩楼迎接王师。"这一番动人的说辞使汴京的君臣们怦然心动。在北宋历代君臣心中,收复燕云十六州不但是恢复汉唐旧境,消除中原的腹心之患的赫赫武功,更是解救汉人民众于水火之中的壮举。欣喜不已的徽宗随即任命马植为秘书丞,赐国姓,从此马植改名为赵良嗣。

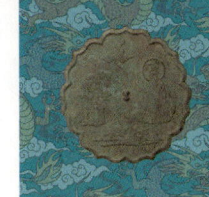

图说中国史
北宋

### ❀ 别有用心的谎言

赵良嗣对辽国必亡的估计是正确的,但是他却错误判断了辽国汉人百姓的民心。河北一带本就是汉人与少数民族杂居的地方,传统读书人所看重的华夷之防在底层百姓中并没有什么市场。燕云十六州的居民以汉人为主,其上层早已成为辽国倚仗的重要柱石。比如刘氏家族和韩氏家族,在辽国都世代为官,甚至多人担任宰相,娶辽国公主为妻。汉族与契丹族之间相互交流,相互通婚。

在经过百余年的分隔后,辽国境内绝大多数的汉人对南方的宋朝已经淡忘。当时的边境长官中有人看得一清二楚,真定(今保定)安抚使洪中孚说:"现在辽国上自公卿下至州县官员,差不多都是汉人,在辽国,汉人只要有学问就不愁没有富贵。他们一旦要是南归,宋朝人才本来就多,

政和鼎·北宋

此鼎铸于北宋徽宗政和六年,为徽宗赐予宠臣童贯,作为家庙祭祀之器。全器器形、纹饰仿商代铜鼎型制,器内铭文采西周赏赐铭文体例,体现了宋代复兴上古三代礼制的意图。

自己都安排不过来，又怎么能轮到燕云各州的士人？所以辽国士人肯定没有南归的意愿。寻常老百姓就更不用说了，他们世代居住北方，又与契丹互相联姻，怎么可能轻易离开故土？"然而渴望建功立业的冒险家远远多于老成持重者，边境州县的长官为了邀功请赏，纷纷强调辽国境内的有利形势，少数别有用心的人甚至编造出"人心所向"的谎言。

汝窑莲花式温碗·北宋

## 海上之盟

北宋的君臣终于被虚幻的胜利景象冲昏了头脑，冒失地做出了与辽国背盟的决定。重和元年（1118），北宋派遣使者马政渡海来到金国，与金人谋求结盟。两年后，北宋再派特使赵良嗣前往金国，商议南北夹击灭辽。经过讨价还价，金太祖完颜阿骨打口头答应在破辽以后，宋收回燕京（今北京）一带原属唐朝的汉地，但要将原来付给辽国的"岁币"原额转交金国，并且金军将很快进兵燕云十六州，宋军必须从南方配合作战，否则就不能如约交割。金人又在带给徽宗的国书中写明，他们只会交给北宋"燕京东路州镇"，如果想要西京附近的土地，那就由宋军自己来占领吧！这就是历史上著名的"海上之盟"。

就在徽宗踌躇满志的时候，原本担任攻辽主帅的种师道上言反对道："做这样的事情，简直和邻居家遇到强盗抢劫，自己不去帮助反而去趁火打劫没什么两样。"徽宗听到这种说法后非常恼怒，强迫种师道退休。同时为了解决军费问题，北宋政府在全国摊派人头税，搜刮了六千两百万缗钱，相当于全国一年的财政收入。

## "香花楼子"的破灭

宣和四年（1122）三月，15万宋军终于浩浩荡荡地踏上征程。然而穷途末路的辽军在将领耶律大石的率领下仍屡次击败宋军，甚至反击到北宋境内。这时，担任辽国常胜军统帅的郭药师认为自己冒险投机的机会到了，他感慨道："这正是男儿取得金印的好时机。"于是带着八千部属以涿州（今属河北）投降北宋，引导宋军再次进攻燕京，结果宋军在城下又被打败。为逃避兵败的罪责，童贯秘密派遣使者前往金营，请求金军出兵燕京。十二月，金军一举攻下燕京，这时完颜阿骨打提出，燕京可以交还，但是北宋需要另外每年支付100万贯钱财。徽宗无奈，只好

应允,从此北宋每年除了要向金国交纳岁币50万以外,又增加了100万贯的"代税钱"。金军撤走前在燕京城大肆抢掠财物,又把大批居民掳去做奴隶,北宋接收到的只是一座残破的城池和少量衣衫褴褛的百姓,然而就算是这样的"胜利"也让汴京的君臣们得意非常。背叛辽国的郭药师则官拜太尉,获封燕山郡王,镇守燕京。

只是,宋辽边境上的"香花楼子"始终没有出现,北伐的王师也没有看到箪食壶浆的人民。屡战屡败的宋军终于接收了这些满目疮痍的城市。汴京派遣来的文武官员以解救者自诩,有意无意地将幸存的居民视为异己。燕云十六州的汉人居民认为自己不但得不到信任,甚至受到北宋驻军的歧视,"北人(契丹人)指曰汉儿,南人却骂作番人"。金军在撤离当地前,大肆掳掠青壮劳力,已在故土生活了上百年的汉人居民被迫随军北迁。这些人固然怨恨入侵的异族女真,但也同样仇视与女真结盟的北宋。不正是因为北宋想要这片土地才造成他们背井离乡吗?几年之后,决定南侵的金军利用北方汉人的这一心态,将他们编入南下的军队。面对滚滚而来的铁骑,拥兵自重的郭药师又一次背叛了自己的君主,成为金军进攻北宋的先锋。

## 延伸阅读

### 书法宋四家

北宋书法以苏轼、黄庭坚、米芾、蔡襄为代表,并称为"宋四家"。四家各体皆备,各有千秋,体现了宋代书法"用意"的特色意趣。四家当中,蔡襄的书法"为当世第一",他各体皆精,尤喜楷书。其字体"端劲高古,容德兼备",笔势自然流畅,挥洒自如。四家当中,黄庭坚的草书首屈一指。他师法王羲之、张旭,笔画苍劲,后人称其"字大小如拳,笔法精奥,纸墨俱佳"。代表作有《松风阁诗帖》《诗送四十九侄帖》等。时称"米颠"的米芾也以行草见长,自诩为"刷字"。笔力迅疾刚劲、一气呵成,追求"刷"的气魄和力度。其传世作品有《苕溪诗帖》《多景楼诗帖》等。以文学造诣闻名于世的苏轼在书法上也自成一家,重在"写意",强调"我书意造本无法,点画信手烦推求"的书法意境。他擅长行书、楷书,用笔丰腴跌宕,有天真自在之趣。楷书代表作有《丰乐亭记》,行书代表作有《赤壁赋》等。除"宋四家"各领风骚之外,南宋徽宗赵佶还创立了"瘦金体",轻落重收,收折犀利,强调用笔的提按,在字形结构上给人以轻逸飘宕、云卷霞舒之感。

人物·李纲 35 ⏱ 时间：1126

# 东京保卫战

> 在这场战争中，金人认识到北宋人民的力量和勇气，也同样认识到北宋君臣的懦弱与无能。除了有限的几位大臣之外，北宋多数文武官员的表现相当不堪，然而凭借那些忠义之士的努力，宋朝还是取得了第一次东京保卫战的胜利。

## ❁ 招来的祸水

宣和七年（1125）十月，来自金国的使者将一封书信交给童贯。在这封信中，女真人历数北宋君臣言而无信、违约背盟的种种"罪行"，宣称大金皇帝为此极为愤怒，决定以武力惩罚宋人的欺骗行为。

时任华北地区最高军事长官的童贯惊慌而又愚蠢地问道："这么大的事情，怎么不早一点告诉我呢？"金国使者嘲弄道："我国大军已经出发，还用得着告诉你？赶快把河东、河北的土地割让给我们，两国以黄河为界，或许还能保住你们宋朝宗庙社稷！"如果从道理上来讲，北宋的君臣确实对金国屡屡毁约，没有遵守承诺。其中原因很多，或是由于能力有限，或是由于就想赖账。

海上之盟后，在联金灭辽的过程中，宋军可以说是毫无作为；宋金约定中"赎回"燕云十六州的财货，又被多次拖欠。理亏的宋朝为金国提供了充足的战争理由，一场大战就此爆发。

《宋钦宗像》·清·姚文瀚

## ❁ 李纲请战

经过象征性的抵抗后，北宋在燕云地区的守将郭药师率所部投降，摇身一变成为金军南下的先锋。北宋军政体制的腐朽在这场战争中彻底地暴露出来，除了太原一城之外，整个北方地区如同摧枯拉朽一般让金人横扫而过，数以万计的宋军哗变、投敌。告急文书像雪片一样飞到徽宗面前，又气又急的艺术家皇帝拉着大臣的手说道："真没想到金人敢这样做！"竟然昏厥过去。留下"传位东宫"的诏书后，徽宗宣布退位。皇太子赵桓心不甘、情不愿地在这种情况下即位，是为宋钦宗。

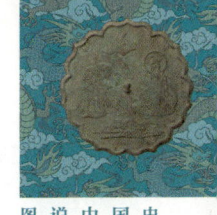

图说中国史
北宋

面对敌人的攻势，汴京的满朝文武异常恐慌。这时，太常少卿李纲站了出来，坚决主张抵抗金兵。于是，钦宗任命李纲为兵部右丞，在主战派的鼓动下，钦宗又下诏各地起兵勤王。这时，胆怯的宰相白时中、李邦彦两人劝说钦宗南逃，李纲得知这个消息后立刻去见钦宗，反驳道："太上皇传位给陛下，正是希望陛下能守住京师，怎么能轻易离开呢？"白时中道："敌军这般声势，哪里守得住？"李纲怒道："天下的城池没有比东京更坚固的，东京是国家的中心，文武百官集中在这里，只要皇上督率抗战，哪有守不住的道理！"钦宗看李纲态度坚决，便命令他全面负责东京的防务。

"靖康元年李纲制"铭文锏·北宋

此锏是目前发现的时间最早的古锏实物，其保存完整，形制精美，制作工艺高超，对研究宋代政治、军事、冶金等有很高的价值。

## 东京奋战

得到全面授权后，李纲积极组织军民备战，在京城四面布置兵力，并准备了足够的防守器械。靖康元年（1126）正月初八，金军抵达东京城下，李纲亲自到城墙上督战，几次打退了攻城的敌人。此时，各地勤王的军队陆续赶到东京，河北、山东义军也奋起抗金，形势对孤军深入的金军极其不利，金军主帅宗望（斡离不）转而实行诱降。宋金和谈刚刚结束，不甘受辱的一支宋军"违约"袭击了金军大营。为了平息金人的愤怒，钦宗罢免了主战派的李纲等人。结果金军并没有因而退走，京师群情激愤，上万人来到宣德门外为李纲鸣冤，钦宗只得将他官复原职。然而直到此时，钦宗依旧没有坚决抗战的意志，他不顾群臣反对，最终还是同意了金人的议和条件，割让三原、中山、河间三镇，并大量赔款。

人物
赵佶
赵桓

36

时间：1127

# 靖康之耻

靖康之耻是一场给宋朝军民带来空前灾难与屈辱的战争，在以后很长一段时间内深深地印在中原百姓的心中。

## ❀ 更加凶悍的邻居

靖康元年（1126）闰十一月二十五日，北宋的首都东京汴梁被金军攻破，立国168年的北宋王朝在风雨飘摇中轰然倒塌。宋徽宗赵佶和他的儿子钦宗赵桓，均成为金军的俘虏。这个在中国历史上惊天动地的大变动被称为"靖康之耻"，又被写作"靖康之难"或"靖康之祸"。无论它叫什么名字，这都是一个让人难以忘却的记忆。

辽国被兴起于白山黑水的女真人灭掉后，利令智昏的北宋君臣们发现自己换了一个更加凶悍的邻居。在第一次东京保卫战结束后的六个月，金军再一次大举南侵。与他的父亲一样，钦宗这一次又为金人提供了"毁约背盟"的战争借口。

靖康元年（1126）八月，金军西路统帅宗翰（粘罕）从云中（今山西大同）出发，东路统帅宗望（斡离不）从保州（今河北保定）发兵。两路侵略军长驱直入，连续攻克太原、洛阳、真定、中山等北方大城，分别于当年闰十一月抵达东京城下，形成合围的姿态。

此时的东京乱作一团，文武百官意见不一又相互推诿。在不久前击退金军的李纲，早已被冠上"专主战议"的罪名贬出京师，久经沙场的老将种师道亦在此前被罢去兵权，于同年十月病逝。如果仅仅以聚集在京师的宋军数量来说并不算少，宋钦宗手中尚有禁军七万，加上东京的保甲、募兵，以及陆续到来的勤王军队，总兵力大概在二十万上下。然而在这些军队中，只有禁军在平时接受过训练，其他的完全是临时武装起来的平民百姓。

## ❀ 自毁长城

北宋时期的东京城与今日的开封不同,当时这座位于黄河边上的城市西北偏高、东南偏低;相对来说,西、北两面的城防较为坚固,东、南两面则显得有些简陋。两路金军合围之后恰逢天降大雪,守城的宋军被冻得拿不住弓箭,城外的金军却早已习惯这种天气,依旧生龙活虎地在雪天操练。在大雪纷飞的一天早上,金军迫不及待地开始攻城,两军在东水门持续鏖战十五天,金人遭遇城东守军的顽强抵抗。由于抛石机"弹药"不足,金军将东京附近数十里的石碑、石磨,甚至墓地的石雕都搜刮起来,砸碎后当作石弹发射到城中。面对同样的情况,东京军民拥入著名的皇家园林"艮岳",将宋徽宗从全国搜集来的怪石假山敲碎,连同里面的珍奇树木做成滚石檑木投向敌人。

多次无功而返后,金兵转移了主攻方向,将主力部队调往陈州门。这时大雪已经下了二十天,并且依旧没有停止的迹象,东京的护城河被彻底冰冻,往来不再成为障碍,守夜的宋军士兵甚至有被冻死的。金军统帅宗翰喜出望外,称这场大雪犹如为金军增加了二十万人马。

闰十一月二十四日,看到战况日趋激烈,负责东京防御的殿前都指挥使为鼓舞士气,传令宋军诸部,凡是能够出城杀敌的人,回来之后都可以得到金碗和官诰的奖励。此令一出,宋军将士纷纷奋勇杀敌,一日之内竟然斩敌三千有余。然而当兵士们前去领赏时,北宋朝廷却无法兑现,这种言而无信的行为严重影响了守军士气。

## ❀ "六甲神兵"的闹剧

为自身安危忧心忡忡的宋钦宗,这时采用了一个异想天开的退敌办法。深受宠信的道士郭京告诉宰相,只要能够找到7717名符合条件的

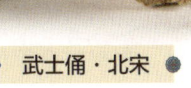

武士俑·北宋

117

**· 北宋汴河客船**
根据张择端《清明上河图》复原的客船。

壮丁，经过他施加法术以后就可以变作无敌天下的"六甲神兵"。钦宗听信宰相的话，满足了他的条件，于是在郭京的带领下，几千名市井无赖"驱散"了守城宋军，"慷慨激昂"地打开城门列队出击。大喜过望的金军立刻予以迎头痛击，将这些"六甲神兵"消灭之后，金人乘机一举登上东京城头，随即其他城门相继被攻破。

得知噩耗的宋钦宗失声痛哭，哀呼自己为什么不用李纲、种师道等人。正在这时，一些禁军士兵冲进皇宫，准备保护皇帝出城逃走，但是深恐自己遭遇劫持的钦宗竟然下令将他们全部格杀。悲愤的东京市民纷纷前往军械库领取武器，准备与侵略者展开巷战。

然而金军占领城墙后却并未进城，他们派遣使者进宫去见北宋皇帝，要求与之举行和谈，并特别要求太上皇徽宗亲自前往金营谈判。钦宗对金军使者推托道："太上皇因为惊吓已经生病了，就让朕亲自去吧。"于是这位刚刚即位一年的皇帝带着几位大臣来到金军大营，向金人求和。这一次和谈，金人的要求比从前苛刻了许多，除割地之外，他们还索要黄金、白银各一千万锭，布帛一千万匹。身陷敌手的钦宗一一答应。两天后钦宗被释放回城，失魂落魄的皇帝看到百姓和太学生们久久地站在泥雪中夹道相迎，不能自已地掩面痛哭道："宰相误我父子！"

## ❀ 靖康之耻

腐朽懦弱的北宋君臣为了避免东京军民"触怒"金人，在和谈之后收缴了军队、私人的全部武器，并将这些军械送到金营。得到武器后金军又索要马匹，钦宗便下令开封府的差役清点官私坐骑，包括皇帝的御马在内，将近万匹，全部送交金营。与此同时，北宋朝廷开始着手筹措金银，更派钦差到河东、河北去交割土地。

然而金银筹措工作却不顺利，从靖康元年（1126）十二月拖延到第二年正月，依旧没有凑足金人要求的数量。等不及的金军将钦宗再次召到金营，然后对随行官员说，他们要将皇帝扣为人质，直到金银如数交出后才能放回。被囚禁的宋钦宗只得下诏，要求宗室、豪族、内侍、僧道、娼优等，务必将家中蓄存的金银全部交出。到靖康二年（1127）正月十九日，东京城内的官吏们总共搜刮到黄金十三万八千两，白银六百万两，绸缎一百万匹。负责收缴任务的官员告诉金军，这些已经是倾其所有了。

金人对此将信将疑，便设计检测东京是否还有余财。他们利用围城造成的粮荒，在各个城门附近堆积粮食，宣布城里的百姓可以用金银向他们购买。通过出售粮食，几天之内金人获得黄金七万五千余两，白银一百一十四万两。察觉到自己被人"欺骗"，恼羞成怒的金军杀死了宋户部尚书梅执礼等四名大臣，同时以大金皇帝的名义下诏，将钦宗和徽宗贬为庶民，勒令滞留东京的北宋官员自行拥立异姓为主。为保全自身性命，宋朝的官僚们大量变节。认贼作父的京城巡检范琼逼迫徽宗前往金营；开封知府徐秉哲命令城内居民五家为保，相互监督，不得藏匿皇室成员，最后将皇室、皇亲三千多人悉数送交金人。

靖康二年（1127）三月，金人册立张邦昌为中原皇帝，扶植他建立伪楚政权。满载而归的金军挟持徽、钦二帝和其他皇室成员，以及拒绝降金的官员、工匠数千人北去，留下了一座残破的东京城，这便是后来岳飞立志要洗雪的"靖康之耻"。

## 历史词典

### 北宋都城开封

北宋时期商业十分发达，城市亦获得了较大的发展。大城市中以全国的经济政治中心都城开封最为典型，代表了北宋城市经济发展的水平。开封又称汴京或东京。神宗时，开封已有居民二十万户，约有百万之多。加上一大批没有户口的"游手浮浪"，以及官府机构和几十万军队，人口更多，是当时世界上最大城市。据《东京梦华录》的记载，开封大街小巷，店铺林立，勾栏瓦舍，热闹异常。潘楼街一带是大商会云集的场所，"屋宇雄壮，门面广阔，望之森严，每一交易，动即千万，骇人闻见"。瓦肆（娱乐场所）有大小勾栏五十余座，大者可容数千人。汴河沿岸的桥头巷口，也成了百货阗拥的地方，以至"淮浙巨商，贸粮斛，贾万货，临汴无委泊之地"。城内还有一些大型的定期交易市场，其中相国寺一带最为著名。北宋时的开封已有六千多家资本比较雄厚的大中型工商业者，另有八九千家小商小贩。工商与居民杂处，面街开店，彻底改变了唐以前的坊市制度，开辟了我国封建社会城市商业发展史的新阶段。

# 清明上河图

宋代名画《清明上河图》,作者张择端,字正道,东武(今山东诸城)人。徽宗时期翰林图画院画家,尤善画舟车、市桥、廓径,自成一家。宣和年间(1119～1125)为宫廷翰林待诏。《清明上河图》作于北宋时期。描绘了当时汴京城(今开封市)清明时节人们前往汴河沿岸种种活动的热闹场面。

《清明上河图》以其宏伟壮阔的画面,真实地描绘了北宋宣和年间汴河及其两岸在清明时节的风貌。长卷可分为三个部分:第一部分开卷画晨曦初露,郊外河边道上一支负重驴队,缓缓走来,行进在城道上。寂静村头,略呈寒意,房舍稀落,嫩柳初放,渐见抬轿,骑马行列来到都城边沿。第二部分描写汴河之上交通穿梭往来的繁荣景象。当时汴河乃是全国交通枢纽,各地形形色色的船只来往栖息于其上,而于汴河之中,

有一规模巨大的拱桥连接着两岸的陆上交通，其桥无墩柱，以木质结构对跨两岸，坚固优美，犹如彩虹飞渡，故称"虹桥"，虹桥上下车过船经，成为重要的交通要道。人们前呼后拥，熙熙攘攘，桥上车水马龙，各种姿态神情被描绘得惟妙惟肖，精彩至极。这是一个紧张忙碌的画面，是画卷的高潮部分。最后一个部分描绘市区街景。进入城门，街道纵横交错，歌楼酒肆，茶坊店铺，脚店门诊，士、农、工、商、僧、道、医、车、船、工、妇孺，无所不包，各行各业，应有尽有。街上行人，稠密繁拥，摩肩接踵，来往不绝，一直延至"赵太丞家"，方才结束。全卷所绘人物五百余位，牲畜五十多只，各种车船二十余辆艘，房屋众多，道具无数，场面巨大，段落分明，结构严密，有条不紊。技法娴熟，用笔细致，线条遒劲，凝重老辣，反映了高度精纯的绘画功力和出色的艺术成就。同时，因为画中所绘为当时社会实景，为后世了解、研究宋朝城市社会生活提供了重要的历史资料。

# 南宋

中国社会科学院近代史研究所·韩志远教授

## 公元1127年~公元1279年

　　南宋是中国历史上以汉人为主体建立的封建王朝，建都临安（今浙江杭州），其创建者为宋高宗赵构。

　　北宋靖康元年（1126），金军攻占北宋都城开封（今属河南）。次年二月，废宋徽、钦二帝，北宋灭亡。同年五月，原任河北兵马大元帅的皇族康王赵构，于南京（今河南商丘）即位，仍沿用大宋国号，史称南宋，年号建炎，是为宋高宗。南宋新立，当务之急是革新军政，然而，宋高宗昏聩无能，任用佞人，改积极抗战方针为消极防御。结果导致宗泽经营的开封基地前功尽弃，中原抗金义军的活动遭受打击。随后，宋廷采用弃淮守江的战略，放弃两淮，南逃临安。金军乘机南下，南宋险些亡国。金军穷追宋高宗不获，由江南北撤，被韩世忠部拦截在黄天荡，金军险遭灭顶之灾。此后，金军不敢轻易渡江，南宋朝廷得以立足江南。

　　南宋在江南的统治稳固之后，实施了几项战略举措是较为成功的。一是加强川陕防御，阻挡金军入川之举；二是建立以长江中游地区为重点联结淮东的江淮防御体系，以阻止金军进攻；三是实施以荆襄为基地，联络河朔，乘隙而进，直捣中原的战略方针。同时，南宋还重视发展军事技术，改革军事制度，使国防力量有所增强，从屡战屡败到胜多败少，战略形势逐渐向有利于南宋方面转化。但南宋以妥协求和，偏安自保为基本方针，极大地抑制了领兵将帅才能的发挥。尤其在绍兴十一年（1141）采取的解除三大将兵权、次年杀害抗金名将岳飞、缩编军队等错误措施,无疑是自毁长城。结果,南宋在偏安中逐步走向衰弱。

蒙古兴起之后,蒙古、西夏、金三国在北方激战,此时是南宋向外发展的最佳时机。但是,南宋统治者在消极防御的战略方针指导下,没有任何积极的行动。待西夏灭亡,金北方尽失,南宋才被迫应战。南宋虽能阻止金军南下,但兵力受损,蒙古势力也进入黄河以北。金垂亡之际,南宋不知唇亡齿寒,竟做出联蒙灭金的决策,结果寸土未得,实力暴露,最终走向灭亡。

南宋共历9帝,前后153年。其疆域北以淮水,经唐（今河南唐河）、邓（今河南邓州市东）二州至秦岭大散关（今陕西宝鸡西南）一线与金为界,东南、西南同北宋。

南宋的政治制度基本上是沿袭北宋,但行政机构较北宋精简集中。首先对中央最高行政机构三省六部进行了调整,合门下省、中书省、尚书省为一,以左、右仆射兼同中书门下平章事,为正宰相;改门下、中书侍郎为参知政事,为副宰相;废尚书左、右丞。六部中的各部,只设长官或副长官,主持部务;所属司级机构,除户部以事务繁多未减少外,其他五部通过兼领、合并而大量省并。地方府、州、军、监级和县级机构,基本沿袭北宋制度。南宋中央统御体制前后有所变化。建炎初,以御营司掌兵权,由宰相和执政兼任御营使和御营副使,御营司实际成为统领全军的最高军事机构。建炎末,恢复北宋枢密院管军旧制,枢密院又成为最高军事机构。南宋建立后,先后设置招讨司、宣抚使司、镇抚使司、制置使司等军事统御机构,对维护地方治安和抗击金军起到一定的作用。

南宋政权趋于稳定后,社会经济逐步恢复和发展起来。尽管南宋国土比北宋减少五分之二,但农业生产发达地区都在南宋境内。由于军事的需要,南宋重视军器制造、采矿冶炼、造船等手工业的发展,因此南宋手工业生产的技术、规模方面都超过北宋。

南宋德祐二年（1276）,元军攻克临安,宋廷投降。部分大臣南下福建、广东重建小朝廷,祥兴二年（1279）,小朝廷在崖山败亡。

人物 赵构　37　时间：1127

# 九哥纵马越江去

历史确实能给一些人惊喜，靖康之变后，赵构作为"漏网之鱼"，成为继承皇位的不二人选。然而，为了巩固皇权，赵构无视父兄被掳的奇耻大辱，无心收复江山，而是越江远避，在金人面前一味求和，摇尾乞怜。

靖康之耻后，徽、钦二帝和皇族、官吏数千人，被押到了金国。从赵匡胤称帝开始的北宋王朝在统治了168年之后，宣告灭亡。国不可一日无君，人们迫切地希望另立新君，主持大局。满朝文武环顾四周，发现徽宗的后裔中有人侥幸逃过了金兵的追捕，这就是康王赵构。

## ❀ 不二人选

赵构，字德基，生于北宋大观元年（1107），为宋徽宗赵佶第九子，宋钦宗赵桓之弟，宣和三年（1121）年封为康王。

赵构的母亲韦氏，在徽宗的后宫中地位较低，并不受徽宗的宠爱。因此，赵构在皇子中的威望也不高，本与皇位无缘。钦宗靖康元年（1126）春，金兵第一次包围开封时，他还曾以亲王身份在金营中做过一段时期的人质。

开封解围之后，赵构与张邦昌出使金国，代表北宋政府与金国谈判，希望能够割地议和，罢兵休战。但是，金兵第二次南下包围开封，面对强敌入侵，怎么能放弃抵抗呢？全国民众积极要求武力抗金，不允许任何卖国求和的行为。因此，当赵构一行到达磁州（今属河北）时，磁州的百姓拦住了赵构的队伍，不让他到金国去求和。地方官宗泽也对赵构说："金朝要殿下去议和，这是骗人的把戏。他们已经兵临汴京城下，求和又有什么用呢？"

赵构回想起自己在金国做人质的岁月，害怕再次被扣留，于是他顺应民意留了下来。赵构受命为河北兵马大元帅，驻守相州（今河南安阳）。然而，当朝廷危难之际，他却没有率河北宋军救援京师，而是移屯河北大名府，观望局势，保存实力。后又转移到山东东平府，以避敌锋。

然而，第二年就发生了靖康之变，赵构成为人们心目中重整河山的"中兴之主"，作为得到全国上下公认的合法继承人，被推上了皇帝的宝座。

无论这个皇帝本身的素质如何，他在战乱中起到了凝结人心的作用，把被战火打乱的各方力量重新团聚起来，成为人们新的希望所在。

## ❀ 直把杭州作汴州

靖康二年（1127）五月，众望所归的赵构在南京应天府（今河南商丘）登基，改元"建炎"，成为南宋第一代皇帝。此后，直到绍兴三十二年（1162）禅位于孝宗，赵构在位36年，对南宋初年国家政局的走向产生了重大的影响。

赵构在位初期，年轻气盛，有意抗金，收复河山。他任命主战派李纲为相，士气大振。但是，没有多久这个众望所归的"中兴之主"就令大家失望了。他罢免了李纲，面对咄咄逼人的金军，只会一味地逃跑、求和。赵构不顾众臣的反对，抛弃了中原众多的百姓和广大的国土，纵马越江，南逃而去。在金兵的追击之下，宋高宗和他的投降派臣子们先后到越州（今浙江绍兴）、明州（今浙江宁波）、定海（今浙江镇海）、温州（今属浙江）避难，甚至还一度漂泊在海上。直到建炎四年（1130）金兵撤离后，赵构才回到江南。绍兴元年（1131），惊魂初定的赵构定都临安（今浙江杭州）。此后，他偏安一隅，纵情声色，大兴土木，极尽享乐，纵容奸臣秦桧弄权。为了巩固皇位，赵构杀害岳飞，与金国人屈辱求和，签订绍兴和议，割让大量土地，再也不提收复失地之事了。

・《临萧照中兴瑞应图》・明・仇英・

金军掳掠北宋徽宗、钦宗等北去后，赵构在南京应天府（今河南商丘）即位，改元"建炎"，旧史称赵构即位为"建炎中兴"。因为是非正常继位，赵构刻意宣传自己是顺应天意的真命天子，借以巩固皇位，于是便有了信臣曹勋编写的"瑞应故事"，《中兴瑞应图》便是描绘这段历史。

人物
宗泽

## 38 过河！过河！过河！

时间：1128

> 国破家亡，君主南逃，但是，却有这么一批人始终坚持着自己的理想信念，他们用自己所有的力量与敌人展开周旋；用尽自己的力量尽可能地保护一方的百姓平安。老将宗泽就是这样的人，收复失地、重整河山是他毕生的志向。

建炎二年（1128）夏天的一个晚上，天空没有一丝星光。在宋军营地的大帐内，诸将围在一位白发的老帅的病榻周围。老人看着自己的将领，艰难地喘着气，用尽全身力气喊道："过河！过河！过河！"老帅溘然长逝，在场的将领无不落泪，他就是年近七旬的宗泽。

### 力主抗金，反对议和

宗泽（1059~1128），字汝霖，婺州义乌（今属浙江）人。哲宗元祐六年（1091）进士及第，历任晋州赵城令、通判登州，以为官清正、"国而忘家"闻名于世。钦宗即位后，召宗泽进京，任命他为和议使与金朝议和。宗泽正义凛然地说道："我抱着必死的决心与金人议和，一旦他们提出苛刻的条件，我就是一死也不让国家蒙受损失。"

镇江宗泽墓

钦宗听到这些话，不喜反忧，他担心宗泽惹怒了金人，破坏了议和大事，于是改派其为磁州知州。不久，康王赵构前往金营议和，经过磁州时被宗泽拦住。宗泽对赵构晓之以理，动之以情，力阻其行。赵构权衡利弊放弃了议和，这也为日后宋皇室保留了一点血脉。

东京被围后，宗泽率兵"勤

王"，一路孤军奋战，与金兵短兵相接，十三战皆捷，声威大振。可惜，刚抵达黄河岸边就传来了"靖康之耻"的消息。

## 一夫当关，万夫莫开

康王赵构登基后，宗泽欣喜若狂，以为中兴有望，立刻前往参见。主战派李纲也向赵构推荐"要收复东京，非用宗泽不可"。于是，高宗任命宗泽为延康殿学士、开封府尹、东京留守。当时，惨遭兵祸的京城遭到严重破坏，社会秩序混乱，零散的金兵和盗贼不断作恶，京城百姓人心惶惶，极不安定。宗泽到任后，严惩盗贼劫犯和囤积居奇的商人，人心逐渐安定，存粮充足，物价趋于稳定。同时，宗泽大力进行东京的防御建设，修复城池，扩充兵员，修筑堡垒，变危城为铜墙铁壁。

为了加强防守力量，宗泽联络各地义军，晓以大义，共图抗金大业。各地义军王善、杨进、李贵、杨再兴、王大郎等纷纷来归，并与"八字军"取得联系，相互策应，还发现了岳飞、杨再兴、李贵、丁进、杨进等一批日后著名的抗金将领。宗泽在东京屡次击败金兵的进攻，威名日盛，被称为"宗爷爷"，东京再次成为抗金的中心。

## 出师未捷身先死

宗泽苦心经营，为了实现渡过黄河收复失地的大计，从建炎元年（1127）七月至建炎二年（1128）五月，在不到一年的时间里，他连上了24封《乞回銮疏》，要求赵构还都汴京，主持北伐抗金，史称"乞回銮二十四疏"。赵构非但不予采纳，反而怀疑宗泽别有用心：他既怕宗泽取胜迎回徽、钦二帝，又怕宗泽尾大不掉，威胁皇权。于是，他一面派人监视宗泽；一面命宗泽退兵，加紧与金人议和。

内忧外患令老帅宗泽悲愤交加，背发疽疮，一片忠心付诸东流，出师宏图成为泡影。弥留之际，宗泽对家事只字未提，只有三声"过河"留给后人！高宗闻讯后，赐赠他观文殿学士、通议大夫，谥号忠简。其子宗颖与岳飞一起扶柩至镇江，与宗泽的夫人陈氏合葬于镇江京岘山上。在宗泽的墓道前有牌坊一座，上书"大宋濒危撑一柱，英雄垂死尚三呼"，正是宗泽的一生写照。

# 39 刘豫的伪齐政权

时间：1130 ~ 1137

> 国家危亡之际，在战火和生命的考问下，每个人都交出了不同的答卷。既有如李纲、岳飞一般挺身而出、力挽狂澜的中流砥柱；也有如刘豫、张邦昌这样卖国求荣、认敌作父的跳梁小丑。

南宋初年，黄河北部的广大地区沦陷。但是，金朝本身尚没有实力统治华北，于是他们开始物色一个汉人傀儡皇帝作为代理人，金人选择了刘豫担当这个不光彩的角色。

## 挟私报复，出卖宋土

刘豫，字彦游，景州阜城（今属河北）人，进士出身。可笑的是，这位进士却被弹劾有偷盗行为，所幸徽宗并没有追究。不久，刘豫因为多次上奏涉及礼制的问题而引起徽宗的不满，被降职，出任河北提刑。从此，刘豫就对北宋朝廷怀恨在心，当金军入侵之时，他不在河北组织抵抗反而弃官逃走。

赵构登基后，刘豫又买通枢密使张悫，给自己谋到了一个济南知府的职位。可是，此时的山东局势混乱，遍布着义军和劫盗，刘豫上书朝廷要求改到江南任职，遭到拒绝。于是，这个贪图安逸、心中只有个人安危得失、毫无民族大义可言的小人开始密谋叛乱。

建炎二年（1128）冬天，金兵围攻济南，城内抗金将领关胜冲锋陷阵，多次击退金军的进攻，保全了济南城。金军屡攻不下，决定利用反间计，从济南城内部突破，贪生怕死的刘豫进入了金人的视线之内。刘豫接受了金军的利益许诺，杀害了关胜，打开城门向金军投降。金军拿下了济南这个重要城市，非常满意，用高官厚禄犒赏了刘豫。第二年，刘豫被金朝授予东平知府兼诸路马步军都总管，节制河外诸军。刘豫之子刘麟被授予济南知府。至此,刘豫控制了金军占领的黄河以南所有地区。

## ❀ 坐北称王,建朝伪齐

建炎四年(1130)三月,金将完颜宗弼完成了对南宋小朝廷的追击,但回军时遭到韩世忠的痛击,大败于黄天荡,损失惨重。宗弼回军后,金朝廷开始商议立傀儡的事宜。刘豫是当时金朝廷比较属意的人选,刘豫自己也有意于此。不久,金朝重臣完颜挞懒为刘豫保奏。九月,刘豫被册立为大齐皇帝,定都大名府(今河北大名),兴高采烈地当上了傀儡皇帝。金、齐以黄河故道为界,齐以父事金。刘豫封张孝纯等为宰相,其弟刘益为北京留守,其子刘麟为尚书左丞相、诸路兵马大总管。南宋朝廷对伪齐政权颇为畏惧,居然以敌国之礼相待,在国书中称刘豫为大齐皇帝。刘豫的宰相张孝纯的家人都在南宋,南宋朝廷也以礼相待。绍兴二年(1132),刘豫迁都于东京,金朝廷又把刚刚攻占的陕西地区交给了刘豫。

## ❀ 报效金朝,屡攻旧主

为了回报金朝的"知遇之恩",刘豫一称帝就公开与南宋为敌,大肆搜捕宋宗室,全力配合金兵南下。刘豫配合金军在华北屯田征军,一度征得乡兵十多万人,分为"皇子府十三军"。绍兴三年(1133),齐军在金军的协助下,占领了长江中游的襄阳府等六郡,达到了伪齐势力的巅峰。

**刘豫伪齐政权铸造的"阜昌通宝"钱**

阜昌通宝为折二型铜钱,其制作精整,文字秀美,钱文分楷、篆两种书体,为对品,其中篆书钱少于楷书钱。光背无文,阜昌通宝钱今不易见到。

南宋派岳飞率军出征,仅三个月就收复了襄阳等六州。此后,刘豫又多次带大军攻宋,都被岳飞、韩世忠等人一一击溃,损失惨重。刘豫在称帝期间横征暴敛,致使民怨沸腾,在华北地区引起了一波又一波的民众武装反抗。再加上战争的失败,刘豫不但没有起到缓冲屏障的作用,反而成了金朝的累赘。

绍兴七年(1137),金熙宗下诏废刘豫为蜀王,后又改封为曹国公。几年后,刘豫死于流放地。

人物
孟皇后

40

时间：? ~ 1135

# 因废免侮的孟皇后

生性柔弱的孟氏并不适合充满阴谋诡计的宫廷斗争，所以屡屡遭遇迫害，更几次被废除皇后名号。然而最终她却因此逃过劫难，得到不错的归宿，可谓是"好人有好报"的典范了。

## ◈ 哲宗即位风波

元祐八年（1093）九月，垂帘听政多年的太皇太后高氏离开人世。从此亲政的哲宗改元绍圣（1094～1098），重新起用新党士人，开始逐步废止太皇太后执政时期的各种措施。太皇太后高氏出身尊贵，其曾祖是宋初名将高琼，母亲则是北宋开国元勋曹彬的孙女，姨母是仁宗的皇后曹氏。高氏的幼年在皇宫中度过，与后来的英宗可谓是青梅竹马。后来，仁宗和曹皇后亲自为二人主持婚礼，一时有"天子娶媳，皇后嫁女"之说。

成长于宫禁之中的高氏政治经验非常丰富，在保证哲宗顺利继位的事件中起到了重要作用。当神宗病危时，他年龄最大的儿子延安郡王赵傭只有10岁，而神宗两个同母的弟弟却年富力强，刚刚三十出头。认为自己有可能继承皇位的两位王爷开始四处活动。高太后察觉到他们居心叵测，为防万一，她命宫人关闭宫门，禁止二王出入神宗寝宫，暗示他们应该断了继位的念头，还叫人秘密准备了一件孩童穿的皇袍，以备不时之需。不久之后，高太后当着众多大臣的面夸赞皇子赵傭性格稳重，聪明伶俐，说他自父亲病后便一直抄写佛经，为父亲祈福，十分孝顺，然后将赵傭抄写的佛经传给大臣们观看，大臣们纷纷祝贺皇家有了这样孝顺的儿子。高

《哲宗孟皇后像》·宋·无款

太后看时机已到，便让人抱出赵傭，随后宣读诏书，立赵傭为皇太子，并改名赵煦，皇储之争就这样平静下来。几天后神宗病逝，皇太子赵煦即位。

## ● 高太后的庇佑

高氏在哲宗登基后一再表示她喜好安静，垂帘听政完全是出于无奈。然而在她主持政务的时期，军国大事无不由她与几位大臣处理，年少的哲宗对朝政几乎没有发言权。大臣们也以为哲宗年纪幼小，凡事都取决于高太后。待到哲宗年满17岁，高氏原本应该还政于皇帝，但她仍然抓权不放。此外，高氏对皇帝的生母朱德妃过于苛刻，神宗去世后，朱德妃曾护送皇帝的灵柩前往永裕陵安葬。时任河南知府的韩绛亲自往陵寝迎接灵柩，并专门出迎走在后面的朱德妃。高氏知道这件事情后勃然大怒："韩绛乃是先朝大臣，你怎么能受他的大礼？"吓得朱德妃淌着眼泪谢罪。几种因素综合起来，逐渐成长起来的哲宗因而对高氏非常不满，待他亲政之后，不但在朝廷上清洗旧党势力，更在后宫排斥高氏的亲信。

哲宗的皇后是高氏为其挑选的孟氏，孟氏出身尊贵，她的祖父便是名将孟元。端庄有礼的皇后深为太皇太后与皇太后喜爱，哲宗虽然并不宠爱孟氏，但仍对她礼遇有加。

## ● 捕风捉影的罪名

太皇太后去世后，深为皇帝宠爱的刘婕妤开始觊觎皇后的位子。恰在这时，孟皇后的女儿福庆公主得了重病，太医怎么救治都没有效果，孟皇后的姐姐便去向道士求来一张道符，准备以符水来治公主的病。孟皇后知道后大惊失色，对姐姐道："你不知道宫中的规矩与外面不同么？假如被奸人搬弄是非，这祸事可不小呢！"不久之后，宫中开始出现各种流言蜚语，刘婕妤在背后指使几个宦官捕风捉影，向皇帝打小报告，诬陷孟皇后聘请妖人诅咒宫廷。哲宗遂派人调查，负责这一案件的人受到刘婕妤指使，对"嫌疑对象"施加酷刑，屈打成招。盛怒之下的哲宗下诏废后，令孟皇后移居瑶华宫，号华阳教主、玉清妙静仙师,法名冲真。

然而刘婕妤并没有因此登上皇后的宝座,只是晋封为贤妃。三年之后,刘婕妤生下一个男孩。大喜之下,哲宗终于立她为皇后。但是她做皇后还不到两个月,她的儿子便得了一种怪病,终日啼哭,饮食不进,不久就夭折了。哲宗在稍后也生了病,一直不见好转,于一年后去世。由于哲宗没有儿子,太后和大臣们决定拥立端王赵佶为皇帝,是为徽宗。被废的孟皇后因为被向太后喜爱,得以恢复皇后的名分。哪知没过多久,向太后因病逝世,被徽宗重用的新党奸臣蔡京认为向太后是旧党一派,由此孟皇后再度被废,又一次回到瑶华宫中。这时,屡次迫害孟皇后的刘皇后因为行为不谨又妄图干预政事,让徽宗感到十分不满,于是与大臣商议废掉刘氏。刘氏的左右侍从看到皇后地位动摇,纷纷落井下石,对她百般攻击、侮辱。待到废后的诏书下达,为侍从胁迫的刘皇后已经自缢而死,年仅35岁。

## ❀ 复为太后

靖康元年(1126),金军攻陷汴京。第二年年初,金人将包括徽宗、钦宗两位皇帝在内的皇室成员以及宫中有号位的女性悉数掳掠北上。在这场赵氏皇族的大劫难中,早已被废的孟皇后竟然幸免于难。靖康二年(1127)三月,金人册立张邦昌为中原皇帝,扶植他建立伪楚政权,但是金军北归之后,张邦昌根本控制不住局面,文武官员并不听从他的号令,东京军民更是对其憎恨有加。不得已,他只好将孟皇后请到宫中垂帘听政,表示中原仍旧是赵家天下。得知康王赵构尚在后,张邦昌万般无奈之下,以孟太后的名义下诏立他为皇帝。当年五月初一,宋高宗赵构在南京应天府(今河南商丘)即位,尊孟氏为"元祐太后",为了避她祖父孟元之讳,后改称"隆祐太后"。

## ❀ 最后的结局

然而懦弱的高宗不敢抵抗金人侵略,

面对敌人的铁骑，宋高宗带着孟皇后仓皇奔逃，从南京跑到扬州，自扬州逃到杭州。宋高宗来到杭州后，任命声名狼藉的王渊为枢密使，谋求对金人妥协投降。负责保护皇帝的宋军将领苗傅、刘正彦对此大为不满，又由于宋高宗的亲信宦官康履等人对将领们颐指气使、作威作福，苗、刘二人便发动兵变，杀掉了王渊和康履。最后，苗傅、刘正彦干脆一不做二不休，逼迫宋高宗退位，禅让给他年方三岁的儿子，又胁迫孟太后垂帘听政，谋划将"建炎三年"的年号改为"明受元年"。在这生死存亡的时刻，孟皇后再次垂帘听政。她一方面对苗、刘二人安抚有加，稳住局势；一方面派人联络领兵在外的韩世忠等人回师平叛。不久，叛乱被平定，孟皇后丝毫也不留恋手中的权力，立刻还政于高宗。高宗对孟皇后也万分感激，据史书记载高宗"事太后极孝，虽帏帐皆亲视；或得时果，必先献太后，然后敢尝"，孟太后的地位也愈加巩固。

绍兴五年（1135）春天，孟太后于越州的行宫离开人世，谥号"昭慈圣献皇太后"。虽然她一生遭遇坎坷，但是能在那个时代颐养天年，这实在是难得的福气。

### 《迎銮图》·南宋·无款

《迎銮图》作品所表现的宋高宗迎接生母韦后以及徽宗、郑后棺椁回归时的盛况。画面左侧16人抬的肩舆中所坐的就是韦后，肩舆前方，走在人群前方骑马者是南宋太尉曹勋。曹勋是高宗派往北方迎接韦后的官员；画面右侧骑马居中者，是韦后的弟弟安乐郡王韦渊。想必眼下姐姐归来，他这个做弟弟的也是别有一番滋味在心头。

## 41 江南兵匪

时间：南宋初年

> 当女真铁骑践踏中原大地的时候，原本应该保家卫国的南宋军队中出现了众多为祸一方的败类。这些武装成为抗金事业的污点和阻碍，给家国人民带来了惨痛的灾难。

高宗赵构在杭州建立"行在"后，南宋王朝开始巩固仅存的半壁江山，这期间，清肃各地兵匪成为南宋统治者的当务之急。所谓兵匪，是指当时散布大江南北、不受朝廷节制的武装团体，他们有的是勤王的民军，有的是盗贼，有的是溃败的宋军……这些人夹在宋金之间忽叛忽附，成为宋军抵抗金人的心腹之疾。

### ❀ 曹成之乱

在这些忽聚忽散的武装团体中，出名的有孔彦舟、李成、曹成、张用、戚方等部。当刚喘过气来的南宋朝廷准备解决兵匪问题时，曹成所部早已裹胁十余万之众，从江西一路祸害到湖广地区，占据了好几个州县。

绍兴二年（1132），朝廷任命岳飞为潭州知州兼荆

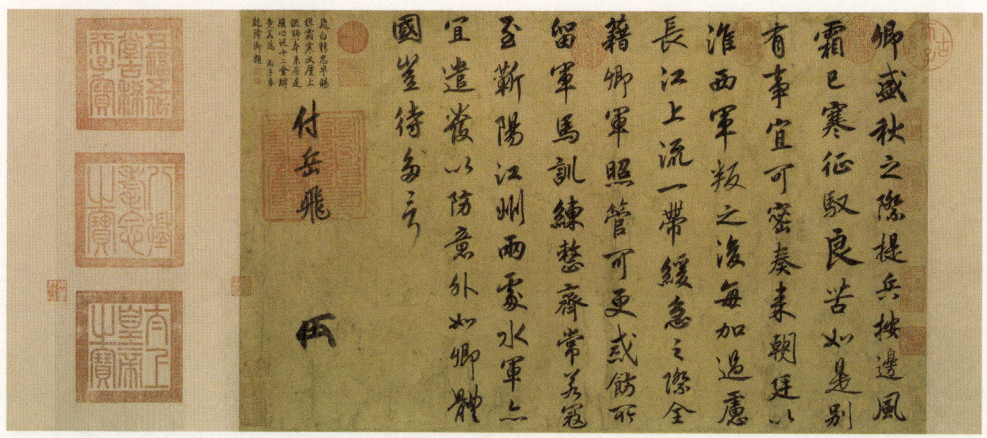

《赐岳飞手札》·南宋·赵构

湖东路安抚都总管，限期解决流贼曹成。岳飞先试图招降这股武装，然而为心生异志的曹成所拒绝。曹成还依据险要地形抗阻岳家军。为了一举破敌，岳飞通过间谍放出风声，谎称粮食耗尽将要撤退。中计的曹成果然率众前来偷袭，结果中了岳家军的埋伏，被杀得大败，于阵前投降者大约有两万余人，曹成走投无路，向韩世忠投降，曹成之乱终于被平定。

## ❄ 兵匪之害

在曹成被消灭之前，还有孔彦舟、李成等人为祸长江南北，孔彦舟所部在金军面前望风而逃。最终，这些人在农民起义军和南宋正规军的连续打击下先后投降了女真人，对各地百姓的侵害变本加厉。经过这些兵匪的洗劫，江南许多州县都残破不堪，有不少地区甚至断绝人烟，大量百姓被洗劫得家徒四壁。编户死于兵火，田庐变为丘墟，能够恢复生产的农民只有原来的1/3。然而南宋王朝屯驻各地的军队，以及委派到任的州县官吏，却照旧向饱受劫难的人民催交各种租赋，进行种种苛刻勒索。

这些兵匪出现的原因非常复杂，北宋末年的统治者横征暴敛，导致各地民怨沸腾、叛乱丛生，迫使许多百姓啸聚山林。此外，宋军从未有严格的军队纪律，各种侵害百姓的行为不断发生。当太祖攻灭荆南之后，要求带兵将领约束纪律的监军被贬黜到偏僻地方，纵容士兵抢劫的南征主帅却得到升官。这件事情对以后的宋军影响极大，导致宋朝军纪形同虚设。靖康之难以后，在很长的一段时期内南宋王朝无力向各路军队提供粮饷，抢劫百姓成为许多军队不得不采取的手段，所以后来军纪严明的岳家军才得到民众热烈拥护。

### 延伸阅读

**御营使司**

靖康元年（1126）冬，金军围攻开封城，康王赵构在相州就任兵马大元帅，有兵万人，组成前、后、左、中、右五军，各军设统制。这是南宋重新编组军队的开始。赵构即皇帝位后，为统一节制诸军，设立御营使司，由宰相和执政分任御营使和副使，由武将任都统制、副都统制。随着军事的发展，部队逐渐扩大，又增设五军，形成御前五军和御营五军，由各军都、副统制或统制统率分屯前沿各地，称为屯驻大军。御营使司设立后，御营各军的番号和兵力变化不定，实际上对御营各军的管辖并没有得到加强。建炎四年（1130），朝廷取消御营使司，改御前五军为神武军、御营五军为神武副军，屯驻如故，名称虽统一，兵权仍掌握在诸将手中。直到绍兴和议前夕，削夺诸将兵权后才实现了军权的集中。

# 宋代的金属工艺

宋代金属工艺总的趋势是衰落，这主要是因为当时金属大多用于铸币，日用品也多为瓷器所取代。铜器多为日用品，有杯、盘、壶、罐、盒、炉等，实用美观，质朴无华。金银器与铜器相似，也是以日用品为主，1959年在四川德阳孝泉镇发现宋代窖藏银器，共117件，有莲花杯、菊花杯、镂空盒、压花盒、瓜形壶、博山炉、茶托等，其中压花盒盒盖刻有一对孔雀飞舞，外饰一圈缠枝花，纹饰精美，技艺精湛，从这些银器上的墨迹题记上可知为本地所产。宋代金属工艺的主要成就表现在铜镜上，尤其是北宋铜镜。镜式有圆形、方形、亚形、钟形、花形等，有的还有柄镜，便于手持，图案构图采用旋转式，多为缠枝花草，与当时定窑瓷器纹饰相似，生动流畅。南宋铜镜简朴无纹，仅刻产地名号，因当时改用镜架挂镜，镜背无须装饰。

- **鎏金银八角杯·宋**

杯为八角形，壁为夹层，通体鎏金。内壁口沿下饰一周卷草纹，杯心錾刻《踏莎行》词一首，计10行61字。外壁八个棱面上压印凸起的图案，其画面分别表现杯心词意的内容。每个棱面上下边沿分别錾饰卷草、方胜、如意纹花边。杯足錾一周卷草纹。此杯造型优美，人物形象栩栩如生。制作上运用了锤、錾刻、焊接等工艺，技术精湛，是宋代银器中罕见的珍品。

- **银瓶·宋**

瓶为直口、圆肩，腹斜收而下，小平底。瓶盖为撇口、曲身、平顶。盖及瓶口锤多层二方连续变形如意纹，外底刻"东阳可久"四字。

### 海兽纹银盘·宋

盘为圆唇、平折沿、斜壁、大平底。盘沿上锤饰一周突起的折枝花，盘内底中心刻一莲蓬，周围锤饰龟、象、鱼、鹿等，嬉戏于波涛之中。设计制作独具匠心。

### 青铜双龙纹菱花镜·宋

菱花形，圆钮。双龙昂首对峙，身躯上卷作升降状。其下香炉青烟袅袅，溪水中有浮游之龟。图案充分体现了祈求长生和升仙的思想。

### 鎏金银八角盘·宋

盘为长八角形，宽沿、浅腹、平底、无足。盘沿錾饰格纹一周。盘底压印出凸起的图案，有人物、花木、龙凤、池鱼、亭台楼阁、如意祥云等，构成一幅美好的图景。此盘构思巧妙，錾刻精细，显示了较高的工艺水平，是一件珍贵的艺术品。

### 乳钉狮纹鎏金银盏·宋

盏为直口，弧腹，假圈足，整体呈海棠形。盏壁为夹层，内壁口沿向外翻卷与外壁压合。口沿内饰一周卷草纹，底部錾刻狮戏绣球图案。外壁四曲间分别以旋纹为地并饰五颗乳钉，靠近底部饰一周覆莲纹。圈足上饰一周四瓣花组成的二方连续图案。外底心有"李四郎"款识。花纹皆鎏金。此盏为仿青铜器制品，工艺上巧妙地运用夹层技法，给人以浑厚凝重之感，这种工艺在前代银器作品中未曾发现，具有独特的时代风格。

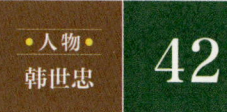

## 42 忠勇保家韩世忠

时间：1089～1151

韩世忠是南宋得以存续下来的功臣之一，而这样的功臣却在内部稳定之后立刻遭到了朝廷的蓄意陷害，以至于被迫隐居，不能再为抗金大业做出自己的贡献。

### ❀ 皇帝的救命恩人

韩世忠（1089～1151），字臣良，绥德（今属陕西）人，因为排行第五也称作韩五。他年轻时勇力过人，参军之后屡立功劳。在抵御金军的首次南侵中崭露头角，韩世忠率三百勇士雪夜偷袭金军大营，使金军互相残杀，解了赵州城（今河北赵县）之围。

金军的南侵使北宋灭亡，高宗赵构在南京应天（今河南商丘）即位后仓皇南逃，一路逃到杭州。韩世忠一路忠心耿耿，随同高宗南下，转战江南。东京（今河南开封）留守宗泽忧愤而亡后，金军因后方无人牵制而大举渡江南下，一路追杀高宗。

·《韩世忠像》·明·无款

在局势如此严重的情况下，赵构所建立起来的南宋小朝廷却并不是同心协力对抗外敌，而是祸起萧墙。高宗身边的护卫亲军统制苗傅和刘正彦等人居然发动兵变，绑架高宗之后逼迫他退位，企图以此博取更大的政治利益。韩世忠得到消息后，立刻从海路赶到常熟，与张浚等相约勤王。此时叛军派来使者，以韩世忠妻儿的性命相要挟，可是韩世忠斩杀使者，焚烧了叛军的"诏书"，全力进军，迅速击败了叛军主力，解救了高宗。当时高宗见到韩世忠时痛哭流涕，抓着他的手说："中军吴湛是参加叛军最积极的，现在这个祸患就在朕的身边，你能帮我先除掉他吗？"韩世忠二话不说，立刻假意去拜访吴湛，握住其手，假装与其交谈，然后突然发力，当场将吴湛的手骨头捏断，随后将其斩首。然后韩世忠又乘胜进兵，沿扬州、信州一路追杀，将叛军全部擒获。此时的韩世忠可谓是南宋朝廷能够存续下来的最大功臣，更是高宗赵构的救命恩人。

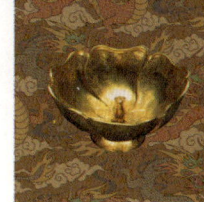

## ◉ "武功第一"

在荡平了叛乱之后，韩世忠率兵活跃在抗金的第一线。他趁金兵回撤之时与金兵在江上大战。时金军在南岸，韩世忠部沿北岸边打边行，一日接战数次，每次韩世忠皆站在高大海船之上亲自指挥。民间传说，他的夫人梁氏也身披盔甲亲擂战鼓助威，宋军士气为之高涨。相传这位梁氏就是当时的名妓梁红玉，她与韩世忠一起留下了一段关于爱情和责任的佳话。金人又以送还财物、奉献名马为条件请求借路渡江，遭严词拒绝，于是退往长江下游的黄天荡（今江苏南京东北），这里前无出路，退路又遭韩世忠封锁，金军一时无计可施。后来金军主将采纳他人献策，连夜沿已淤塞的老鹳河河道掘大渠通往秦淮河，再循路向建康逃走。金军在逃跑的路途中又遭岳飞和韩世忠等将的追杀，好不容易才在被困48天后渡江北撤。

之后金国与其扶植起来的伪齐联兵进攻淮南，韩世忠用假情报迷惑了金兵之后巧设埋伏，在金兵进入包围圈之后发动攻击，金兵大败，

---

### 历史词典

### 中兴四大将

南渡诸将中刘光世、张俊、韩世忠、岳飞并称"中兴四大将"。四人在南宋初年都手握重兵，节制一方，对南宋政权的建立和巩固起过重大作用。南宋画家刘松年所绘《中兴四将图》，即是对四人功勋的称颂。四将中岳飞的年龄最轻、资历最浅，在德才方面却最为优秀，他生活俭朴、爱护士卒、军纪严明、善于用兵，他坚决抗金、忠君爱国，却遭遇千古奇冤。韩世忠也是坚决的抗金将领，但在军事成就方面却远逊于岳飞。张俊与刘光世更次于岳飞，虽都立有战功，但并不真心抗金，这一点倒正合宋高宗之意。张俊协助秦桧推行乞和政策，又与秦桧合谋制造岳飞谋反的冤狱。刘光世一贯畏惧金军，经常临阵退避，又贪图享乐、治军不严，终于导致了震惊朝野的"淮西兵变"。

被韩世忠一直追杀至淮河岸边,金军溃散,夺路而逃,争挤落水淹死无数。从此,韩世忠得到"武功第一"的称号。

## 明哲保身

韩世忠的功劳越来越大,为求自保,他的行事风格开始发生变化。以往韩世忠领兵之时治军有方,视钱财如粪土,朝廷赏赐的金银珠宝,每次他都是分给部下,自己不拿分毫。可是如今却一再向皇帝索要各种赏赐,并屡次要求用低价购买官府没收的庄田。先是要购买临江的一处庄园,高宗赏赐给了他,并且亲笔题名为"旌忠庄"以示表彰。后来,韩世忠又提出要买北宋末年的大奸臣朱勔的庄园和另外一千多亩田地,高宗哪会让他掏钱,索性也全部赏赐给了他。最后,这位大将军终于在西湖边上买了个大庄园,全家都住到了皇帝和权臣的眼皮子底下。

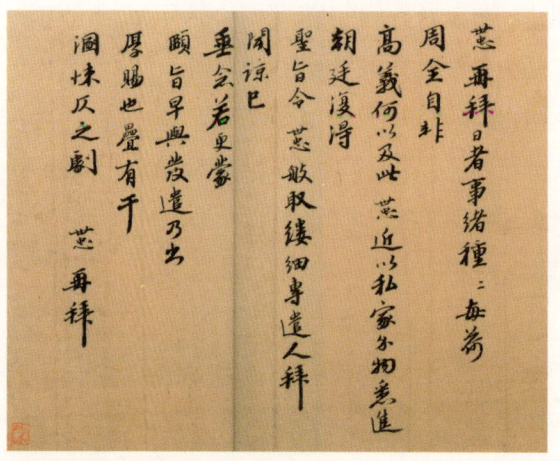

《高义帖》·南宋·韩世忠

韩世忠为官正直,不与奸相秦桧同流,为岳飞之冤鸣不平,死后被追赠为太师,追封通义郡王。宋孝宗时,又追封蕲王,谥号忠武,配飨宋高宗庙廷。

尽管韩世忠"自污"以图自保,但还是遭到了算计。南宋朝廷将韩世忠、张俊、岳飞三大将紧急召回京城,任命韩世忠、张俊为枢密使,任命岳飞为枢密副使,以明升暗降的方式将此三人的兵权全部剥夺。接着,打击的矛头首先指向了韩世忠。秦桧派人在军中搜集韩世忠的谋反证据。此事被岳飞发现,岳飞连夜给韩世忠送信,韩世忠接到密报后,单身一人来到皇宫求见高宗。他跪伏在地,脱下衣服,请赵构看自己胸前背后的累累伤疤,又举起双手,请他看自己两只手上残存的四个手指,伏地大哭,坚决要求辞去一切职务。韩世忠的"出色"表演,不仅"感动"了高宗,也使其想起了韩世忠对他的救命之恩,终于放了他一马。

后来,高宗和秦桧构陷岳飞,尽管韩世忠上书慷慨陈词,但终究无力回天,最终只能明哲保身。

人物 吴玠

## 43 吴玠川陕退金兵

⏰ 时间：时间：1130～1134

赵构在南京（今河南商丘）继位后不久，因为害怕金人攻击，渡江南逃到建康（今江苏南京）。金军果然尾随追赶，先后攻破建康、临安（今浙江杭州）等城，一直把赵构赶下了海。为了减轻东线的压力，川陕宣抚处置使张浚（1097～1164）集中兵力，发起大规模反攻，一系列在历史上被人称道的著名战役就此拉开序幕。

### ❀ 富平大战

建炎四年（1130）八月，张浚收复长安，随即向东开进，驻扎在六安的金将完颜宗弼（兀术）被迫率精兵两万千里驰援。张浚在邠州（今陕西彬县）督战，各路宋军集结在富平，总共有骑兵六七万，步兵十二三万，号称四十万。当时兀术军远来疲惫，而娄室率领的金军主力还远在绥德军（今陕西绥德），宋将大多请求趁着敌军尚未集结，将其逐一击破，然而张浚却不肯答应，他自恃兵多将广，想要堂堂正正和金人对决，就写下战书，约期决战。

使者数次前往金营，都没能收到答复。金军以此来拖延时间，直到兀术进军富平东面，娄室回到富平北面，对宋军形成夹击之势。宋将吴玠（1093～1139）认为地势对自己不利，建议说："我军应该移营高处，使金人的骑兵无法冲击，这样长期对峙下去对我军有利。"却遭到众将的反对，大家都说："我军数倍于金军，而且我军正面就是密布芦苇的沼泽，敌骑兵一样无法冲锋，干吗还要移营？"

大散关遗址吴玠吴璘兄弟雕像

九月二十四日，两军正式开战。金军方面，负责右翼的娄室派出三千骑兵，都各准备一口袋泥土，填平沼泽，打开通路，直冲宋营。宋军猝不及防，几乎崩溃，多亏大将刘锜（1098～1162）身先士卒，英勇奋战，才终于打退金军的进攻。恶战到下午，兀术率先冲入宋军阵中，却被团团包围，几乎当了俘虏，金军大将韩常也身中箭伤，此时的战局对宋军非常有利。

为了扭转局势，娄室猛攻较为薄弱的南宋环庆路军，环庆路经略使赵哲心生怯意，擅自离开指挥岗位，部下士兵惊呼道："环庆赵经略已经败逃了！"牵一发而动全身，宋军遂全面崩溃。

## 破敌和尚原

富平大战后，宋军一溃千里，此前所收复的关中土地又全部被金人夺取。张浚退至兴州（今陕西略阳），有人建议说士卒大多星散，难以重整，不如退往四川，以图后举，部将刘子羽驳斥道："宣抚使不能过兴州一步，只有这样才能收拢关陕人心，安定四川百姓。"张浚接纳了刘子

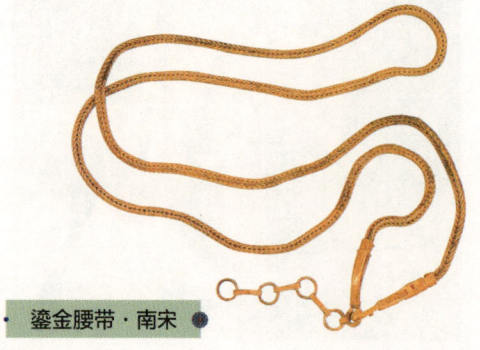

· 鎏金腰带 · 南宋 ·

· 桂花纹剔红盒 · 南宋 ·

此盒为圆形，蒸饼式。漆质坚厚，精光内蕴。盖面雕桂花一枝，桂花下衬精刻锦纹。盒壁斜雕回纹，雕工精细而圆润。盒底髹黑漆，朱漆篆书"墨林秘玩"印款。

羽的正确意见，并且委派吴玠守备战略要地和尚原（今陕西宝鸡西南）。

为了集中兵力消灭南宋的抵抗力量，金人调整战略，在中原扶持伪齐政权，将东线的战事全都委托给伪齐，金军主力则集结于西线，想要攻破张浚。绍兴元年（1131）三月，金军进攻和尚原，被吴玠击退。五月间，金军兵分两路卷土重来。

当时驻扎在和尚原的宋军不过数千人，并且物资匮乏，人心散乱，甚至有的将领阴谋劫持吴玠、吴璘（1102～1167）兄弟投降。吴玠就在这种极度困难的条件下，鼓舞士气，聚拢人心，还和诸将歃血盟誓，坚决不后退一步。

金将乌鲁、折合率领的东路军首先来到和尚原下，因为道路狭窄多石，只能弃马步战，吴玠凭借有利地形加以迎击，将其击败。三天后，北路金军也赶到了，因为没有东路军的配合，同样被吴玠击退。

十月份，娄室去世，兀术代领其军，

聚集了十余万人,从宝鸡方向进攻和尚原。吴玠命诸将选择强弓硬弩,轮番射击,给敌人以重创。金军刚一后退,吴玠就追杀其尾,并且出奇兵截断敌人的粮道,还在金军撤退的必经之路设置伏兵。如此奇计迭出,兀术大败,连他本人也身中两箭,狼狈而逃。

## ❁ 从饶风关到仙人关

和尚原战败后,兀术回燕京养伤,撒离喝接管关陕方面的军务。他见和尚原难以攻克,遂于绍兴三年(1133)正月率大军绕过和尚原,直取汉水北岸的饶风关(今陕西石泉西)。吴玠得到探报后,派其弟吴璘守备和尚原,自己率领数千人马,一日一夜奔驰三百里,先金军进入了饶风关,和当地驻军会合。

二月,宋金两军在饶风关大战,金军损失惨重,但最终因叛徒带路,使一支金军绕到饶风关的背后,导致关口失守。吴玠退守仙人关(今甘肃徽县南),吴璘也放弃和尚原,赶来会合。因为仙人关位于金军身后,撒离喝不敢继续深入,被迫后撤,吴氏兄弟挥军追击,夺取了敌军几乎全部的辎重。

绍兴四年(1134)二月,兀术统率金和伪齐部队共十万人进攻仙人关。双方历经恶战,损失都很巨大,金将韩常还被弓箭射伤了左眼。最终金军无力支持,首先后退,宋军趁机收复了凤翔、秦、陇等州。

从和尚原到仙人关,被称为"蜀口三战",吴玠多次选用有利地形,以削弱金军骑兵冲锋的巨大威力,最终给金人以沉重打击,不愧是南宋初期受到万人景仰的名将。

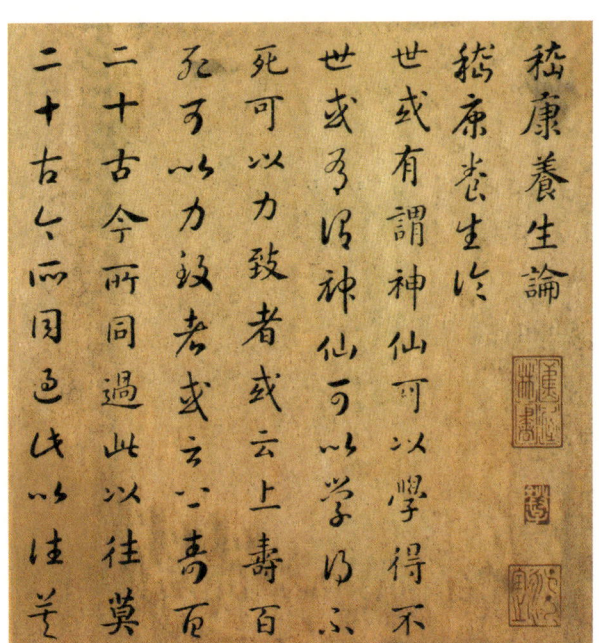

· 《真草书养生论》(局部)· 南宋 · 赵构

赵构的书法仅为中人之资,早年学米芾、黄庭坚,后来又对东晋王羲之书法情有独钟。

- 人物 王彦

## 44 八字军

时间：1127～1133

> 八字军由南宋抗金将领王彦所建，初为义军，后被收编为官军，多次击败金军，牵制了金军南下的活动，成为金军最害怕的一支武装力量。

南宋建炎元年（1127）至绍兴三年（1133），在黄河南北、川陕等地活跃着一支与金兵作战的民间义军，屡建奇功，得到了民众的拥护和响应。为了表达誓死杀敌的决心，这支义军的所有将领和士兵都用钢针在自己的脸上刺上了"赤心报国、誓杀金贼"八个大字，因此，被世人称为"八字军"。

### ❀ 组建八字军

八字军的统领为王彦。王彦，字子才，上党（今山西长治）人。年轻时性格豪放，喜读兵书，心怀报国之志。

北宋末年，金兵大举进犯中原，京城告急。王彦眼见江山危难，毅然弃家抗金，投奔河北招抚使张所。王彦凭借出众的才能很快得到了张所的器重，任都统制。建炎元年（1127），王彦和岳飞、张翼、白安民等十一名将领，率领七千宋军渡过黄河，与金兵作战，收复了新乡等失地，成为当时一支抗金的重要武装力量。

很快，金兵卷土重来，调遣几万大军，围攻王彦。王彦寡不敌众，不得不率部突围，逃入太行山中。在共城（今河南辉县）西山，王彦收集散落的部众七百多人组建了八字军。

八字军与太行山上的红巾军、忠义社等义军领袖歃血为盟，相互呼应，形成了一支强大的抗金武装力量联盟。他们抗金坚决，多次重创金兵。

● 玛瑙匜·南宋
此器没有过多的装饰，玛瑙色泽鲜明，造型简洁，古朴典雅，是南宋时较少见的玛瑙工艺品。

## ❁ 赤心报国,誓杀金贼

八字军英勇杀敌,得到黄河一带民众的响应。两河义军首领傅选、孟德、刘泽、焦文通等率领所部19寨投奔王彦,队伍很快发展到十多万人,营垒绵亘几百里,屡挫金军锋锐,声势大振。此后,河东并、汾、泽州和河北怀、卫、相州的一些抗金义军也自动接受王彦的指挥。

王彦还与驻守开封的老将宗泽联系密切,互相支援。双方甚至还曾约定日期,直待时机成熟就共同兴师伐金,收复失地,重整河山。可惜,由于黄潜善、汪伯彦等投降派的百般阻挠,共同抗金的计划没能得到实行,胎死腹中。

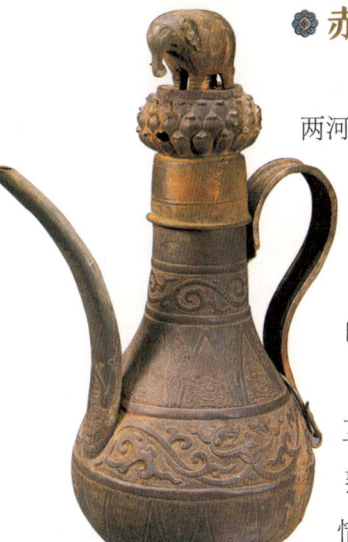

象纽莲盖银执壶·南宋

八字军队伍的不断壮大,令金兵闻风丧胆,谈之色变。金国不惜重金缉拿王彦,但是王彦毫不畏惧,他继续率领八字军与金军交战。经过大小数百战,八字军斩获敌人无数,夺回大量河南地区被掠夺人口,威震两河一带。

可惜,朝廷却一味地向金朝求和,不准王彦出兵,召王彦及八字军精锐部众留守开封。于是,建炎三年(1129)王彦率八字军前往川陕,投奔枢密院事、川陕宣抚处置使张浚,任前军统制。八字军与金军转战川陕,屡战屡胜,收复秦州(今甘肃天水)、金州(今陕西安康)等地。此外,八字军还与南宋叛军、伪齐军及流寇作战,同样立下了赫赫战功。

## ❁ 壮志未酬,抱恨早逝

然而,朝廷中的主和派很快占了上风,他们不希望王彦及其八字军的抗金活动破坏议和的成果。为此,投降派给王彦捏造了所谓"军政不肃"的罪名。于是,宋高宗下令调八字军南归,并解除王彦的军职,改知荆南府。绍兴五年(1135),八字军被调到了都城临安,从此远离了抗金前线,远离了热血沸腾的战场。空有赤子忠心,无人赏识;空有宏图伟略,无处施展。四年后,怀着"但悲不见九州同"的满腔悲愤,郁郁不得志的王彦离开了人间,年仅49岁。

| 人物 钟相 杨么 | 45 | ⏱ 时间：1130～1135 |

# 钟相、杨么起义

> 哪里有压迫，哪里就有反抗。面对内外敌人的残暴侵害，洞庭湖沿岸的百姓被迫投入到这场轰轰烈烈的大起义中。他们"等贵贱，均贫富"的要求，标志着中国农民运动发展到一个新的高度。

## ❀ 乱世中的自保

北宋末年，鼎州（今湖南常德）有一个名叫钟相的人，他在家乡利用宗教活动组织了名为"乡社"的团体。一次活动中，钟相宣称："如果规矩让人们分为贵贱贫富，那么就不是合理的规矩。按照我的规矩，就应该等贵贱、均贫富！"在这种理想的指引下，加入乡社的农民相互扶助、亲如一家，使这种带有强烈宗教色彩的互助组织发展迅速，很快影响到洞庭湖周围各县。

靖康二年（1127），金军铁骑践踏了整个华北地区，钟相组织了壮丁三百余人，在长子钟子昂的率领下北上勤王，抵抗女真侵略者。然而这支队伍尚未与金军接触，便被刚刚登基的宋高宗赵构勒令遣返解散。

不久金军渡江南犯，所过之处无不烧杀淫掳，军纪败坏的宋军也四处为祸百姓。为筹集军费和赔款，各地人民在南宋统治者的横征暴敛下陷入水深火热之中，江西、福建、荆湖各路先后爆发了农民起义。

## ❀ 钟相遇害

建炎四年（1130）二月，金军攻克潭州（今湖南长沙），在城中大肆烧杀；同时，南宋军阀孔彦舟决定"进驻"澧州（今湖南澧县）、鼎州，一路洗劫百姓。

• 斗舰

南宋初年，杨么领导的农民军，在洞庭湖中使用过大型车船，高达3层，可以乘坐千人。后来南宋水师也大量仿造。图为宋代《武经总要》中的斗舰图。

在这危急时刻，钟相决心保卫家乡，领导乡社成员抗击内外敌人，他以勤王期间组织起来的300人为骨干，发动了著名的"钟相、杨么起义"。

起义军在攻占城池后，每每焚烧官府、寺庙和豪强的住宅，到处诛杀贪官污吏，将地主的土地分给起义将士。起义军把杀贪官等称为"行法"，把平分这些人的财产称为"均平"，将宋朝的封建律法斥为"邪法"。钟相的这些主张和行动得到民众的热烈拥护，认为这是"天理当然"。钟相起义军的浩大声势让各地官绅十分惊恐，他们迎来孔彦舟的军队，并组织地主武装配合宋军镇压。孔彦舟在正面交战屡遭失败以后，派奸细混入钟相军中作为内应，在内奸的里应外合下，宋军通过偷袭，攻破了起义军的营寨，钟相和钟子昂被俘遇害。

## ◆ 残酷镇压

钟相就义之后，起义军推举杨么为首领，带领他们与官军继续作战。杨么原名杨太，在他的领导下，起义军于洞庭湖沿岸建立营寨二三十所，他们平时从事生产，战时则登舟作战，充分利用了洞庭湖的复杂地形，采用水陆两栖的战术与宋军周旋。为解决这些"乱臣贼子"，南宋王朝任命程昌寓为镇抚使，指挥十余万军队镇压杨么起义军。程昌寓来到鼎州后，不惜血本制造了大批车船。车船是一种安装了转轮的特殊战船，水手可以通过踩踏转轮操纵船只进退，每只车船大概能装载水军1000人。当程昌寓使用车船攻打起义军的水寨时，被起义军巧妙地引到水浅的地方，体积庞大的车船搁浅在那里动弹不得，全部落到起义军手里。绍兴三年（1133），不断壮大的起义军发展到20万人，他们拥立钟相的幼子钟子仪为太子，称杨么为大圣天王。这时，刘豫的伪齐政权派人到杨么的水寨进行游说招安，被起义军断然拒绝。不甘失败的伪齐政权接着又派人带着官诰、金带前来诱降，来人均被起义军杀死。

随着控制地区的逐渐扩大，南宋王朝开始把杨么起义军看作心腹大患。几次镇压失败后，高宗派宰相张浚亲自督战，并从抗金前线调来了岳飞的精锐军队。在这样空前的军事压力下，部分起义军将领动摇叛变，杨么被俘后惨遭杀害。至此，坚持六年的钟相、杨么起义宣告失败。

大理国银鎏金镶珠金翅鸟·大理

**人物 刘锜**  **46**  ⏱ 时间：1140

# 刘锜顺昌破兀术

> 南宋绍兴十年（1140）五月，金朝新上台的主战派领袖完颜宗弼（兀术）撕毁"绍兴和议"，亲率大军南下，妄图夺取答应归还南宋的河南、陕西等地。然而金军遭到南宋军民的奋勇抵抗，伤亡惨重，其中最著名的就是"顺昌大捷"。

### ❀ 凭坚固守

当时南宋任命刘锜为东京副留守，派他率领王彦留下的八字军37000人，并殿前司的3000步兵，前往开封驻守。刘锜坐船来到顺昌（今安徽阜阳）附近，听说金兵已经占领开封、陈州（今河南淮阳）等地，正在大举南下，于是就进入顺昌府城，和知府陈规商量。刘锜说："顺昌是交通要道，如果城破，金兵就能直抵淮河流域。我不知道城中是否有足够的粮草，如果有，就能和您一起守城。"陈规回答说："城内还有米粮数万斛。"刘锜点头说："那就行了。"就此下定了凭坚固守的决心。

刘锜召来八字军将领们，问他们可有拼死一战的决心。自王彦死后，八字军一直受到排挤，士气低迷，况且此次北进的任务本是驻防开封，将领们大都携带着家眷，不大愿意和金兵正面对决。有人就出主意说："请派精兵殿后，其余兵马保护家属们，安全退回到江南去。"刘锜喝骂道："我受命驻防东京，现在东京虽然失陷了，咱们军队是完整的，又有城池可以防守，怎能轻言后退？我意已决，有敢再说撤退的，立斩不赦！"有个外号叫"夜叉"的将领许清也说："咱们扶老携幼而来，现在想要逃跑，是很轻易的事情。但抛弃父母妻子，于心何忍？带着他们上路则一旦遭到敌军侧翼进攻，哪还有活路？不如奋力一战，死中求活！"

于是刘锜把船只凿沉，表示绝不后退。他还把自己的家属安置在

**火箭（模型）**

一座寺庙中，在寺庙门口堆满柴禾，命令守卫士兵说："如果战斗不顺利，金军破城，你们就点火焚烧我的家眷，不要让他们落在敌人手里受辱。"八字军因此士气大振，互相鼓励说："别的部队平时都瞧不起咱们八字军，今日为国破贼，立下大功给他们瞧瞧！"

## ❀ 夜劫金营

陈规是守城战的专家，他的著作《城守录》是流传千古的军事名著。在陈规的帮助下，刘锜加固城防，并且焚毁城外数千户民居，不留给敌兵作掩体。作战准备延续了6天，金军前锋终于气势汹汹地杀到。刘锜预先在城外设伏，活捉了两员敌将，审问后得知金将韩常的兵马距城只有30里。刘锜派一千精兵，趁着夜色杀出城外，连战连胜，大破韩常等将的兵马。到了五月二十九日，金三路都统、葛王乌禄以及龙虎大王突合速总共三万大军开到顺昌城下，将城池团团包围起来。

刘锜大开顺昌四门，金军疑有埋伏，不敢进入，只用弓箭攒射。因为刘锜事先在城外构筑了羊马垣等防御工事，敌兵的箭矢根本射不到城中，而八字军用强弩从城上射击，命中率极高，金兵大乱。刘锜趁机派步兵杀出城外，金兵仓皇后撤，掉入河中淹死的不计其数。

各路金兵陆续开到，但不敢再接近顺昌城，移营驻扎在距城20里外的李村。刘锜派骁将阎充率领五百名敢死队员，夜晚劫营。当天晚上，天上电光闪烁，即将下雨，八字军冲入敌营，借着闪电的光亮，看到梳辫子的人就砍，金军被迫后退15里。刘锜又派百人前往劫营，命令每人都口衔一管竹哨，电光一闪，就奋起杀敌，电光熄灭，立刻潜伏不动，并且根据吹哨的声音来判断方位，决定聚合离散。金军敌我难分，一整夜都在自相残杀，横尸遍地，再度后退到老婆湾。

**蒺藜火球（模型）**
火球以铁蒺藜为核心，外敷火药，周身安插倒须钉，抛至目标，烧杀敌人。

## ❀ 兀术的失算

听说前军被阻顺昌城下，兀术大怒，立刻率领十万大军离开开封，兼程南下。听到这个消息，顺昌城中某些将领又有些动摇了，建议说：

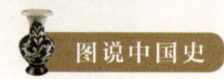

"咱们已经屡次战胜，应该见好就收，趁此机会全军撤离。"刘锜反驳说："养兵千日，用在一时，怎能后退呢？况且现在敌人距离咱们那么近，咱们一后退，金兵紧跟其后，可以直捣两淮，不但前功尽弃，咱们平生报国之志反成为误国之罪！"他重新鼓舞了人心以后，派两名士兵潜出城去，故意被金兵捉住，带到兀术面前。两名士兵谎称顺昌城中都是官宦子弟，只想去东京享福，并不愿意打仗。兀术轻信了这话，大喜道："此城容易夺取！"放还两人，让他们劝说刘锜投降。

兀术大军开到顺昌城，他责备诸将屡战屡败，金将们都哭丧着脸说："南朝用兵，和过去不一样了，元帅到城下一看便知。"兀术还不相信，口出狂言说："这样的小城，我用靴尖一踢就倒。"刘锜派人到金营下战书，约定来日决战，并且故意激怒兀术，说："刘太尉恐怕您不敢渡过颍水，特意在河上架了五座浮桥，等你渡河过来再打。"

刘锜预先在颍水上游及附近草丛中投放了毒药，告诫部下，就算渴死也不要饮用。第二天，兀术果然渡河来到城下，双方隔着城墙恶战，从早晨一直杀到中午。因为天气炎热，加上金兵远来疲惫，人马饥渴，或饮水，或吃草，全都中了毒，虽然不死，却也骨软筋麻，再也拿不动兵器。相比之下，宋军轮番休整，体力充沛，士气高涨，还不时派敢死队突

## 延伸阅读

**宋金榷场**

绍兴和议后，南宋和金陆续在沿边地带设立了一些榷场，以管理南北贸易往来。其中最重要的是南宋的盱眙军榷场和金的泗州榷场。绍兴十二年（1142）制定了宋朝的榷场交易规则。首先把商人分为大客和小客两种，资本在百千（铜钱）以下的称小客，资本在百千以上的称大客。小客10人结为一保，可以到金国的泗州榷场交易，但要把货物的一半留在盱眙榷场，以免有去无回。大客却只能留在盱眙榷场，坐等金朝商人前来交易。金朝商人到来后，双方商人各处一廊，不得相见，而由榷场的牙人（工作人员）往来评议，每交易千钱，各收五厘息钱入官。宋朝向金输出的商品有茶叶、绢帛、麻布、木棉、生姜、书籍等，金向宋的输出有皮毛、人参、甘草、马匹、盐等物品。榷场贸易有利于南北经济的交流。但官办的榷场贸易由于受到政治斗争的影响，很多榷场时罢时复，民间所需物资因种种限制，不能正常交换，因此双方民间的走私贸易始终存在。

出城门，用大斧砍杀疲惫的金兵。兀术始终无法组织起有效的攻城战。

当天晚上，天降大雨，平地水深尺许。兀术见不便扎寨，就于次日拔营后退，刘锜派兵从后追击，杀得金兵血流成河，伏尸数万。

## ❀ 铁浮屠和拐子马

顺昌城下大战的时候，兀术还出动了他的看家法宝：铁浮屠和拐子马。所谓铁浮屠，就是他的亲卫重甲步兵，共3000人，排列方阵，前进一步，就在身后设下拒马桩，以绝后路，勇不可当。所谓拐子马，就是两翼的重装骑兵，专门攻坚，号为"常胜军"。这两支部队从来就没有吃过败仗，却在顺昌城下被刘锜杀得几乎全军覆没。

刘锜把士兵分为两组，一组手持长矛，专门负责挑开铁浮屠遮住眉骨的沉重铁盔，另外一组手持大斧，趁机劈碎敌兵的头颅。他还让士兵们带上一个竹筒和一把大刀，竹筒中装满煮熟的豆子，遇见拐子马，就把竹筒丢在地上，让豆子撒出来。金军的战马虽然想要抢吃豆子，但马蹄又往往踩上竹筒而滑倒，于是乱成一团，宋军趁机用大刀砍削马足，重装骑兵摔倒在地就再难爬起，也纷纷变成刀下之鬼。

兀术在顺昌城下丧失了他的看家法宝，不禁失声痛哭，说："我自从和南朝作战，十五年来从来没有吃过这样的败仗。"金将们也都说："这定是南朝从外国借来了鬼兵，我辈是无法抵挡的。"

金军被迫后撤，被扣留在金国的南宋使臣洪皓派人送密信到临安，说："顺昌一战，女真人胆战心惊，他们纷纷把在燕京的财宝运往北方，如果我军趁势北进，女真人就会把燕京以南全部放弃。"然而南宋朝廷却在重创金军之时下诏，命刘锜"择日班师"，平白丧失了收复失地的大好时机。

· 青铜双龙纹菱花镜·南宋

此图为菱花形，双龙昂首对峙，身躯上卷。其下香炉青烟袅袅，溪水中有浮游之龟。图案充分体现了宋人祈求长生和升仙的思想。

人物 岳飞 | 47　时间：南宋初年

# 撼山易，撼岳家军难

> 岳家军是南宋初年最有战斗力的一支军队，金人都说："撼山易，撼岳家军难。"郾城、颍昌之战是岳家军对金抗战取得的最大胜利，挟着胜利之势，收复中原大有希望。然而，南宋朝廷却将这一大好形势彻底断送了。

## ❀ 李若虚矫诏

绍兴十年（1140），金兵大举南侵，顺昌告急，高宗赵构急命淮河流域的驻军前往增援。岳飞所部的防区距离顺昌最近，他急命前军统制张宪和游奕马军统制姚政领本部兵马，率先驰援顺昌。宋廷下诏，要他趁机恢复中原，说："向东争取收复东京，向西尝试增援关陕一带的部队，北连河北义军，这是中兴的大好时机。"

时机确实很好，当时兀术大军被刘锜阻挡在顺昌城下，张俊部将王德及韩世忠所部英勇杀敌，逼得东线金军节节败退，而西线完颜杲统率的金军也被吴玠击败，退守凤翔。六月初，岳飞从襄阳、鄂州（今湖北武汉东南）出发，派李宝、梁兴、赵云、董荣等将率游击部队迂回骚扰金军后方，又派武赳、郝义等将率轻装步兵西进与吴琦、吴玠等部取得联系，以保障主力侧翼，本部兵马直捣东京。

然而此时刘锜已在顺昌大败兀术，金军主力退回开封，南宋朝廷得到这个消息后，认为危机已经解除，立刻要求前线各军采取守势，以便和金朝再开和议。六月下旬，司农少卿李若虚赶到

饿鹘车（模型）
此车为宋代战争时用以破坏城防工事的饿鹘车（模型）。

德安（今湖北安陆），传达赵构的旨意："兵马不可轻动，应该立刻班师。"岳飞对李若虚说："我的进军计划已经部署好了，一半军队都已经开拔，怎能说退就退？况且现在时机大好，士气高涨，如果退兵，再想恢复中原就难如登天了！"

李若虚也激于义愤，慷慨陈词道："好吧，我来承担假传圣旨的罪责，你就说我来到军中，只是催促你进兵，没提班师的事情。请你奋勇杀敌，报效国家，恢复中原吧！"

## ❀ 兀术袭击郾城

兀术从顺昌城下败退后，立刻派大将韩常守备颍昌，翟将军守备淮宁，三路都统阿鲁补守备应天府（今河南商丘），构筑起牢固的开封外围防线。兀术本人则和龙虎大王合兵，作为总预备队留在开封。

绍兴十年（1140）闰六月十九日，岳家军骁将张宪推进到距离颍昌40里的地方，韩常统军来战，被张宪打得大败，弃颍昌而逃。张宪随即会合牛皋、徐庆等部，又拿下了淮宁。二十五日，韩常得到兀术派来的增援，发起反攻，想要复夺颍昌，被岳家军踏白军（即敢死队）统制董先、游奕马军统制姚政分兵杀败，再次溃逃。韩常是兀术的爱将，作战极为勇猛，但至此时，连他都灰心丧气，悄悄对人说："岳家军是不可战胜的，我是不是投降为好呢？"兀术听闻此事，吓得肝胆俱裂。开封外围的三个据点转瞬间就被岳家军夺取了两个，剩下一个应天府原属张俊的战区，岳飞就几次写信给张俊、刘锜，要两军北上，协同进攻。然而顺昌之战后，张俊已经奉诏班师，刘锜虽未退兵，却也停在顺昌，不敢违命前进。岳飞分路进兵，二十五日攻克郑州，七月一日再取洛阳，虽然屡战屡胜，战线却越拉越长，侧翼也没有友军保护，这就给了兀术以可乘之机。

七月初八，兀术得到盖天大王赛里等率领的生力军的增援后，召集诸将开会，说："南朝各部都好打，只有岳家军勇不可当。为今之计，只有直捣其腹心，消灭其统帅部，那么岳家军自然也就溃散了。"他探

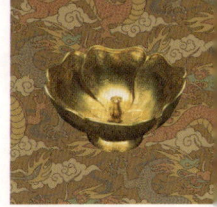

▶ 岳飞所书诸葛亮《前出师表》

岳飞智勇兼备，文武双全，是南宋初年的抗金名将。

《岳飞参花图》·清·吕焕成

画面上的岳飞神态安详,端坐于凉台之上。人物刻画细腻生动,构图工整,设色淡雅。

听到岳飞本人驻扎在郾城,就挑选精锐骑兵一万五千,直扑郾城。

## 郾城大捷

兀术大军杀到的时候,各部都在外线作战,岳飞手下只有背嵬军和游奕马军的一部分。看到金军主力杀来,很多人都心生惧意,岳飞却笑着说:"敌人已经黔驴技穷了。"他一方面调派各部回援,一方面派儿子岳云率先出战,并且严令说:"如果不能取胜,我就先将你斩首示众!"他让士兵都手持麻札刀,不要仰视,低着头只管削砍马足,敌骑兵大乱。岳飞又亲率40骑冲到敌阵中,左右开弓,箭不虚发,金军全面溃败。

就这样,兀术的拐子马再次被破,他痛哭说:"从海上之盟起兵后,我一直靠着这支部队取胜,到今天终于全部覆灭了!"从此以后,南宋民谣中就有"金人有金兀术,我有岳少保,金人有拐子马,我有麻札刀"的词句。

兀术被迫后退到临颍,继续纠合军队,合兵12万,想要卷土重来。七月十三日,张宪等部陆续赶到,岳飞遂挥军直进,寻求与兀术主力决战的机会。岳家军前锋300骑在进抵临颍城南小商桥的时候,突然与金军遭遇,猝不及防,被团团包围。领兵将领杨再兴毫无惧色,奋勇杀敌,竟然斩杀金兵2000余人,杀死万户撒八和千户将官百余人。最后杨再兴中箭而死,金人焚烧他的尸体,从灰烬中挑出箭镞整整两升!杨再兴殉国,张宪等部随后杀到,岳家军人人悲愤,个个争先,杀得兀术大败,溃逃15里才收拢了残兵。

## 颍昌大捷

岳家军大将、都统制王贵驻扎在颍昌,岳飞在夺取临颍后,判断兀术定会再夺颍昌,就急派岳云前往增援。果然,兀

术集合了镇国大王、韩常和四个万户共3万骑兵,并龙虎大王、盖天大王的10万步兵,气势汹汹开到城西,同时派5000骑兵在临颍东北牵制张宪所部。七月十四日,王贵命董先率踏白军、胡清率选锋军守城,自己和姚政、岳云等率中军、游奕马军、背嵬军出城迎战。双方从早晨一直杀到中午,胜负未分,守城的董先、胡清趁机出城,从外线冲杀敌阵,金军全面溃败。此战杀死金国统军上将军夏金吾及千户5人,活捉大小首领78人,俘虏2000人,杀死5000人,缴获战马3000匹,铠甲器械不计其数。

经过颍昌大捷,兀术主力已不堪再战,但岳家军也伤亡不小,短期内无法再孤军深入。如果此时其他各路宋军能够前来协助,相信开封指日可下。然而南宋朝廷却依旧严令各军班师,甚至把驻扎在顺昌的刘锜也调回镇江。岳飞上奏说:"现在河东、河北各地义军蜂起,而我本部兵马也士气高涨,天时、人和都对我有利,敌弱我强之势已逐渐显现,如果退兵,则功败垂成,时不再来,机不可失。"然而赵构仍然下诏,严令"不得深入"。

宋代用以毁坏城防设施的撞车(模型)

岳飞眼见友军纷纷后撤,并且后方的粮草也逐渐停止供应,他仰天长叹道:"所得诸郡,一旦都休,社稷江山,难以中兴,乾坤世界,无由再复!"遂将主力撤离洒下无数鲜血才得以收复的郾城、颍昌等地,退守淮中防区。

## 历史词典

### 宋代的民间戏曲

宋代的戏曲是随着城市经济的繁荣而发展起来的一种艺术,其形式多种多样,有诸宫调、宋杂剧、南戏等。以不同宫调的不同曲子,说唱情节曲折的长篇故事,称为诸宫调。诸宫调对宋杂剧、南戏及元杂剧都有较大的影响。宋杂剧是在继承唐代参军戏,吸收"大曲"(歌舞)、诸宫调等艺术形式的基础上形成的早期戏剧。杂剧的内容大都以讽刺滑稽表演唱为主,演员角色有末泥、引戏、副净、副末、装孤等五个,宋杂剧是元杂剧的基础。

人物 岳飞

## 48 制造千古奇冤的"莫须有"

时间：1141

绍兴十二年（1142），岳飞被以"莫须有"的罪名赐死，岳飞手书"天日昭昭，天日昭昭"后，将毒酒一饮而尽，时年39岁。这天大的冤屈直到宋孝宗即位才得以昭雪，岳飞的遗骸也被礼葬于西湖栖霞岭下。

### ❀ 乱世成名

南宋初年，岳飞还不过是一个小军官，他先是去投奔了河北招讨使张所，又被当时京城的最高军事行政长官——开封尹兼东京留守宗泽看重，教授他阵图兵法。再后来岳飞在张浚的推荐和重用下，在一连串恶仗、硬仗中迅速脱颖而出。到了绍兴六年（1137），仅仅10年的时间，岳飞就从一个兵头当上了太尉和宣抚使兼营田大使，升到了武将中的最高职位。可是岳飞大概万万没有想到，就在他达到人生最高峰仅仅4年之后便被朝廷下令处死，成了千古含冤而死的典型。

岳飞像

### ❀ 猜忌埋祸根

在制造冤案谋杀岳飞的人中，秦桧留下了千古骂名，以至于至今很多中国人都不会用"桧"这个字给自己的孩子取名。可是我们细究历史就会发现，秦桧在谋杀岳飞的事件中只是一个得力的帮凶而已，真正杀死岳飞的则是当时的高宗皇帝赵构。

高宗赵构并不是一点也没有想过要收复失地，毕竟北宋亡得那样的耻辱，不但是高宗，在整个南宋，从上到下都有一种"收复"情结，因此对岳飞无比青睐，甚至要把当时中兴名将之一——刘光世——的军队交给岳飞。

可当时刚刚出任枢密使的秦桧和中兴四将之一的张俊极力反对，而反对的理由就是宋朝的那套祖宗家法。而岳飞此时又在政治上犯下了错误，他居然一再进言希望皇帝尽快确立继承人，武将干涉皇室的继承问题是大忌，岳飞的行为给了赵构足够的猜忌理由。此时张俊和秦桧的谗言恰恰对了赵构的心思，结果将此前做出的决定全部推翻。朝廷的做法当然令岳飞心寒，于是岳飞一怒之下辞职，径直回到庐山，给母亲扫墓守孝。这样的做法在政治上显然是幼稚的，这就给后来岳飞遭到杀身之祸埋下了伏笔。

图 说 中 国 史

南 宋

## ❀ 不得不死

岳飞辞职之后，张俊立刻上书诬陷岳飞："一门心思地就想兼并别人的部队，此次辞职，真实的意图是想要要挟皇帝而已。"而岳飞的辞职加上皇帝原本内心的猜忌便坐实了这个说法。南宋朝廷猜忌岳飞的结果直接导致了淮西兵变，这次兵变加深了高宗原先的武人不可信的观念，岳飞也就更加在劫难逃。

此时岳飞的声望如日中天，他文武双全，又甚得军心民心，简直就是一个完人，这样的人如何不被当时的统治者所猜忌？之后高宗完全放弃了北伐，时时不忘北伐的主战派岳飞、韩世忠等武将就成了赵构欲除之而后快的人物。此时主力打手秦桧粉墨登场。秦桧以岳飞的心腹王贵为突破口，亲自操刀，一手主持编造出了岳飞的"莫须有"罪名，从而酿成了中国历史上的一起特大冤案。

### 历 史 词 典
### "金字牌"制度

宋夏战争期间，北宋为了使皇帝的命令能及时下达前线，于神宗元丰六年（1083）创立了"金字牌"制度。金字牌是木制朱漆牌子，长一尺有余，上刻"御前文字，不得入铺"八个金字。朝廷下达的公文，如果附有金字牌，就有十万火急的含义，递铺要以最快的速度传递。携此公文的铺兵腰系铜铃，不分昼夜奔跑传递，前面递铺远远听到铃声，就派铺兵在路口等候，公文一到马上交接，继续传递，一昼夜可行500里。无故延期者判重刑，按期抵达者有赏。南宋绍兴十年（1140），岳家军取得郾城大捷后，正准备乘胜追击，收复失地，一心想与金朝议和的高宗却命令岳飞班师。岳飞在一天中接到了12道金字牌递来的班师诏，全是严令和急命，他悲愤之极："臣十年之力，废于一旦！"痛心地下令班师。明人李东阳在《金字牌》词中写道："金字牌，从天来，将军恸哭班师回，士气郁怒气如雷。"

157

# 49 秦桧弄权

时间：1090～1155

> 秦桧由北宋朝臣沦为金军的俘虏，落入人生的最低点；此后，他苦心经营，靠出卖良心获得了自由；靠出卖国家达到了权力的巅峰，成为南宋的权相，独霸朝纲。

秦桧为相18年，忠臣良将诛锄殆尽，政治腐败达到极致，危机四伏。在他弄权期间，12道金牌催命符，冤杀名将岳飞；一纸绍兴协议，丧权辱国，俯首称臣；一笔胡铨文狱，公报私仇，排除异己……

## ❀ 金朝的俘虏

秦桧（1090～1155），字会之，江宁（今江苏南京）人，曾任北宋密州教授、监察御史、御史中丞。"靖康之难"发生时，秦桧夫妇也同时被俘虏到北方。

为了获取自由，秦桧在金太宗面前竭力鼓吹议和，自然得到了金太宗的赏识。秦桧被派到金太宗的弟弟、大将挞懒手下当军事参谋。

建炎四年（1130），在挞懒的默许下，秦桧和他的妻子回到南宋。

南归后，秦桧把自己打扮成受害者的样子，声称自己是杀死了金兵的看守才逃了出来的。虽然朝中很多大臣对这种说法表示怀疑，但高宗却深信不疑，他正需要一个像秦桧这样了解金朝内情的人帮助推行和谈，再加上宰相范宗尹的极力推荐，秦桧于绍兴元年（1131）出任参知政事。

## ❀ 高宗的宠臣

掌握大权后，秦桧全心全意主张议和，讨好金国，这种摇尾乞怜的丑态遭到了朝臣的激烈反对，最终秦桧被罢免了宰相职位。然而，在一心求和偏安的高宗心中只有秦桧才最了解他的想法和意图。

绍兴八年（1138），高宗重新起用秦桧，把他当作心腹看待。经历了这场风波，秦桧与高宗臭味相投，他在朝廷中的地位再也无人能撼动了。

绍兴和议签订后，高宗虽然对秦桧的恶行有所耳闻，但是仍然纵容他专权跋扈，胡作非为。在赵构的心中，秦桧是他偷安的护身符，是对付朝野的挡箭牌。

## 南宋的权相

秦桧独霸朝纲,陷害了岳飞父子。一时间,举国愤慨,朝野素缟,为风波亭的忠魂哭泣、默哀。秦桧成了众矢之的,文人口诛笔伐的对象。但是,秦桧非但没有收敛,反而公报私仇,屡兴大狱。

秦桧制造的南宋第一大文字狱,由胡铨疏文而起。胡铨字邦衡,号澹庵,庐陵(今江西吉安)人,由于坚决反对秦桧卖国求和的做法,被秦桧嫉恨。绍兴七年(1137),徽宗在金国逝世,主和派趁机以迎回徽宗梓官和高宗生母韦太后为幌子,大肆鼓吹和议。为此,胡铨冒死上书,要求把主和的王伦、秦桧、孙近三人斩首。胡铨的奏书言辞激烈,朝野称快。

秦桧随后展开了疯狂的报复,他以"狂妄凶悖,鼓众劫持"的罪名革除胡铨的官职,流放昭州(今广西平乐)。对此,公愤如潮,御史谏官多次上书鸣冤,秦桧只好对胡铨从轻发落,改任监广州盐仓。

胡铨却因此名声远播,他的奏折被广泛传抄、刻印。于是,秦桧又大肆处分传播者,官员流放,百姓受刑。一时之间,牵连广泛,宜兴进士吴师古、监登闻院陈刚中、荣陵县丞王庭圭、著名词人张元干等都难逃文字狱之祸。然而,秦桧并没有就此罢休。绍兴和议订立后,徽宗梓官和韦太后南归。秦桧借口胡铨疏文中有"梓官决不可还,太后决不可复"一句,而追劾胡铨。胡铨被流放海南,长达近二十年之久,直到孝宗登基后才被召回复职。

### 延伸阅读

**话本与说话**

宋代随着商品经济的繁荣,市民阶层发展起来,为适应城市平民精神生活的需要,出现了通俗文艺形式——"说话"(类似现在的评书)。话本就是"说话"艺人的底本。当时的说话人有四家:小说、讲史、讲经、说浑话。其中以小说和讲史人数量较多。小说《碾玉观音》赞美了女主人公秀秀追求纯洁爱情的无畏精神。《错斩崔宁》则对官吏昏庸、草菅人命做了无情的揭露。讲史《大宋宣和遗事》揭露了以宋徽宗为首的统治集团的荒淫腐朽,抨击了他们屈辱求和、奴颜婢膝的可耻行径,歌颂了保卫祖国的英雄和忠贞自守的义士。话本的出现开明清白话小说的先河,是中国文学史上的一件大事。

# 宋代妇女妆饰

宋人的衣冠服饰崇尚素雅、大方和新颖。文化的发展使人们对衣冠色彩的爱好,从鲜艳和单纯改变为繁复而协调,对比色调日趋稳重和凝练。民间服装一般更多地使用复杂而调和的色彩。当时出现了印花的丝织品,在木板上雕刻图案,然后印在丝织品上,称"缬帛"。又出现了加入金线编织的丝织品,称"销金"。织锦也进入了全盛时期。尽管政府三令五申,禁止民间雕刻和买卖缬板,禁止服用"皂班(斑)缬衣",禁止民间男女穿戴销金衣帽,但并未奏效。徽宗时,东京大相国寺内,有些尼姑公开出售"生色销金花样幞头帽子"。南宋后期,临安的大街上有"销金裙""段(缎)小儿销金帽儿""挑金纱异巧香袋儿"等出售。

**翘头小脚银鞋·宋**

此鞋出土于浙江衢州的一座南宋墓中,鞋面与鞋底均以银片焊接而成,鞋头高翘,鞋底尖锐,全长14厘米,宽4.5厘米,高6.7厘米。鞋虽为冥器,但整个造型及装饰与真鞋相似。

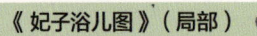

《妃子浴儿图》(局部)

**妇女妆饰图·宋**

- 缂丝百花攒龙纹包首（局部）·宋

"缂丝"为中国特种工艺品之一，是采用"通经回纬"的方法织成的。"缂"即织纬的意思。缂丝是一种名贵的丝织品。这件缂丝百花攒龙纹包首，以十七八种色丝，根据花纹需要，运用"平戗""勾边线""搭梭""绕""双子母经""合花线"等较复杂的缂丝技法，缂出栩栩如生的金龙花卉纹。龙飞腾在盛开的桃花、牡丹、茶花、秋叶、海棠、菊花等百花中。这种百花攒龙图案，自宋以来一直很流行。从缂丝技术、配色方法以及花纹特点等分析，这件包首实为南宋缂丝中的精品。

- 银钗·宋

宋代发钗为两股并列状，其基本特征是双股夹得很紧，以免在夹发时脱落。

- 绣罗直帔·宋

宋代贵妇往往佩戴霞帔，至于普通妇女则是用一种类似霞帔的服饰来代替，多为直帔。

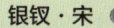

- 粉盒·宋

- 鹭鸟纹蜡染褶裙·宋

裙为百褶式，接白麻布围腰，装饰工艺复杂，集彩色蜡染、刺绣、挑花等技巧于一体。在主次晕带上，均以彩色蜡染工艺绘制，主晕纹饰为铜鼓上常见的翔鹭纹。此裙敷彩鲜明，纹样线条流畅，是研究彩色蜡染发展的珍贵资料。

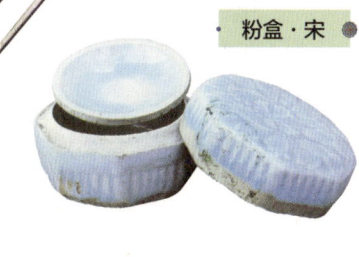

人物
赵佶
赵桓

**50**

时间：1127～1156

# 坐井观天五国城

> 这是一个非常偏僻的小城，它位于今东北平原的深处，隐没在茫茫雪原之中。这个以两位皇帝的流放地而见诸史册的地方，便是著名的五国城。

## ❁ 昏德公与重昏侯

靖康二年（1127）初，金军离开残破的北宋东京，挟持徽宗、钦宗两位皇帝，以及皇室、女眷、大臣、工匠等数千人北还，史称"二圣蒙尘"。一路上，不但两位皇帝屡受嘲弄，其他皇室成员也经常被金人以"切磋摔跤技艺"为名蓄意殴打，一些女眷甚至遭到金兵奸淫。几经辗转，饱受侮辱之后，他们最终在南宋高宗建炎四年（1130），被金国皇帝放逐到胡里改路（今黑龙江依兰）五国城。两位皇帝就在这里度过了自己的余生，分别在绍兴五年（1135）和绍兴二十六年（1156）含恨去世。

五国城得名于从前在当地活动的五个强大部落，女真人习惯称其为五个"国"。这些部落归附金国后，金人在当地修筑城池，遂名五国城。作为亡国之君，两位皇帝的遭遇是可以想象的，在数年颠沛流离的生活中，金人想尽办法羞辱他们。为了表示对这两位懦弱君主的鄙夷，金国统治者"册封"徽宗为昏德公，他的儿子钦宗为重昏侯。

## ❁ "井底之蛙"

著名的评话小说《说岳全传》中，有这样一段描写："老狼主"传旨道，"将徽、钦二帝发下五国城，拘在陷阱之内，令他坐井观天！"这段情节在南宋的一些野史笔记中确实可以找到零星的记载。然而关于二帝是如何"坐井观天"，在历史上却有很多不同解释。演义小说中将其作为金人侮辱两位皇帝的方式，称金人把他们推到枯井中，让他们抬头看天，把徽宗和钦宗比作"井底之蛙"，嘲笑他们愚蠢短视。南宋初期的文人笔记《南烬纪闻》中，则留下了这样的记载：两位皇帝在五国城供给匮乏，缺衣少食，等到冬季来临，"天寒乃掘地窟……作坑深五六尺，命帝后昼夜伏处其中，其护卫人员亦如是"。直到现在，这种"地窟"仍在我国东北的一些地区存在，当地少数民族居住在半地穴式

- 坐井观天遗址

五国城遗址又称坐井观天遗址，位于黑龙江依兰县城西北部。1130年，宋徽宗、宋钦宗二帝被金人掳到这里，分别于1135年和1156年含恨去世，此后便有二帝"坐井观天"的故事流传后世。

的"地窨子"中，"开口在上，以梯出入"，作为居室的特点是可以避风避寒，能够保持恒温。有人认为，这种居室应该就是后来传说中两位皇帝被囚的"井"。

## ❀ 彻夜西风撼破扉

除了以上两种猜测，还有一些人认为所谓的"井"是指四合院的天井。依据当时的文献记载，金人房屋的建筑特点很鲜明，不论房屋好坏都用长长的围墙围起来，类似现在北方四合院的样式。所以两位皇帝的"坐井观天"，应该是说他们被囚禁在五国城某处四合院落中，不能自由出入，只能抬头看天。

其实上面这些对于"坐井观天"的解释，都是基于一个难以证实的传说而做出的推测。虽然无法证明两位皇帝确实被囚禁在某种"井"中，然而他们在五国城遭到极其难堪的对待是毫无疑问的。著名的艺术家皇帝宋徽宗曾在五国城写过一首诗，那便是流传甚广的《思断肠》："彻夜西风撼破扉，萧条孤馆一灯微，家国回首三千里，目断天南无雁飞。"从"彻夜西风撼破扉"一句来看，他所居住的地方应该并非枯井。然而即使有门户存在，却也是相当残破的了。数百年前，他的祖先在逼死南唐后主时，可曾想到自己的子孙也会有这样的一天呢？

人物 张浚

## 51 主战派张浚

时间：1097～1164

> 张浚是南宋坚决的抗战派，主张驱逐金人，恢复中原。但他在高宗和孝宗朝的威望虽高，却一直无法实现自己的理想。

### ◎ 青年宰执

张浚（1097～1164），字德远，汉州绵竹（今属四川）人，徽宗时中进士，从此步入官场。高宗继位后，张浚自御史升为礼部侍郎，守备平江府（今江苏苏州）。建炎三年（1129）三月，禁卫军官苗傅、刘正彦发动政变，逼迫高宗退位，下诏升张浚为礼部尚书，想要拉拢他。张浚一方面害怕苗、刘杀害高宗，写信敷衍，一方面联络张俊、韩世忠、刘光世等将，准备合兵勤王。

苗、刘一看形势不好，借皇帝名义革了张浚的职。张浚恐怕动摇军心，就将诏书藏起，随便取出一份旧诏来摇头晃脑读上几句，以表示事情无关紧要。他随即加快了南进勤王的速度，将大本营驻扎在秀州（今浙江嘉兴）。

一天晚上，张浚正在营中筹划军事，突然有人出现在他面前，从怀中掏出一张纸来说："这是苗、刘定下的赏格，要我取您的首级。"张浚镇定地问道："你要动手吗？"来人回答说："我是河北人，读过一些书，明白谁是谁非，岂能为逆贼所用？他们派我来行刺侍郎，我本来不想干，因为看您营中戒备不严，所以现身相告。只怕我不回去复命，他们还会继续派人前来，您要当心呀。"次日，张浚找出一名已经判了死罪的犯人，将其斩首示众，声称这便是苗、刘派来的刺客，以隐藏那真刺客的行踪。

张俊和韩世忠等将快速进兵，打败苗、刘，拥高宗复位。他因此受到重用，被任命为枢密使，当年才33岁。史书上说，宋代自寇准以来，还没有那么年轻的人能任此高位的。

### ◎ 矢志北伐

张浚是坚决的抗战派，主张驱逐金人，恢复中原。建炎四年（1130），他在川陕集中兵力北进，一方面收复失地，另一方面也牵制金军主力，减轻其对江南地区的威胁。因为部将赵哲临战而逃，宋

军在富平被打得大败,被迫退守四川。其后,张浚听从参谋刘子羽的建议,重用名将吴玠、吴璘兄弟,数次击败进攻四川的金军。

绍兴五年(1135),张浚升任宰相,更加积极地谋划北伐,韩世忠、岳飞等名将之所以能够大展手脚,全靠张浚在背后支撑。不过张浚也做过一些错事,比如在大将刘光世退休后,岳飞希望将刘家军置于自己的统辖之下,那样就可以凝聚更大的力量,创建一支北伐的主力军。张浚初始同意了岳飞的请求,过后却又反悔。因为张浚所派的接收官员处置不当,致使刘家军全面崩溃,部分将领南下成为兵匪流寇,部分将领投降了伪齐政权。

为坚决主战,张浚和高宗的关系逐渐疏远了。秦桧当政后,终于把他排挤出朝,流放连州(今广东桂阳)。张浚被流放在外近20年,天下人莫不怀念,连妇女儿童都知道有位抗金的"张都督"。金人每次派遣使者到南宋,一定会问:"张浚在哪里?"生怕他被起用。秦桧最恨张浚,骂他为"国贼",说他只要兵权在手,一定会谋反的。

孝宗继位后,立刻把张浚召回临安,当面慨叹说:"我久闻你的大名,现在天下所仰望的,就是你啊!"任命他为枢密使,都督江淮东西路兵马,封爵魏国公,主持抗战大计。隆兴元年(1163)五月,宋军北伐,因为准备不够充分,加上将领不和,结果在符离(今安徽宿州)遭到惨败。主和派汤思退因此上台,再度把张浚排挤出朝。

之后不久,张浚就病逝了,而南宋以后再也没有真正意义上的北伐了。

## 历史词典

### 安平桥

北宋仁宗时,在泉州洛阳江入海口建造了跨海石梁桥洛阳桥,洛阳桥采用"筏形基础"的新型桥基,在当时是首创。洛阳桥建成以后,各地争相仿效。南宋初年,泉州安海又建了一座巨大的安平石桥。它是在绍兴八年(1138)开始动工建造的,绍兴二十二年(1152)全部完工,历时14年之久。安平桥跨越晋江、南安两县之间的海湾,全部用花岗石砌成,坚固无比,规模巨大。全桥长2500米,有桥墩361座,是1905年郑州黄河土桥建成前历史上保存至今的最长桥梁。这座桥的桥墩根据水流情况,分成三类:在主河道处,为了减缓水流的冲击,建造成单向尖型或双向尖型,其余桥墩采用矩形。桥面布局,设有五亭,供过桥行人休息。从许多方面都可以看出宋朝人造桥技术之高超。安平桥建成后,对于交通贸易的发展起了很大的促进作用。

## 52 绍兴和议

时间：1141

人物：赵构

> 绍兴和议是南宋与金订立的一项屈辱和约，南宋王朝俯首称臣，以沉重的代价换来了宋、金之间维持了20年的和平时期。此后双方虽也发生过冲突，但是规模已大不如前。

南宋在高宗的主持下，小人得志，英雄气短。君主夜夜笙歌，声色犬马；朝臣中，奸相秦桧长期把持朝政，排除异己，大兴冤狱，卖国求荣。南宋朝廷离心离德，却还不顾颜面地向金朝摇尾乞怜，希望通过签订耻辱的条约换取和平，苟且偷生。

### ❀ 百姓抗金，君臣和谈

南宋初年，金兵的铁骑肆意驰骋在中原大地之上，沦陷区百姓备受蹂躏，南宋政权处于风雨飘摇之中，偏安江南的朝廷无视国土的沦丧，一心要议和换取和平。

在中原大地上，从民间到军方，遍布着轰轰烈烈的全民抗金活动，这种局势成了高宗赵构与宰相秦桧向金朝求和的砝码。然而，高宗与秦桧却担心这样进攻会惹怒金朝，破坏和议，于是下令撤军，放弃了河南

**秦桧手书深心帖**

此帖书于绍兴十二年（1142），前一年冤杀岳飞，并与金签订《绍兴和议》。而秦桧在书此帖前三月刚进太师、魏国公，在此帖中体现出的志得意满、飞扬跋扈之气，比蔡京有过之而无不及。

等已经收复的地区。南宋官兵眼见大势已去,无不扼腕叹息。

第二年,金军再次南下,在柘皋(今属安徽巢湖)被刘锜率领的宋军所败。高宗依然不许宋军乘胜追击。为了表示彻底求和的决心,高宗表面上以论功行赏之名,把韩世忠、张俊、岳飞三员猛将召回临安,授以高位,而实际上却剥夺了他们的兵权。金朝对南宋抛来的橄榄枝十分欣喜,他们也需要罢兵休整。这一方面是因为八字军等民间义军的抗金活动极大地牵制了金军的兵力,有效地阻碍了金军南下;另一方面,金军也无法突破岳飞等抗金将领的防御屏障。此外,金朝内部也发生了激烈的权力斗争,对南下攻宋心有余而力不足。但是,和一心求和的南宋不同,金国要争取最大的利益。

## 苟且偷生,俯首称臣

绍兴十一年(1141)十月,南宋派魏良臣赴金提出和议事项。一个月后,金国大臣萧毅、邢具瞻,随魏良臣来到临安,提出条件,最后双方签订了绍兴和议。从此,宋向金称臣,金"赐予"宋土地,双方东以淮河中流为界,西以大散关(今陕西宝鸡)为界,南属宋,北属金;南宋割让唐州(今河南唐河)、邓州(今河南邓州市)二州给金,以及商州(今陕西商洛)、秦州(今甘肃天水)的大半土地;此外,宋每年向金国纳贡银25万两、绢25万匹,在每年春季送至泗州交纳。作为交换,金国归还了被刘豫伪齐政府控制下的河南和陕西一部分地区,并送还徽宗梓宫和在"靖康之难"中被掳去的高宗生母韦太后。第二年春,金册封赵构为宋帝。

这就是绍兴和议的全部内容。对此,秦桧非但不以为耻,反而厚颜无耻地宣称自己为南宋赢得了和平,大可休养生息,日后再战。和议签订后,高宗君臣并没有卧薪尝胆,意图雪耻,反而变本加厉,整日过着花天酒地的颓废生活,任何再提抗金的大臣都遭到了罢斥。

可是,秦桧自说自话的谎言很快就被戳穿了,秦桧所说的和平仅仅维持了20年,南宋却付出了沉重的代价:不仅断送了军民抗金的大好局势,而且给本已饱受战火摧残的百姓带来了更为沉重的赋税负担,更重要的是和议把投降派推向了权力的巅峰,把国家的命运引向深渊。

人物 张俊

53

⏱ 时间：南宋初年

# 钱眼里的将军

> 南宋名将岳飞有言曰："文臣不爱钱，武将不怕死，则天下太平。"但在南宋一代，许多文臣除了死什么都不怕，律法舆论根本不在他们眼中；相当多的武将却除了钱财、富贵之外什么都不爱。这样下来，天下还能太平么？

## ❀ 将军坐钱眼

在明朝小说家冯梦龙的幽默笔记《古今笑》中收录了这样一个故事：话说南宋绍兴年间，虽然徽、钦二帝还在金人手中，北方百姓仍为女真铁骑蹂躏，然而临安（今浙江杭州）城内的享乐却依旧是不可缺少的。一天，高宗大宴群臣，在席间叫来一个伶官表演滑稽节目。这位伶官扮作天文术士，摇摇摆摆地来到大殿之中，从兜里拿出一枚铜钱到处窥视，装作观测星象。他道："世间贵人必然上映星象，用浑天仪观测只能看到星星却看不到人。现在我用这个东西来代替它，则是看到人就可以看到星象。"于是他闭上一只眼睛，将铜钱挡在另一只眼睛的前面。先看的是高宗，伶官奉承道："这是帝星。"再看的是秦桧，伶官笑道："这是相星。"下一个是韩世忠，伶官说他是将星。待轮到张俊，伶官忽然惊叫道："呀，看不见他是什么星！"众人大为惊讶，让他再作观测，伶官端详了半天，无奈道："无论怎样都看不见是什么星，只看到张大人在钱眼里。"一时满座哄堂大笑。

## ❀ 显赫武功

坐在钱眼里的张俊并非寻常贪官，他是一位拥有赫赫战功的武将，曾与韩世忠、岳飞等人并称为南宋王朝的"中兴四将"，更由于参与陷害岳飞，成为岳王坟前长跪的四座塑像之一。如果他没有参与制造这起"千古奇冤"，也许张俊的形象会好上许多。在南宋时期的绝大多数人看来，张俊军功显赫，后来钦定的南宋"十三处战功"中，张俊就占有二处，连岳飞的"郾城大捷"都未能列入。张俊出身草莽，据说他"好骑射，负才气"，投身军旅之后屡立战功，升迁很快。还在赵构担任河北兵马大元帅的时候，张俊就投到赵构的麾下，由此成为皇帝的嫡系人马，南渡后迅速被提拔为一路大军的统帅。

## ❀ 太平楼与"没奈何"

与显赫战功同样出名的是他的贪婪和敛财手段,这样一个行伍出身的军人,短短十几年时间里,使自己成为一个极其富有的大地主。传说他每年仅田租一项就能收到三十多万石粮食,相当于当时绍兴府全年的田赋。从担任军官开始,张俊就经常指使部下为自己无偿的从事各种劳动,包括耕种农田和营建园林。当时杭州非常有名的太平楼便是他的产业。这座豪华气派的酒楼完全是由张俊手下的兵士建成的,当时有人作诗嘲讽道:"张家楼里没来由,使他花腿抬石头。二圣犹自救不得,行在盖起太平楼。"

有了这么多的财富后,张俊将心思全部放在自家产业的经营上面。一次大战前夕,作为统帅的张俊给妻子写了封信,这封家书中既没有甜言蜜语,也没有豪情壮志,只有对夫人的再三叮嘱,交代自己不在的时候应该怎样照管那些家财田产,比如哪些人的账必须尽快收回来,等等。由于担心被盗贼光顾,张俊异想天开地将家里的白银统统融化,铸成好几百个一千两的大银球,取名为"没奈何",意思是不管什么样的窃贼,都拿这么大的家伙毫无办法、无可奈何,又有"看你怎么偷"的意思在内。钻进钱眼里的张俊将军后来被封为循王,虽然在生前他功成名就,享尽荣华富贵,但是死后的骂名却滚滚而来。

·《缂丝梅花寒鹊图》《缂丝青碧山水图》·南宋·沈子蕃·

南宋时的缂丝艺术可以说是达到顶峰,缂丝作品大都表现唐宋名家的书画,表现山水、楼阁、花卉、禽兽和人物,以及正、草、隶、篆等书法。沈子蕃的作品多以书画为粉本,设色高雅古朴,自然逼真,生动传神,令人叹为观止,是南宋缂丝艺术的精美杰作。

## 54 书生领兵战采石

时间：1161

采石之战在南宋抗金战争中具有非常重要的意义，南宋军民在文臣虞允文的正确指挥下，成功挫败了南侵的金军主力，粉碎了金人灭亡南宋的狂妄计划。

### ❀ 完颜亮南侵

宋金绍兴和议之后，宋高宗和投降派大臣对这种偏安局面十分满意，将收复失地的使命忘得一干二净。然而金国统治者灭亡南宋的野心并未泯灭，绍兴十八年（1148），海陵王完颜亮成为金熙宗的丞相，他发动政变，自立为帝，梦想着能够一举攻陷临安，尽享江南繁华。绍兴二十三年（1153），他迁都燕京，改名为中都大兴府，接着又开始经营汴京，谋划进一步南迁。完颜亮之所以迁都，一方面是为了加强对中原地区的统治，另一方面是为了便于对南宋进行军事行动。为了一举征服南宋，金国进行了长期的准备。这些情报送到南宋后，一些官员请求朝廷早做准备。然而一心妥协退让的高宗认为金人没有南侵的理由，反而斥责那些官员造谣生事。

绍兴三十一年（1161）七月，完颜亮迁都汴京。同年九月，他组织起来的60万大军，分四路大举南侵。完颜亮亲自率领其东路主力，企图一举灭亡南宋。

### ❀ 虞允文"巡视"

金军南侵的消息传来后，负责淮西防务的宋将王权胆小怕事，逗留在建康不敢北上。在上级的几次督催之下，才磨磨蹭蹭地进驻长江北岸的庐州，再不肯前进一步。由于王权拒绝到前线布防，金军从几乎没有设防的淮西从容南下。得知金军渡过淮河，王权又弃城南逃，将敌人一路放到长江北岸。十月中旬，时刻准备逃往海上的高宗派知枢密院事叶义问负责统帅军马抗击金人。叶义问到达建康后再不敢向前，只派幕僚虞允文到前线"巡视"。

十一月八日，虞允文前往军事要地采石矶巡查防务。当他们行进到距离采石矶数里的地方时，从百姓那里得知金人准备即日渡江，惶恐至极的随从们纷纷劝他返回建康，虞允文却断然拒绝。等到一行人来到采石矶，发现原来的统帅王权早已离开，接替他职务的李显忠也不知去向。

军心惶惶的宋军秩序混乱，武器军械乱丢，束手无策地看着对岸金军做渡江准备。虞允文问宋军士兵："金人就要渡江了，你们怎么还坐在这里？"士兵们垂头丧气地回答道："将军都跑了，我们还打什么仗呢？"

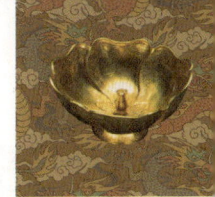

## 采石之胜

看到军队这样涣散，虞允文忧虑不已，他立即召集宋军将士，告诉他们自己的身份，宣布暂时由自己指挥军队抵挡金人，有了主心骨的士兵们轰然应诺。虞允文是进士出身的文人，从来没参加过战争，然而对家国民族沉重的责任感让他站到了两军阵前。在虞允文的指挥下，宋军将主力部队隐藏起来。以为采石矶附近没有多少守军的金人，便毫无戒备地乘船过江，直到他们靠岸，才发现宋军早已严阵以待，措手不及的金军在江边被杀得大败。这时宋军水师也向金军发起了攻击，大小船只像利刃一样插进敌人的船队，摧毁了众多敌船。第二天，虞允文又派水军主动进攻长江北岸一个被金军占领的渡口，焚烧了金军的大量船只。无法渡江的完颜亮只得退回和州，不久为其部下所杀。

### 采石矶

采石矶位于安徽省马鞍山市西南的长江东岸，峭壁千寻，江流突兀。宋金采石矶一战，虞允文以少胜多，打败完颜亮，使南宋国祚又延续了一百多年。

### 时间：1084～约1155

# 55 女词人李清照

女词人李清照的遭遇着实让人扼腕，长年颠沛流离的生活，最终将她塑造成一位不屈不挠的爱国词人，使她在后世拥有了不朽的声名。

## ❁ 夫妻恩爱

李清照（1084～约1155），号易安居士，山东历城（今山东济南）人，她父亲李格非是苏轼的学生，在当时是一位很有名气的文学家。李清照受父亲影响，自幼便喜好文学，很年轻的时候便在作词方面取得极深造诣。18岁那年，李格非将她嫁给赵明诚，夫妻二人志同道合，相敬如宾。当时赵明诚正在太学读书，不能住在家里。每到初一他就请假回家，陪同妻子到大相国寺购买书籍、古玩和碑帖字画，夫妻二人一起仔细整理、欣赏，陶醉其中。

这期间发生了一件有趣的事情，新婚不久的李清照思念自己的丈夫，于是填了一首《醉花阴》，通过写词来抒发相思之苦——"莫道不销魂，帘卷西风，人比黄花瘦"。先用菊花来比喻美人消瘦，再用消瘦来说明相思之深、相思之苦，用词曲折含蓄，颇有新意。后来她把这首词送给丈夫，赵明诚看到后起了竞争之心，废寝忘食地用了三天时间写了50首词，然后把妻子的词作夹在中间，送给友人品评。朋友仔细阅读之后，指出其中"三句最好"，而这三句恰为李清照所作。

## ❁ 天人永别

徽宗登基后，在蔡京等人的策划下，以打击、迫害旧党士人为宗旨的一系列政策相继出台。曾拜苏轼为师的李格非也在其内，很快被贬黜外地，李清照为此向身为新党要员的公公求情，却被拒绝了。不久，朝廷又规定旧党成员的家眷子女都不能住在京师，李清照只得黯然离开深爱的丈夫，独自回到山东老家。

几年后，自北方袭来的女真骑兵踏破东京。为了逃避战祸，李清照和赵明诚迁到长江以南的建康。临走时他们把多年来搜集的金石图书整理了一下，只将珍贵稀少的带走，然而就是这样，还是足足装了15车。

后来金军攻下青州，李清照留在老家的文物被烧成一堆灰烬。到了建康以后，赵明诚接到南宋朝廷的诏令，被派到湖州担任知府。这时兵荒马乱，李清照不可能陪他赴任。再一次分别的时候，李清照问丈夫："万一金人打过来，我该怎么办？"赵明诚道："看着办吧。不行的话，你先把家具衣物丢掉；但是那几件珍贵的古代礼器，你可一定得亲自保护好。"然而赵明诚这一去竟成永别，不久之后便传来他因病去世的消息。

## ❀ 苦难中的成就

随着战火的持续蔓延，孤苦无依的李清照只能随着难民到处奔走。等到局势安定，最终定居于绍兴，她手里的几万册金石图书也只剩下了一些残简零篇。山河破碎，爱侣去世，书画散失……这一切给了李清照极其沉重的打击。

据宋代文献记载，李清照后来再嫁张汝舟，仅数月又离异，个中原因尚有异议。尽管其晚年一直在凄凉孤苦中度过，但她对国事仍很关心，并一直进行着文学创作和学术活动。大约在绍兴二十五年（1155）或稍晚，李清照去世。

民族的灾难和个人的不幸遭遇给她的词作笼上了浓重的感伤气氛，她把国破家亡的痛苦写进诗词，取得了空前的艺术成就。在中国文学史上，李清照的词作以其高度的艺术成就而占有重要地位，后世论者将她推为宋代"婉约派"词家的宗主。其诗文中所渗透着的爱国情怀，亦为后世人所称道。

《李清照像》·现代·顾炳鑫

人物·赵昚

## 56 孝宗之孝

时间：1127～1194

> 历代帝王都强调以孝治天下，"孝"在传统儒家伦理道德中占有非常重要的地位。孝宗正是把"孝"字发挥到了极致，因为对高宗的"孝"，他放弃北伐与金议和；因为对高宗的"孝"，他欲放弃皇位，守孝三载。

高宗在位三十多年，他一心寻欢作乐，放纵奸相秦桧当朝，冤杀岳飞父子，向金称臣纳贡，他唯一做对的事就是选对了继承人——宋孝宗（1127～1194）。孝宗可以说是南宋诸帝中最英明贤能的一位，他最大的品性就是"孝"。

### ❀ 处女选太子

高宗在位日久，不得不开始挑选皇位的继承人。高宗唯一的儿子在三岁的时候就夭折了；"靖康之难"后，宗室三千多人被金人掠走，一时之间，竟然无法选出一个合适的皇储人选。

于是，高宗在大臣的建议下，扩大选择范围，在太祖的后裔"伯"字辈中选择有贤德的人继承大统。自太宗赵光义登基至南宋初年，太祖的后人散落民间，已有一千多人。

绍兴二年（1132）五月，经过仔细地查访，十名七岁以下的儿童进入了候选名单。高宗从中选择了赵伯琮和赵伯玖两人，分别交给两位嫔妃抚养。两个孩子在宫中接受教育，都是博学强记、天资特异之人，先后受封为郡王，才能不相上下。

为了确认最终的太子人选，高宗突发奇想，分别赏赐二人十名美貌的宫女。一个月后，高宗召回了这些宫女，令人一一检验。赐给赵伯琮的宫女都完璧如初，而赐予

赵伯玖的宫女却已经不是处女了。高下立分，高宗虽然并未将此事告诉别人，心中却已经有了决定。

绍兴三十年（1160）二月，赵构下诏立赵伯琮为皇太子，改名赵玮，制授宁国军节度使、开府仪同三司，封为建王，从此皇位有了明确的继承人，免除了乱政之忧。两年后，赵构正式册封赵伯琮为太子，赐名昚，字元永。

以处女选太子，这种不上台面的偏门怪法，恐怕也只有沉迷声色犬马的赵构才能想得出来吧。但是，高宗毕竟为朝廷选出了一位贤明的君主，为自己选择了一个孝顺的继承人。

## 谦逊再三，终登大统

绍兴三十二年（1162），高宗下诏："皇太子可即皇帝位。朕称太上皇帝，退处德寿宫，皇后称太上皇后"，随后，举行内禅大礼，让位于太子赵昚，这就是宋孝宗，王朝大统重新回到了宋太祖一系。

为了表示对赵构的谦逊之情，在行内禅之礼时，孝宗再三避让。他身穿朝服来到紫宸殿接受群臣的朝贺，但是却拱手侧立，不肯在御座就座。直到群臣再三劝说，才勉强就座，但还是忍不住难过地说："君父之命，出于独断。然而如此重担，恐怕难以承担。"

仪式结束后，孝宗衣不解带，立刻冒雨送太上皇赵构回德寿宫，直到宫门口还不肯止步。高宗再三推辞后，孝宗才让侍从扶回了寝宫。此情此景，令赵构感动万分，一再感叹自己："付托得人，再无憾矣。"

·《孝经图》（局部）·南宋·无款

此图为南宋佚名画家所绘，根据儒家经典《孝经》绘制而成。人物场景微小细腻，极为精湛可爱。

《宋孝宗像》·清·无款

## 以孝表率天下

孝宗虽然继位,但是对选中自己的养父一直心存感激,总是尽量顺从他的意愿。

起初,孝宗每月四次前往德寿宫向太上皇请安,后来高宗嘱咐他要以国事为重,这才将请安的次数改为每月两次。

孝宗怕高宗久居深宫,心情寂寞,因此每次出游,总是恭请高宗同行。翻开《宋史·孝宗本纪》,不时可以看到如下字眼:

"从太上皇、太上皇后幸四圣观""从太上皇、太上皇后幸玉津园""从太上皇、太上皇后幸聚景园""从太上皇幸天竺寺""从太上皇、太上皇后幸东园"……一片孝心跃然纸上。每到高宗的寿辰临近的时候,孝宗就会亲自召见礼官,和他们讨论庆寿的仪仗、典礼和庆贺的寿礼等问题。寿辰当天,在宫内大宴群臣,命群臣均要前往德寿宫贺寿。每次,孝宗都会送上贺礼。例如,高宗75岁生日的时候,孝宗的礼物就是黄金两千两。

此外,为了表示自己的感恩之心,孝宗先后四次上太上皇帝和太上皇后的封号,还命人撰写《太上皇圣政》,颂扬高宗的丰功伟绩。

## 北伐失败,受困于"孝"

孝宗登基后,和贪图安逸的高宗不同,他年轻气盛,立志光复中原,收复河山。他追谥名将岳飞为"武穆",并追封他为鄂国公,罢斥了一批秦桧的党羽,鲜明地表现自己主战反和的立场。但是,他的立场却与高宗发生了冲突,备受压抑。

孝宗命老将张浚北伐中原,可惜却因为准备不足,遭遇金军阻击,大败而归,损失惨重。主和派大臣趁机向孝宗施压,鼓吹宋金势力相差悬殊,只有求和才是上策。而主和派之所以如此嚣张,就是因为他们有高宗赵构作为靠山。

高宗虽然已经闲居德寿宫,不理朝政,但是偏安求和的一贯思想却没有丝毫改变。孝宗对他的孝顺,成为主和派的砝码。

高宗一方面牵制孝宗北伐;另一方面极力敦促孝宗达成和议,维持偏安的现状。有一次，孝宗赴德寿宫探望太上皇赵构，兴致勃勃地谈论起了抗金大计，在高宗听来却是格外的刺耳，他粗暴地打断了孝宗的话，严厉地警告孝宗："等我百岁之后，你再谈论此事也不迟！"

按照高宗的逻辑，孝宗反对议和等于就是反对他在位时的既定国策，这就是不孝。"孝"成了约束孝宗大展宏图的紧箍咒。在高宗和孝宗的较量中，高宗占了上风，孝宗的态度开始动摇，再加上金朝的军事打击，孝宗不得不作出让步，签订了"隆兴和议"。第二年，孝宗改元"乾道"，一心处理南宋内政。孝宗治国有方，惩处贪官，整顿吏治；频繁更换宰臣，集中皇权；发展农业，五谷丰登，出现了百姓富裕，社会太平，人心安乐的"乾道之治"。

## ❀ 守孝禅位

淳熙十四年（1187）十月，太上皇赵构病卒，享年81岁，死后谥号为"受命中兴全功至德圣神武文昭仁宪孝皇帝"。

在高宗病重期间，孝宗多次前往德寿宫探望。不仅如此，为了给太上皇祈福，孝宗大赦天下，分派群臣前往宗庙、社稷祭祀。后来索性不上朝，专心看护高宗，遇到朝中大事则由宰相到内殿禀报。高宗驾崩后，孝宗诏告群臣按照以日代月的惯例为高宗守孝，而自己则坚持守孝三年。后来，在百官的一再请求下，孝宗勉强听政，但开

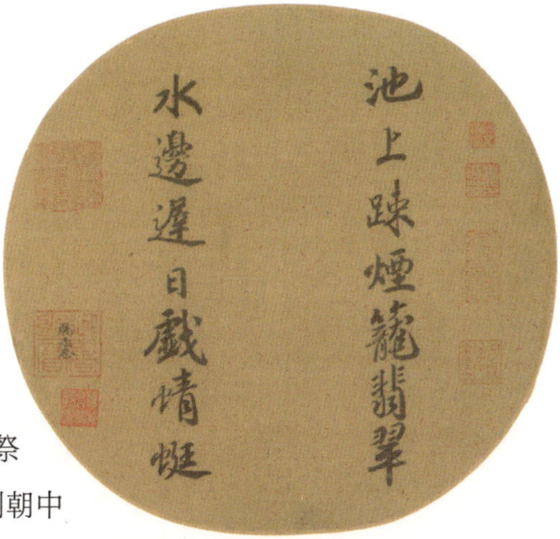

**《行楷书池上水边联句》团扇·南宋·孝宗**

宋孝宗楷书典雅圆融，端正停匀，飘扬潇洒。草书笔法精熟，变化多姿而沉着稳秀，颇有晋人端严中含散逸之韵。

始让太子参与政事。淳熙十六年（1189）二月，孝宗正式禅位于太子，是为宋光宗，自己则当了太上皇，闲居重华殿，继续为高宗服丧。

此时，"孝"变成了孝宗逃避现实的挡箭牌。孝宗以守孝为名退避朝政，此时的他早已没有年轻时整顿吏治、重塑皇权、力图中兴的豪情壮志。淳熙后期，孝宗的北伐心愿一再受挫，对朝局的把握渐渐力不从心，厌倦烦琐的政事，最终选择了仿效高宗，退位禅让，终其一生也没有摆脱高宗的影响。

## 57 隆兴和议

**人物** 赵构 赵昚
**时间**：1164

> 战与和不但是南宋与金两个王朝之间的较量，也同样是高宗与孝宗这对父子之间的较量。围绕和与战的争论，不但困扰着国家大政方针的确立，也困扰着上至皇帝宰执的思想，下至书生百姓的生活，几乎与南宋王朝相始终。

### ❀ 誓师北伐

隆兴元年（1163），一心北伐、收复故土的孝宗任命了主战派大臣张浚为枢密使，都督江淮兵马，全权负责南宋前线的军事指挥。孝宗本打算让张浚整顿军务，再伺机与金人一战。可张浚到任没多久，金左副元帅纥石烈志宁就致书于张浚，语气傲慢地要求南宋履行"绍兴和议"的内容，将海、泗、唐、邓、商五州之地割让给金国，并支付当年的岁币。身为南宋主战派领袖的张浚和年轻气盛的孝宗严词拒绝了金人的要求，反提出要重议疆界，双方地位必须平等的要求。恼羞成怒的金人一看宋朝皇帝如此"不识时务"，立刻兵陈虹县、灵璧，做出挥师南下的姿态。

面对金国咄咄逼人的态势，张浚主张一改以往消极防御的战略，先发制人，抢先对金发起进攻，可这一主张立即遭到了主和派的强烈反对。平心而论，此时确实不适合北伐，一方面是高宗和大批的主和派大臣在内部对北伐形成了巨大的牵制；另一方面承平日久，宋军士兵缺乏训练，装备很差，能征惯战的宿将也大多故去，政治军事两方面都存在严重的隐患。可孝宗错误地估计了形势，轻率地认为恢复中原在此一举，于当年四月命令张浚督军北伐。五月，张浚命部下李显忠、邵宏渊率军渡淮河北上，正式拉开了北伐的序幕。

### ❀ 符离之败

战斗刚一开始，金军因为轻敌无备连连失利，宋军则一路奏凯。李显忠攻克灵璧，邵宏渊也攻克了虹县。金右翼军都统萧琦、泗州知州薄察徒穆向宋军投降。为了鼓舞将士斗志，张浚也随即渡河督战。五月中旬，李显忠率军猛攻淮北重镇宿州，斩杀金军数千人，攻占宿州城。这一消息传回临安，无论是孝宗、朝中主战派大臣，还是普通百姓都极为振奋。

就在南宋君臣为宿州大捷而兴奋的时

候,失败的危险已然逼近。首先,李显忠对士兵赏赐不厚,宿州参战的士兵每人得钱不过三百,大大折损了士兵的作战积极性;其次,邵宏渊自诩功劳不在李显忠之下,却仅仅得了个招讨副使,心怀怨恨,私下散布谣言,动摇军心。此时,金国已从开始的惊慌失措中调整过来,金世宗急令左副元帅纥石烈志宁率领数万将士进攻宿州。宋金双方在宿州城外连番苦战,伤亡都很惨重。李显忠孤掌难鸣,只好下令撤退,在符离被金军追上,十几万大军伤亡殆尽,史称此役为"符离之战"。

## 隆兴和议

符离的惨败,给了主和派攻击孝宗北伐战略的口实,他们大肆攻击张浚,高宗也不断地斥责孝宗,要求和议。孝宗无法抵挡来自高宗和主和派的双重压力,只好下诏和议,并一度降张浚为江淮东西路宣抚使。尽管手中筹码不多,孝宗却始终想以较好的条件和议。他一面积极部署宋军防务,一面撤换了懦弱无能的和议正使卢仲贤,罢斥了主和派大臣汤思退,与金人展开了外交战。隆兴二年(1164),宋金正式达成了和议。这份名为"隆兴和议"的协议商定:宋不再向金称臣,双方为叔侄之国,改岁贡为岁币,减十万。尽管"隆兴和议"是宋金所有和议中较接近于平等的一个,但毕竟不是基于同等国力的平等协议。尽管此后孝宗念念不忘北伐雪耻,但直至他逝世也未能实现这一愿望。

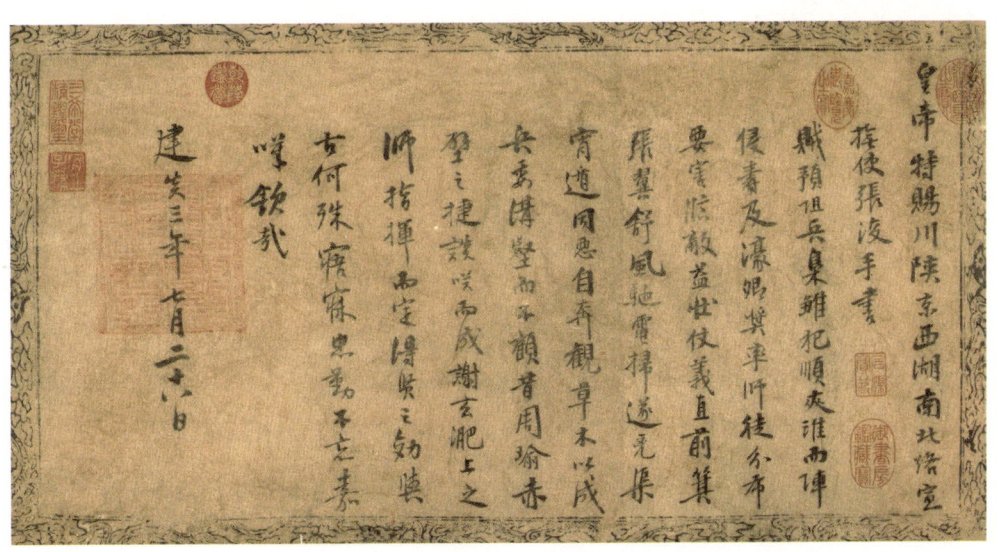

《高宗敕张浚手卷》·南宋·赵构

## 58 空怀壮志的辛稼轩

时间：1140～1207

> 醉里挑灯看剑，梦回吹角连营。八百里分麾下炙，五十弦翻塞外声，沙场秋点兵。马作的卢飞快，弓如霹雳弦惊。了却君王天下事，赢得生前身后名。可怜白发生！
> ——辛弃疾《破阵子·为陈同甫赋壮词以寄之》

辛弃疾（1140～1207），字幼安，号稼轩，历城（今属山东济南）人。他出生之时，北方已经沦陷，他的祖父辛赞虽然在金国任职，却一直希望能够起而抗金，以报国仇。老人时常带着少年辛弃疾登上群山，远远地眺望南方，"指划山河"。辛弃疾亲眼看见沦陷区里老百姓备受屈辱的生活，从小就立下志愿，要恢复失地，报国雪耻。

### 弃笔从戎，心向南方

绍兴三十一年（1161），金兵大举南侵，年仅22岁的辛弃疾趁北方防务空虚之机，聚集了一支两千人的义军投奔义军领袖耿京，任掌书记。

为了南北呼应抗金，第二年正月，辛弃疾奉耿京之命，南下与南宋朝廷联系。赵构听说山东义军前来归附，自然十分高兴，在辛弃疾一行到达建康（今江苏南京）的当天，就召见了他们。辛弃疾汇报了北方义军的抗金情况，被授以右承务郎。然而，当辛弃疾完成使命，满怀希望而归的时候，在途中却听到耿京被叛徒张安国所杀害的消息，他痛心疾首，率领50多名昔日耿京的部下突袭张安国，为耿京报仇。

辛弃疾赶到的时候，张安国正在设宴请客，饮酒作乐，他以为辛弃疾是前来投靠的，就高高兴兴地把辛弃疾让了进来。还没等手下去传话，辛弃疾就已经冲入了大营，以迅雷不及掩耳之势把叛徒张安国拉出了大厅，捆上马背。

辛弃疾押着张安国直奔南方。南宋朝廷判处张安国斩首示众。辛弃疾惊人的勇敢和果断，使他名震一时，"壮声英概，儒士为之兴起，圣天子一见三叹息"。

辛弃疾任职江阴军签判，从此在宦海起起伏伏。这一年他23岁。

## ❀ 心念北方，壮志难酬

辛弃疾回归南方，但是他的心还念着北方的战场，满怀豪情壮志，一心要带领宋军北伐。他并不了解苟且偷生的臣僚，也不了解墨守成规的官场，他上书言事，分析敌我形势，其中就有著名的《美芹十论》《九议》等。可惜这些奏书虽广为传诵，却得不到朝廷的支持，反而遭到主和派的排挤。

辛弃疾先后被派到湖北、江西、湖南、福建、浙东等地担任转运使、安抚使。这些地方虽然重要，却远离战场。在任上，辛弃疾采取措施，安定民生，奖励耕战，打击贪污豪强，并于淳熙七年（1180）创置湖南飞虎军。虽然政绩显著，却与他抗金北伐的初衷背道而驰，随着岁月的流驰，辛弃疾的内心备受压抑的痛苦，发出壮志难酬的悲鸣。

辛弃疾豪迈倔强的个性和对抗金的热情，使他成了南宋朝廷的异类。淳熙八年（1181）的冬天，辛弃疾被免职，从此隐居泉林。

此后的20年里，正值壮年的辛弃疾在上饶、铅山消磨岁月。乡间的生活闲适优雅，辛弃疾与朱熹等文人士子纵情山水、饮酒赋诗。但是，表面的淡泊宁静不能掩盖心中激荡的豪情，心中难以言表的仍是恢复失地的壮志，只有借笔诗词才能抒发爱国忧民之情。

辛弃疾像

辛弃疾晚年，韩侂胄起用主战派人士，已64岁的辛弃疾被重新起用，年迈的词人精神为之一振，作词支援北伐。可惜昙花一现之后，北伐失败，辛弃疾再遭免职。

开禧三年（1207）九月初十，热血男儿辛弃疾带着山河破碎的悲哀和壮志成空的愤慨溘然长逝。

人物
李凤娘
赵惇

## 59 泼皇后与疯皇帝

时间：南宋中期

> 在漫长的古代帝王史中，帝后恩爱的本就少见，而能像光宗李皇后这般无才无德，却能把持后宫、控制丈夫、离间皇帝父子的皇后，更是极为罕见。

李皇后为人泼辣剽悍，以强势控制着懦弱多疑的光宗。她因光宗的登基而得势，又因光宗的禅位而失势。她的一生历经高、孝、光、宁四朝，与南宋初期政局的变迁紧密相连，折射出宫廷生活的诡异多变、冷酷无情。

### ❀ 钦点的太子妃

李皇后生于安阳，是庆远节度使李道的女儿，闺名凤娘。据说她在出生前，有一群黑凤在她家门前徘徊不去，因此而得名。

李道驻守湖北时，正逢当时著名的相士皇甫坦在这一带游历。于是，李道就把皇甫坦请到了家中，为他的几个女儿相面。轮到李凤娘出来时，皇甫坦大惊失色，坚决不肯接受李凤娘的行礼，并向李道解释道："此女面相大贵，将来定是国母。"

后来，皇甫坦云游到京师，便向已是太上皇的高宗吹嘘：李凤娘端庄贤淑，将来必可母仪天下，并提议将其许配给孝宗弟三子赵惇为妃。皇甫坦曾经治好了高宗生母韦太后的眼疾，因此高宗对他的话深信不疑，便做主让赵惇与凤娘成婚。

李凤娘虽然容貌姣好，可是却生性好妒，手段泼辣。为此，高宗也颇为后悔，

《行楷书高标贞色联句》团扇·南宋·光宗

曾对人说道:"太子妃没有母仪天下的度量,当初不该听信皇甫坦的花言巧语。"孝宗也不止一次地警告李凤娘:"你应该宽厚待人,如果不知悔改,就废了你。"然而,孝宗终究仁慈,没有废掉李凤娘,失去了机会。

李凤娘的命也确实好。后来,太子早夭,排行第三的赵惇成为太子,李凤娘也就成了太子妃。孝宗乾道四年(1168),她又诞下皇子赵扩(也就是日后的宁宗),更是母凭子贵,地位牢固。

## ❁ 把持朝政

淳熙十六年(1189)二月,孝宗正式传位于太子赵惇,是为光宗,李凤娘果然应了相士所言成了后宫的主宰,一国之母。

光宗登基时已经43岁,体弱多病,既无安邦治国之才,又无重整山河之志,索性放任心狠手辣的李皇后来执政,大权旁落,"政事多决于后"。为李皇后所左右的光宗,偏听偏信,罢免了周必大、辛弃疾等主战派大臣,起用留正为宰相,朝政为主和派所操纵。奸佞当道,朝局逐渐从孝宗时的清明转向腐败。

李皇后把持朝政,可是她目光短浅,毫无才能,对政治也没有兴趣,对她而言,最重要的就是为李家捞取更多的财富,赢得更显赫的权势。当时,李皇后的父亲、祖父、曾祖父三代都已封王,亲朋好友,雨露均沾。但是,李皇后还不满足,她大修家庙,把家庙建得和太庙一样宏伟,守护的卫兵却比太庙还多,明目张胆地僭越规制。

还有一次,李皇后回家省亲,归谒家庙时,一次就推恩亲属26人,172人授予官职,就连李家的门客都得到了官职。外戚蒙荫之滥是南宋前所未有的,真是一人得道,鸡犬升天。

**青釉凤耳瓷瓶·南宋**

瓷瓶造型简洁,直颈筒腹平底,除双耳为仅具轮廓的凤纹外,没有其他附加装饰,通体平素无纹,施厚重的粉青色釉,匀净淡雅,为南宋龙泉窑瓷器精品。

· 官窑青瓷菊花式盘·南宋

南宋官窑所呈现的官方品味，一方面是对凝润釉色与层重开片的追求；一方面其日用器皿常取大自然的花卉为样，或如盛开翻飞花朵的灵动，或取规整花型来表现对称、宁静、优雅的美感。

## ❀ 主宰后宫

在后宫，李皇后更是肆无忌惮，为所欲为。有一次，光宗在宫中洗手时，称赞了在旁边侍候的宫女双手白滑。本是随口无心之语，在李皇后眼中却成了不可原谅的错误。当天下午，光宗收到了李皇后派人送来的一个食盒，盒内赫然放着那位宫女血肉模糊的双手。吓得光宗呆若木鸡，言语失常，病了好几天才恢复。

可见，这位李皇后不仅是强悍，而且残酷冷血，无视人命。对小小的宫人尚且如此，李皇后对光宗的其他妃嫔更为凶残。光宗的后宫本就没有多少人，除了李皇后外，仅有黄贵妃、张贵妃、符婕妤等几位妃嫔。

光宗最喜爱的是黄贵妃。她本来是孝宗谢皇后的婢女，在光宗还是太子的时候，孝宗就把黄氏赐给他做侍姬。黄氏温婉贤淑，很得光宗宠爱，即位不久便被立为贵妃。黄贵妃自然成了李皇后的眼中钉、肉中刺，必欲除之而后快。绍熙二年（1191）十一月冬至，光宗离宫主持祭祀天地的大礼。李皇后趁机派人谋杀了黄贵妃，并告诉光宗黄贵妃"暴亡"。光宗闻讯，内心悲恸万分，却敢怒而不敢言，病情加重，以致精神恍惚，成了疯子。

此后，张贵妃、符婕妤两人，也被善妒的李皇后下令改嫁平民，离开危机四伏的皇宫，好歹保全了性命。从此，光宗的后宫冷冷清清。

## ❀ 孝宗无人孝

对于李皇后的行为，已是太上皇的孝宗十分恼怒，打算废掉李凤娘，但是群臣却认为废后不利于国家稳定，坚决反对，于是，此事不了了之。

但是，李皇后却变本加厉，不断挑拨孝宗与光宗的父子之情。光宗刚刚即位不久，李皇后就迫切地要立她的儿子赵扩为皇太子。对此，一向顺从的光宗坚持要请示父皇孝宗，再行册立。可是，当李皇后就此事询问孝宗时，孝宗却认为光宗刚刚即位，就立太子，于理不合。这本来是合情合理的意见，在李皇后看来却是孝宗故意作对。于是，李皇后恶人先告状，向光宗哭诉，说孝宗不想立太子是别有用心。父子之情出现隔阂。

还有一次，孝宗为给儿子治病，在民间搜集秘方。药丸制成之后，孝宗顾及李皇后就想趁光宗过来问安的时候让他服药。对此，李皇后竟然颠倒黑白，说孝宗是要毒害光宗，另立新皇。

从此，光宗再也不去探望自己的父亲，这种不孝之举令朝野哗然，宫廷内外都对天子的不孝议论纷纷，而光宗一概不理，依然故我。

如此决绝的行为，有违人伦，有损天子"圣德"，大臣们纷纷上奏劝谏光宗要尽人子之道。此后，光宗虽偶尔也去问安，但是父子关系却没有恢复，常常数月不去探望。

绍熙五年（1194），孝宗在孤独的痛苦和对爱子的思念中病逝。而光宗竟然以生病为由，拒绝主持丧礼。群臣没有办法，只得请出高宗的皇后——太皇太后吴氏主持祭奠仪式。

可怜以"孝"著称，对身为养父的高宗竭尽孝道的孝宗，竟然落得无人送终的地步。

## ❀ 孤独的皇太后

无德、不孝的光宗时时提防自己的父亲会图谋皇位，却不知道自己的行为早已把皇位推向了自己的儿子。

群臣见苦劝无果，纷纷上书请辞，而宰相留正也辞相出走，一时间，谣言四起，朝政处于崩溃的边缘。在此情况下，知枢密院事赵汝愚和知阁门事韩侂胄一起上奏太皇太后，请太皇太后下诏令光宗退位，传位于其子赵扩。

于是，一场政变悄无声息地发生了，嘉王赵扩被拥立为新皇，即宋宁宗。一夜之间，李皇后成了宫廷斗争的失败者，她被尊为皇太后，再也无法干预朝政了。荣华富贵转瞬成空，她隐居深宫，虔心事佛。昔日在她的淫威下小心度日的宫女、侍从终于长出了一口恶气。

庆元六年（1200）七月，泼辣强悍的李凤娘在孤寂中死去。

银镀金庭院婴戏图八方盘·南宋

## 60 草率的北伐

时间：1206

明末清初的思想家王夫之曾经说过，南宋高宗朝有恢复之臣，无恢复之君；孝宗朝有恢复之君，无恢复之臣；宁宗朝既无恢复之君，也无恢复之臣。这话说得恰如其分。战争是国家的大事，即使发动的是正义战争，也要做好充分的准备，否则后果只能是覆师折将，身死国衰。

### ❀ 光宗内禅

开禧北伐失败的原因颇多，但是要说起这次不成功的北伐，还得从北伐的发起者韩侂胄说起。

韩侂胄（1152~1207），字节夫，是北宋名臣韩琦的曾孙。韩家三代皆与皇室联姻，世代为皇亲国戚。孝宗长期受太上皇高宗挟制，等到高宗去世，他也是年至花甲的老人，失去了锐意恢复的信心。于是在淳熙十六年（1189）二月传位于"英武类己"的太子赵惇，是为宋光宗。不料赵惇却是个妻管严，惧怕皇后李凤娘，在悍妒的皇后压迫下，他不仅失去了宠妃黄贵妃，与太上皇孝宗的关系也日益疏远。煎熬下，光宗行事便有些疯癫起来，朝政也日益混乱。绍熙五年（1194）五月，宋孝宗病重，但是受李皇后挑拨的宋光宗却拒绝前往孝宗居处重华宫探望。六月，宋孝宗在遗憾与寂寞中病逝，光宗再以自己有病为由拒绝主持孝宗的丧礼。

消息传出，朝野惊骇。不满的大臣们开始策划政变，迫使光宗禅位，拥立嘉王赵扩为帝。为首者是宗室、时任知枢密院事的赵汝愚。而此时必须获得太皇太后吴氏的支持，这样身为外戚、与内廷关系密切的韩侂胄进入了赵汝愚的视野。在韩侂胄的努力下，太皇太后终于同意下诏。

当年七月初五，太皇太后下诏宣布光宗内禅，嘉王赵扩在孝宗灵前被披上黄袍，即位称帝，是为宋宁宗。

## ❀ 仓促的北伐

此次政变是在韩侂胄的努力下才得以完成的。但是赵汝愚却独揽大功,以韩侂胄为外戚的理由只给他一个枢密都承旨的官做,两人遂渐渐决裂。韩侂胄由于是外戚,与皇室关系密切,同时又在策立宁宗的事件中立下大功,因此宁宗对其十分信任,说他是"朕的肺腑",信而不疑。韩侂胄通过荐用亲信,拉拢大臣的方法渐渐积蓄了力量。而赵汝愚却因为以宗室任宰相、专擅国政而受到宁宗的猜疑,终于在庆元元年(1195)二月被罢相,贬往永州(今属湖南)安置,后死于该地。

赵汝愚被罢相,理学人士多有上疏论救,为巩固权势,韩侂胄将理学领袖朱熹等人的学说列为伪学,下令禁止,列为伪学党籍的官员纷纷被贬官,史称"庆元党禁"。

此时北方的金朝渐渐衰落,内有农民起义蜂起,外有蒙古侵扰边境,陷入内忧外患之中。欲立下不世功业的韩侂胄认为可以乘机北伐,恢复中原。从前方传来的消息说是金朝已到了"赤地千里,斗米万钱,与鞑为仇,却有内变"的地步,虽然以后被证实这只是急于立功的野心家的谎言。

为制造北伐的舆论,嘉泰四年(1204),朝廷追封岳飞为鄂王,两年后又削去秦桧的王爵,改谥谬丑。消息传出,朝野振奋。次年,改元开禧,取的是宋太祖"开宝"年号和宋真宗"天禧"年号的头尾两字,表示了南宋朝廷的恢复之志。韩侂胄为全面主持北伐,出任平章军国重事。他下令各军密做准备,同时拿出朝廷封桩库的钱作军需,又命大将吴曦练兵西蜀,为西路主将,皇甫斌准备出兵取唐、邓,郭倪指挥渡淮。

《宋宁宗像》·清·姚文瀚

## ❀ 将星升起

战事首先在淮河沿岸打响,在这里南宋的又一颗将星冉冉升起,他便是毕再遇。毕再遇是岳飞部将毕进之子,史称其"武艺绝人",能拉开两石的硬弓。他曾受到孝宗的召见,赐予战袍。

**图说中国史**

开禧二年（1206）四月，毕再遇随武锋军统制陈孝庆渡淮攻泗州（今江苏盱眙西北）。毕再遇头戴鬼面具，率领敢死队一举登上泗州东城，杀敌数百，金军溃乱，从北门逃出。不久，他又在灵璧（今属安徽）为掩护撤退的宋军，手挥双刀，直插敌阵，以480骑大破金军5000人。

此时，陈孝庆率部攻占虹县（今安徽泗县），江州统制许信攻下新息县（今属河南），光州义军攻下褒信县（今属河南）。宋军连战皆胜，形势一片大好。这年五月，宁宗正式下诏宣布北伐。

## 函首安边

宋军只求速胜，军事准备十分不足，韩侂胄既没有练出一支精兵，又无出众的参谋，也没有做好长期作战的准备。他起用的陈自强、苏师旦都是其亲近，才能不堪担当军国重事。东路虽有毕再遇一柱擎天，但是大部分宋军自符离之败后久已不遭战阵，战斗力低下，而且又缺乏出众的将帅，已不堪支撑灭敌的重任。

果然，宋军在其后的作战中连连失败。多数一战即溃，甚至不战自溃。只有毕再遇一军取得多次胜利。这时西线传来噩耗，镇守四川的大将吴曦企图割据，早就与金军暗通款曲。虽然开禧三年（1207）吴曦便被所部将士杀死，但是这却打破了北伐的原有部署。

---

### 延伸阅读

**洪咨夔写成《大冶赋》**

胆水浸铜法是中国的一项伟大发明，在世界冶金史和化学发展史上占有重要地位。宋代，胆铜法得到大规模地推广，成为生产铜的最重要的方法之一。北宋末年，还发明了以贫铜矿胆土为原料的淋铜法。南宋洪咨夔的《大冶赋》描述浸铜、淋铜工艺甚详。浸铜是直接用铁浸泡在胆水中置换金属铜。淋铜比浸铜多了一道工序，要先用含胆矾的矿土沤泡过滤得到胆水，再置换得铜。《大冶赋》还记载了火法冶铜工艺，硫化铜矿石含硫高，须经过多次焙烧去硫，再反复烹炼，依次得到品位不同的冰铜，再经精炼得到铜。《大冶赋》是中国冶金史上的一部重要文献。

金军解除西线后顾之忧后，以主力渡淮南下，攻至长江北岸。中路出唐、邓攻襄樊，西路全军分驻川陕边界。三路并进，连连攻陷南宋许多州县。此时刚被起用的两淮宣抚使丘崈面对不利形势，认为战之不能胜，于是秘密与金军谈判，商谈和议。面对南宋的议和使臣，金朝虚声恫吓，说要以长江为界；斩元谋奸臣（指韩侂胄等），函首以献；增加岁币，出犒师银，方可议和。韩侂胄闻听大怒，决意再度整兵出战。但是这时朝中的反韩力量已在礼部侍郎史弥远和宁宗皇后杨氏的联络下结合起来。开禧三年（1207）十一月初，在史弥远策划下，先是通过宁宗御笔罢韩侂胄平章军国重事。次日，乘韩侂胄入朝奏事时，勾结中军统制、殿前司公事夏震发动突然袭击，把他劫持至玉津园夹墙内杀害，而宋宁宗直到三天后才知道这一阴谋。同时史弥远又杀死韩侂胄的亲信苏师旦，将两人头颅割下送给金朝。

**花卉纹银六角盘·南宋**

此盘为六曲菱花形，圆唇、平折沿、斜壁、平底。盘沿锤出一周折枝花卉，盘内底中心刻一莲花，其外围有突起弦纹，四周随形刻繁茂的折枝花，是宋代金银制品中的精品。

## ❀ 公正的评价

第二年的嘉定元年（1208），宋金再度达成和议，两国关系由叔侄关系降为伯侄关系，增岁币银30万两，绢30万匹。同时加犒军费200万贯，开禧北伐彻底失败了。次年，陆游也带着"王师北定中原日，家祭无忘告乃翁"的遗恨离开人世。

由于韩侂胄反对道学，因此长期受道学家攻击，将之比作秦桧般的奸臣。相比而言，敌人的评价却是公正的。当韩侂胄的首级送到金朝境内时，金朝的大臣认为韩侂胄忠于本国，最终追谥他为忠缪侯，将他按礼节安葬在他曾祖父韩琦的墓旁。

开禧北伐的失败首在仓促出兵，当时宋军并未完全做好准备，各路宋军缺乏训练与配合，又长期不作战，导致畏敌如虎。同时又没有选择好时机，当时金朝虽有内忧外患，但是并不严重到分崩离析的地步，还拥有相当的实力。再次在于用人失当，缺乏干练的将才。西路主将叛变，东路主将主和，最终导致全盘皆输。

## 人物 陆游 61 但悲不见九州同

时间：1125～1210

在中国历史上的众多爱国诗人中，陆游可谓特殊的一位。这位留下近万首诗作的著名诗人，于日后鼓舞了无数热血青年，促使他们为自己的理想而拼搏、奋斗。

南宋嘉定二年（1209），年已86岁的爱国诗人陆游病情加重。预感到在世之日无多，他把儿子们叫到床边，留下了最后一首感人肺腑的绝句《示儿》："死去元知万事空，但悲不见九州同。王师北定中原日，家祭无忘告乃翁。"

### ❀ 坎坷的科举路

陆游（1125～1210），字务观，是南宋著名的爱国诗人。幼年时代，正逢金人南下、北宋灭亡的动荡时期。金军在江南地区的抢杀掳掠，使陆游从小就体会到什么叫作国难当头，也亲眼看见了江南军民抗击金人的英勇事迹。成年后，陆游参加了两浙地区的科举考试。当时，宰相秦桧的孙子也参加了这次考试，秦桧在考试前暗示考官，要让自己的孙子名列第一。考官没有屈服于秦桧的淫威，秉公办事，使陆游被取为当地第一名，这件事让秦桧十分恼火。待到第二年，陆游前往临安（今杭州）参加殿试，主考官看到陆游的文才优异，又准备让他名列前茅，而秦桧得知这件事后，蛮横地命令主考官取消陆游考试的资格，还要追究两浙地区科举官员的责任。由于秦桧的阻挠，

《陆游像》·明·无款

陆游一直不能留在朝廷工作,直到这位臭名昭著的奸臣去世,他才得以担任枢密院的编修官,回到临安。

## ◈ 戎马生涯

来到临安不久,在主战派大臣的鼓动下,孝宗皇帝决定派遣宿将张浚等人北上收复失地。热情支持北伐的陆游被邀请加入张浚的幕府,并为之起草了讨伐金人的诏书。然而担任宋军统帅的张浚缺乏指挥才能,手下的将领又相互猜忌。开战不久宋军就在符离吃了败仗,结果北伐的军队全线溃退。这次战争失败后,南宋又与金人订立了屈辱的和约。主和派大臣在皇帝面前对张浚大肆攻击,还进谗言说是陆游怂恿张浚决心兴兵的。结果张浚被排挤出朝廷,陆游也因此罢官。这样差不多过了10年,负责西北地区军务的著名将领王炎得知陆游颇有声名,请他到汉中(今属陕西)做自己的幕僚。汉中接近抗金的前线,陆游认为到那里去就会有机会参加抗金斗争,让自己为收复北方失地出力,于是很高兴地接受了邀请。

经过详细考察后,陆游向王炎提出了收复失地的宏伟计划。陆游认为,要光复中原必须先收复长安,宋军应该在汉中积蓄钱粮,严格训练军队,以便随时做好进攻准备。然而偏安的南宋王朝并没有北伐的胆量,西北地区的将领又大多骄横腐败,不听军令,王炎虽然官居要职却对此无能为力。不久王炎被调任他职,陆游孤身一人来到成都,在安抚使范成大的官署中担任参议官。范成大与他相交多年,虽说是上下级的关系,他们却并不讲究一般的官场礼节。

陆游的抗金志愿一直得不到实现,郁闷之下就常常喝酒写诗,以此抒发自己忧国忧民的复杂感情。但这种行为并不为一般官员所理解,他们看不惯他的作为,便在背后议论他不讲礼法,思想颓废。陆游听到后索性为自己取了"放翁"为别号,意思就是"放荡的老人"。所以后人又称他为陆放翁。

《爱国诗人陆游》·当代·马振声

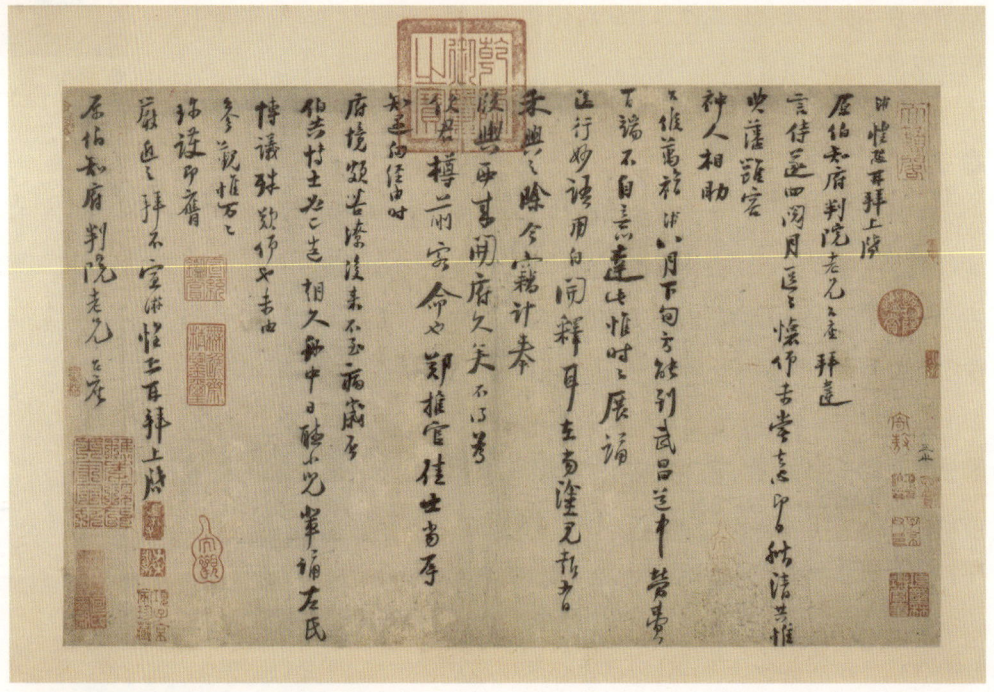

《致原伯知府》尺牍·南宋·陆游

## 郁郁不得志

淳熙五年（1178），诗名日盛的陆游为宋孝宗召见，但是由于政见的原因，他并未得到真正的任用，皇帝只是派他到福州、江西去做了两任提举常平茶盐公事。他在江西任职期间，恰逢当地发生水灾，陆游"草行露宿"，亲自前往灾区视察，并奏请朝廷拨款赈济灾民，又向周边郡县请求援助，不料却因此触犯了腐朽的官僚阶层，被扣上"擅权"的罪名，很快被解除职务。在家闲居六年之后，陆游又被起用为严州（今浙江建德）知州，任期结束后，因无人保举只得卸职还乡。不久他被召到临安，出任军器监少监，后来改任朝议大夫礼部郎中。在这个清闲的职位上，满腔抱负的陆游连续递上奏章，恳请朝廷减轻赋税，结果反被政敌弹劾，以"嘲咏风月"的罪名再度罢官。这样又过了二十多年，南宋王朝换了光宗和宁宗两位皇帝，但是偏安的小朝廷始终没有决心收复失地。郁郁不得志的陆游长期过着闲居生涯，将满腔爱国热忱寄托在诗歌的创作上。开禧二年（1206），主战派领袖韩侂胄担任宰相，在他的主持下，南宋再次派遣大军北伐金国。这一消息让陆游十分兴奋，上书要求前往军前效力。然而此时的金国早已巩固了统治，韩侂胄北伐又没有做好准备，加之南宋各个地方矛盾重重，这次南宋最大规模的北伐遭遇了彻底的失败。

## 名留青史的爱国诗人

陆游收复失地、统一祖国的强烈愿望始终没有实现,由于主和派官员的排挤限制,他一直不能担任重要的实职。万般无奈的他只能通过诗歌来抒发自己对祖国的热爱和对民族的忧虑。陆游一生辛勤创作,一共留下了9000多首诗,是中国历代诗人中,创作最为丰富的诗人之一。

作为一位著名的爱国诗人,陆游的诗大致可以分为三个阶段。第一阶段是从少年到中年入蜀之前,这期间的诗仅留下二百首左右,作品偏重文字运用,略显平凡。第二阶段是从入蜀后到他64岁罢官回乡,前后近20年,至今存诗约2400余首。在这一时期,诗人奔波于军旅之间,作品中充满了战斗气息和爱国激情,此时他的诗歌创作开始成熟。第三阶段是在隐居故乡山阴以后,也经历了将近20年,这段时间他共传下6500多首诗,在作品中表现出一种清旷淡远的田园风味,并不时流露出苍凉的人生感慨。"诗到无人爱处工",可谓道出了他此时的复杂心情,以及他所向往的艺术境界。

在陆游三个阶段的诗作中,始终贯穿着炽热的爱国主义精神,中年入蜀以后表现得尤其明显,不仅在同时代的诗人中显得非常突出,在中国文学史上也是罕见的。陆游的诗题材、体裁都很广泛,无论是古体、律诗还是绝句,都不乏出色之作,其中尤以七律又多又好。在这方面陆游继承了前人的经验,同时又富有自己的创造,所以有人称他和杜甫、李商隐完成七律创作上的"三变",认为他的七律或壮阔雄浑,或清新如画,不仅对仗工稳,而且流走生动,不落纤巧,在两宋期间无与伦比。虽然陆游的诗呈现出多彩多姿的艺术风格,然而从总的创作倾向看,还是以现实主义题材为主。陆游继承了屈原以来历代诗人忧国忧民的高尚传统,成为一位名留青史的爱国诗人。

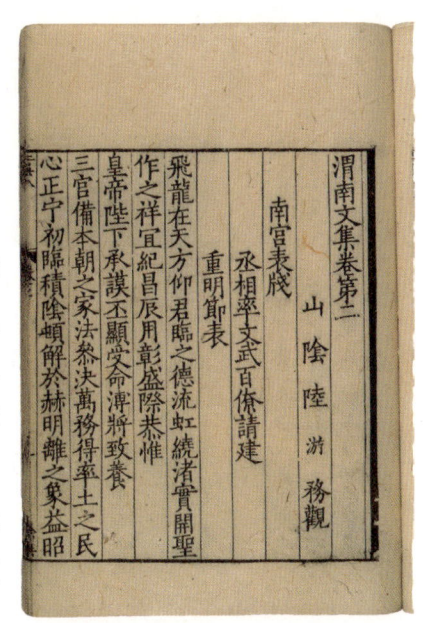

宋嘉定刻本陆游《渭南文集》书影

## 62 理学的集大成者

⏰ 时间：1130～1200

究朱熹一生，他虽然在学术上取得了巨大的成就，但他始终因为自己的政治思想而受到排挤。学者从政，往往因天真不解世故而失败。毕竟治学与从政是完全不同的两件事情。

《朱熹像》·清·无款

### ❀ 融会三家，自成一派

说起对古代中国影响最深的思想家，恐怕在孔子、孟子、董仲舒之后，就要数朱熹了。朱熹作为理学的集大成者，在中国封建社会后期的思想史上占有重要的地位。可以说，自宋以来，主导社会意识形态的儒家思想实际就是朱熹的理学思想，长期浸淫影响着一代代中国人。但是在南宋宁宗时代，他的学说却被斥作伪学，长期被禁，他本人也在凄凉中死去。

朱熹（1130～1200），字元晦，号晦庵，晚年又号晦翁，徽州婺源人（今属江西）。他出身于一个官僚家庭，父亲朱松曾经做过县尉、吏部郎之类的中下层官僚。朱熹从小即接受传统的儒家教育。由于父亲曾师事理学巨匠程颐，因此朱熹早年就受到理学的熏陶。朱松死后，他又求学于胡宪等人，所学相当庞杂，既有理学，又有释、道之学，这为他融会释、道、儒三家创造了条件。

朱熹19岁时就通过了礼部考试，赐同进士出身，此后在各地担任官吏。朱熹一边著作，一边与当时著名的思想家陆九渊、陈亮等人切

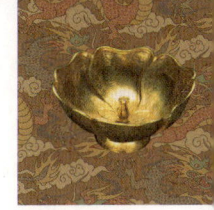

磋、辩论，产生了相当的影响，也吸引了许多人前来求学，形成了当时的一大学派。

## ❁ 理学的集大成者

如果朱熹只是安心讲学，他也不会深陷于当时的政治旋涡之中。但是儒家传统的入世思想使他怀着强烈的以自己的学说改造世界的雄心壮志。这从他不遗余力地攻击当时的其他学派的言论中就可以看出。尤其是与永康学派的陈亮关于王霸义利的思想展开了针锋相对的论战。

为了实践自己的学说，在宋孝宗刚刚即位之时，他就进言三件大事：一是熟讲《大学》中的格物致知、正心诚意之学；二是停止议和及遣使索地；三是朝廷任用贤能，以修政事。孝宗一开始对他的上书很感兴趣，多次找他谈话。但后来发觉朱熹所谈实在迂阔，比如"只要'修德业，正朝廷，立纪纲'就会使南宋强大，使金朝害怕"的言论是锐意恢复的孝宗所不能接受的，认为他多高谈，无实用。

于是孝宗派他去做武学博士，朱熹知道孝宗不能重用他，只好辞官不做，专心讲学。在以后的10年间，朱熹完善了其思想体系，继承综合周敦颐、邵雍、二程等人的思想，成为理学的集大成者，在社会上产生了重大的影响。

朱熹认为"理"是世界万物的根本，产生于世界万物之先。理是永恒独立存在的，不因山河变换而改变，而"气"是依存理而存在的。朱

▎**福建刻本朱熹《晦庵先生文集》·南宋** ●

朱熹是唯一非孔子亲传弟子而享祀孔庙，位列大成殿十二哲者中，受儒教祭祀，他的理学思想对元、明、清三朝影响很大，成为三朝的官方哲学，是中国教育史上继孔子后的又一人。

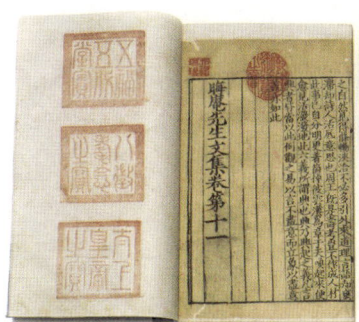
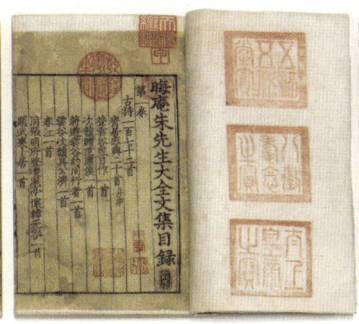

熹还认为万物都是相对的，对立的事物由"一"化生而出，阴阳交合，产生万物。

朱熹继承了二程的"存天理，去人欲"的学说，认为必须要"穷理""克欲"。朱熹还是封建纲常的维护者，认为三纲五常是天理，这是其学说的局限性。

## 官场生活

后来朱熹在知南康军任上重建白鹿洞书院，作为授业讲学的据点。经过朱熹的修葺发展，白鹿洞书院成为当时思想界的一大重镇。在此期间，朱熹再次上书孝宗，要求"正心术，立纪纲"，孝宗再度大怒，朝中官员也纷纷上书谴责朱熹及其道学，说他外面披着诚敬的名义，实际却是十分虚伪，欺世盗名，不值得信任重用，于是朱熹再次被罢官。此后不甘寂寞的他又多次上书皇帝，阐述其政见，倡言主和，提出正心诚意之说。因此受到朝中主战派的攻击，皇帝也认为他是腐儒，不堪治民，难当重任。

光宗即位以后，朝廷中主和派占据优势，此后光宗内禅于宁宗，信奉道学的赵汝愚担任宰相。他执政之始，便起用朱熹为焕章阁待制兼侍讲，为宁宗讲道学。朱熹多次趁讲学之际议论朝政，与赵汝愚一起，协力排挤在光宗内禅中立下大功的韩侂胄。宁宗对朱熹的"喋喋不休"十分厌烦，说朱熹所言多不可用，便免去他的侍讲，朱熹在朝先后不过46天。

## 庆元党禁

不久，朱熹的党援赵汝愚因为韩侂胄的攻击被罢相。由于赵汝愚罢相之时道学人士对其多次上书申救，为树立自己的权威，排除自己的政敌，韩侂胄在

·《致彦修少府》尺牍·南宋·朱熹·

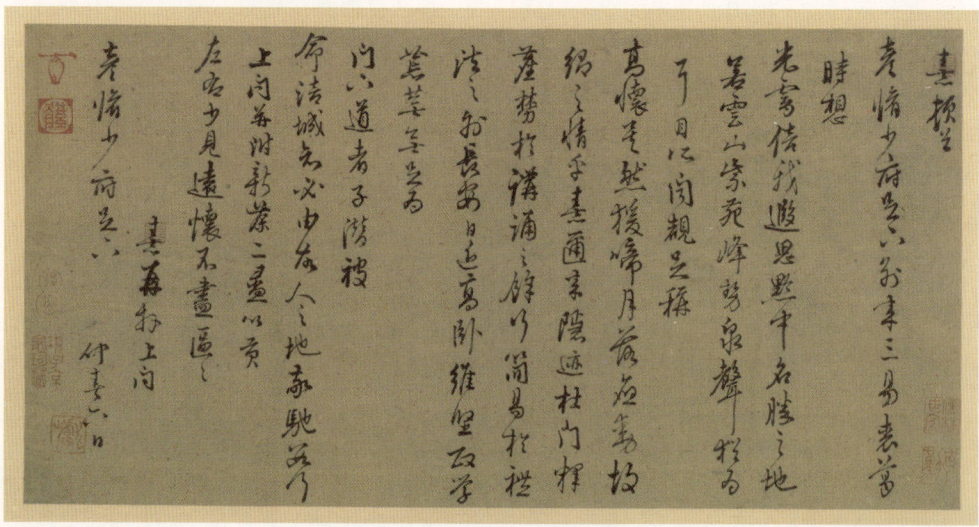

庆元二年（1196）宣布禁止道学，史称"庆元党禁"。禁止道学的诏令一下，朝中官员纷纷对朱熹展开指责攻击。上书者纷纷称道学为伪学，说道学家名义上宣扬正义，实际上却行奸邪之事，说他们图谋不轨，诋毁皇帝。

这年的十二月，监察御史沈继祖的弹劾更是引起轩然大波。沈继祖在奏章中说朱熹完全是个伪君子，一方面以天理人欲约束别人，自己却引诱了两个尼姑做小妾，而且一直带在身边，又攻击朱熹发掘他人坟墓，收受贿赂，隐匿朝廷大赦文书，霸占他人产业。此封弹章一上，朝野哗然。虽然其中多是捕风捉影之事，但这时朱熹已经不能为自己辩白了。宁宗看了大怒，认为对这样的大奸大憝之徒决不能再事姑息。

朱熹面对强大的政治压力，只得被迫上表认罪。庆元三年（1197）十二月，朝廷立"伪学逆党籍"，自宰执以下包括赵汝愚、朱熹等共59人。这时宋朝自元祐党禁以来的第二次大规模党禁。少数朱熹的学生为避免牵连，沾上晦气，纷纷表示与朱熹一刀两断，或是转从其他学者，过门不入；或是改变服饰，在集市中狎玩，来表示与朱熹不是一党。

苦闷孤独的朱熹只好带着剩下的学生，以讲学来排解忧愁。庆元六年（1200）三月初九，一代理学大师在凄凉中去世，门人学者不顾朝廷禁令来参加葬礼的有一千余人。

朱熹虽然去世了，但其思想却在继续流传。其后庆元党禁结束，韩侂胄被杀，在真德秀、魏了翁的努力下，朱子理学终于上升为官方思想，甚至还因崇奉理学，出现了庙号为理宗的皇帝赵昀。

## 历史词典

### 会子

会子是南宋的一种纸币。南宋初年，临安民间有"便钱会子"，当为汇票性质。钱端礼知临安府时改为官办，绍兴三十年（1160）由户部接办。次年二月，设"行在会子务"，是由朝廷设置的纸币发行机构。在钱端礼主持下，以10万贯钱为发行准备金发行会子。此种会子是铜钱本位制纸币，是由朝廷发行的纸币，而此前的纸币是由地方官府发行的。会子用铜版印刷，面额有1贯、2贯、3贯、200文、300文、500文等6种。因印制会子的纸是以楮树皮为原料制成的楮纸，因而会子也称为楮币。会子流通于两浙、两淮、湖北、京西（治今湖北襄阳）等地。会子每3年发行一界，常常两界并行，后因财政困难而发行量越来越大，遂引起会子大贬值。

# 南宋绘画

**宋**室偏安,江南成为南宋的绘画中心,这一地区在五代之后处于低潮的绘画活动开始趋于兴盛。在这一过程中,由于南宋朝廷放松了对画院画风的严格控制,绘画艺术出现了简繁不一的多种风格,画家的个性和才华得到了较充分的发挥,并出现了多以江南风物为绘画题材的大量作品。

### ·《雪堂客话图》·

此图为南宋画家夏圭所作,现藏于北京故宫博物院。全图设色画江南雪景,笔法苍劲浑厚,山石多用小斧劈皴和线条丢笔直皴,从而取得了方硬奇峭、水墨苍润的艺术效果。夏圭在画树干、树叶时多用笔随意点画,笔法生动活泼,人物、楼阁已不像马远那样工整细密,而是信手勾画。由此可见夏圭用笔刚劲而趋于含蓄,这一特点在此幅作品中表现得比较明显。全图设色淡雅,构图迂回曲折,疏密远近布置得当,为夏圭山水画的代表之作。

### ·《梅石溪凫图》·

此图为南宋画家马远所作,绢本设色,26厘米×28厘米。此画绘梅枝斜出石上,水中有群凫飞集浮泳。剪裁、构图新巧。有款"马远"二小字。所绘梅枝刚劲曲折,又有力度,用焦墨勾勒的树干,显得"瘦硬如屈铁"。山石用大斧劈皴,坚实、爽朗而有力。水波绘制生动,表现迂回、盘旋,以及由微风吹起的微波,画得十分动人。马远的山水画变古来诸家全景之法,新奇布局,因此有"或峭峰其上,而不见顶;或绝壁直下,而不写脚;或近山参天,远山则低;或孤舟泛月,一人独坐"的说法。此图也属于所谓"江湖小景"的小景画范围,是一幅美丽而悠然的花鸟画,一群活泼的野鸟在幽僻的崖涧下互相追逐,自由嬉戏,这是一个没人打搅的幽静和宁和的所在。

### 《碧桃图》

南宋无名氏所作,现藏于北京故宫博物院。此图绘碧桃两枝,枝上的碧桃花有的吐露盛开,有的含苞待放。花瓣用细笔色描后多层晕染,富有层次变化和立体感。全图用笔精细,设色淡雅,画面虽小,意趣无穷,是南宋写生妙品。画面无款。画中钤有"于滕""何荣精赏"两印。

### 《花篮图》

此图为南宋画家李嵩所作,绢本设色,19.1厘米×26.5厘米,藏于北京故宫博物院。李嵩,钱塘(今浙江杭州)人,生卒年不详,约活跃于12世纪末至13世纪上半叶。他少时曾为木工,后成为画院画家,李从训的养子,绘画上得其亲授,擅长人物、道释,尤精于界画。《花篮图》显示了他卓越的艺术技巧。

**人物 史弥远**

**63**

⏱ 时间：1164～1233

# 一侂胄死一侂胄生

> 正如韩侂胄对宁宗有拥立之功，史弥远亦对理宗有定策之劳。在宁、理二宗时代，史弥远以矫诏诛杀韩侂胄，以诡计废立皇帝，以专权手段把持朝政，成为南宋朝廷的实际主宰者。

## ❁ 矫诏杀相

史弥远（1164～1233），字同叔，是孝宗朝右相史浩的养子。由于攀附曾经拥立宁宗为帝的权相韩侂胄，在其升任平章军国事后，史弥远也随即得到重用，在开禧初不到两年的时间里，不但已封为男爵，而且从六品的司封郎中一跃升为礼部侍郎的三品大员，并兼任太子赵曮的翊善（教导皇子的一种官职）。

但史弥远之志绝不止于此，他的野心随着权位的迅速升迁而迅速膨胀。开禧北伐失败之后，力主抗战的韩侂胄威信大减。南宋被迫遣使议和，金方提出以韩侂胄首级作为议和的前提，这理所当然遭到韩侂胄的拒绝。但主张投降政策的史弥远却认为有机可乘，他利用太子赵曮向宁宗建议诛杀韩侂胄，意在借机取而代之。并极力拉拢对韩侂胄怀恨在心的杨皇后以为内援，但宁宗不予理睬。于是，史弥远绕过宁宗，和杨皇后伪造宁宗的御批密旨勾结参知政事钱象祖，矫诏派遣中军统制、殿前司公事夏震在玉津园杀死了韩侂胄。

诛韩之后，史弥远与钱象祖一并升任宰相。但嘉定元年（1208）以后，实际掌握中枢权力的却是史弥远一人。

## ❁ 拥立理宗，独揽大权

然而，当年协助史弥远杀害韩侂胄，对金乞降求和的太子赵曮，却在嘉定十三年（1220）突然死去。次年，宁宗另立赵竑为皇子。但史弥远并不希望赵竑成为皇位继承人，因为平日里赵竑已经对史弥远的擅权跋扈表示出强烈的不满情绪，甚至对身边人说：将来即位之后要把史弥远贬斥到八千里外的新州（今广东新兴）或者恩州（今广东阳江）。这当然都被史弥远安插在赵竑身边的耳目所告发。而赵竑却浑然不觉。史弥远在宁宗面前诽谤不成的情况下，便开始着手策划废掉赵竑，另立他人为宁宗的继承人。

嘉定十六年（1223），史弥远收买国子学录郑清之，阴谋在宁宗去世时，废太子赵竑而另立宗室赵贵诚为帝。为此，他安排郑清之作为赵贵诚的老师。此后，郑清之虽多次升迁，但却一直兼任赵贵诚的老师。嘉定十七年（1224）八月，宁宗突然病重不起，再不能处理朝政，史弥远遂加快了策划宫廷政变的步伐。在宁宗弥留之际，史弥远一方面通过郑清之转告赵贵诚即将立他为帝，一方面在夜里急召翰林学士入宫，草诏25道以应付宁宗驾崩后的局面。在宁宗病死的当晚，史弥远派人召赵贵诚入宫，并通过杨皇后的家人威胁杨皇后说："史弥远已命殿帅夏震派兵看守皇宫及赵竑，如果不同意废立，祸变必生，则我们杨家也会被灭族。"杨皇后在沉思很久，权衡利害关系之后，被迫同意。接着，史弥远伪造宁宗遗诏，宣布："废赵竑为济王，立赵贵诚为太子，即皇帝位。"为了证明赵贵诚即位的合法性，史弥远对外宣称：宁宗在世的八月份，即已诏令以贵诚为太子，赐名昀。赵昀即位，是为宋理宗。

至此，史弥远实际上已经完全控制了南宋政权，即使是理宗本人也只不过是他手中的傀儡。在26年的独相专权的时间里，他变更中枢旧制以决朝政，把持将帅任免以专军权，控制台谏以打击异己，植党营私以布局天下。就其专权程度而言，不要说韩侂胄了，即使是高宗朝的秦桧也难以望其项背。

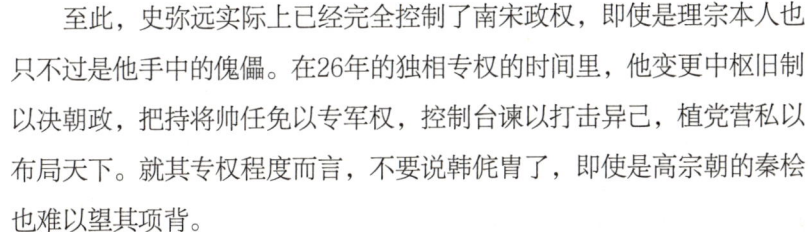

### 宋慈著《洗冤集录》

宋慈（1186～1249），字惠父，福建建阳人。宋慈是南宋时期的高级司法官吏，他在提点湖南刑狱任上，著成《洗冤集录》一书，被誉为是世界上最早的法医学专著。《洗冤集录》共5卷，分作53条。除有关检验的条令、程序、注意事项等法规外，主要是论述各种死、伤的特征与检验要领，基本上包括了现代法医学在尸体外表检验方面的大部分内容，其中有不少内容符合现代法医学原理。它提出了即使在今日法医检验中也须遵循的一般原则。《洗冤集录》要求在检验中充分考虑某一现象形成的多种可能性，力诫轻下断语，要求尽可能地全面勘查现场、访问知情者，再结合检验新见，综合分析，以期得出正确的判断。此书的系统性、科学性标志着中国古代独立的司法检验体系的正式形成。

人物 贾似道 | 64 时间：1213 ~ 1275

# 湖上平章

南宋的末代宰相贾似道，历经理宗、度宗和恭帝三朝，在皇帝的让权倚重下，虽然也做过一些有利于南宋王朝的好事，但其人贪权好利、腐化堕落，使得朝政混浊、国势衰微，为南宋王朝的最终灭亡敲响了丧钟。

## ❀ 不学无术，步步高升

贾似道（1213~1275），字师宪，台州天台（今属浙江）人。其父贾涉，在宁宗朝曾官至淮东制置使。在父亲死后，缺乏家教的贾似道在其少年时代里落魄游博，无守操行，后来以父荫入官补嘉兴司仓。

嘉定四年（1211），因为其姐贾贵妃得宠于理宗，从此官运亨通。

宝祐二年（1254），不学无术的贾似道竟然升为同知枢密院事，此后几年步步升迁，到了宝祐六年（1258），升任枢密使、两淮宣抚使，担任起保卫南宋两淮边防的重任。

开庆元年（1259）正月，贾似道以枢密使改兼京西、湖南北、四川宣抚大使，都提举两淮兵甲，湖广总领，江陵知府，集长江中上游地区的军事、民政、财政大权于一身，又负责两淮的军事，全面负责南宋抗战前线的防务。

## ❀ "再造社稷"之功

宝祐二年（1254）二月，蒙古大汗蒙哥亲自率南侵的西路军进攻合州（今重庆合川）钓鱼城，屡攻不克，蒙哥于七月被击毙在钓鱼城下。与此同时，蒙哥之弟忽必烈此时正率东路军围攻江淮重镇——鄂州（今武汉武昌），并扬言要顺流东下攻取南宋首都临安。为此，理宗任命贾似道为右丞相兼枢密使，率军由江陵（今属湖北）至汉阳（今属湖北武汉），又进入鄂州，督师抗击。

恰巧此时，忽必烈接到密报，得知蒙哥阵亡，蒙古汗廷人心浮动，遂决心北返以争夺汗位。贾似道也私下遣使，以南宋愿称臣纳币、割让长江以北土地等条件求和。忽必烈由于急于回师，就顺水推舟同意了贾似道的求和要求，率军北返，鄂州之围遂解。

贾似道隐瞒向蒙古乞降、签订和约的真相，而以战胜蒙古军报功。昏庸的理宗竟然相信了他的谎话，认为他对社稷有再造之功，进封少师、卫国公。景定元年（1260），蒙古大汗忽必烈派郝经来宋，索取贾似道答应的"岁币"。贾似道害怕暗中乞降的情况被元使泄露，竟然命人将蒙古使臣郝经一行拘留于真州（今江苏仪征）。这种背信弃义的做法当然激怒了忽必烈，对蒙宋之间的关系产生了极其恶劣的影响。

## 朝中无宰相

蒙古军北返之后，南宋小朝廷又进入到一个相对安宁的阶段。以理宗和贾似道为首的整个统治集团，对近在咫尺的亡国威胁浑然不觉，又重新过起了莺歌燕舞的日子，而全然不顾这种歌舞升平的背后隐藏着何等巨大的危机。景定五年（1264）十月，理宗病逝，贾似道奉遗诏拥立太子赵禥即位，是为宋度宗。度宗即位后，南宋国势更加严峻，满朝君臣却依旧陶醉于西湖歌舞的喧嚣热闹之中。

贾似道因为定策之功，其权力地位更加稳固。度宗为了追求享乐安逸，把朝政大权拱手让给贾似道，甚至尊称贾似道为"师相"，加号平章军国重事，贾似道则俨然如同太上皇一般。

咸淳三年（1267），度宗特许贾似道可以三日一入朝，又将位于西子湖上旁葛岭的别墅赏赐给他，让其养尊处优，贾似道将其扩建，命名为"半闲堂"。但即便如此，贾似道也只是五天才入朝办公一次，他置朝政于不顾，每日唯以斗蟋蟀为乐，并著有《蟋蟀经》，描述自己养蟋蟀、斗蟋蟀的经验。此外，他还贪货好色，为了一条陪葬的玉带，竟将功臣余玠的墓冢挖开，甚至强娶宫女叶氏作妾。贾似道的大部分时间几乎都在半闲堂和西湖上游戏取乐，于是时人编出儿歌讥讽说："朝中无宰相，湖上有平章。"

在理宗、度宗父子和贾似道这种昏君和奸相的统治下，南宋朝廷如果不亡，那才真是咄咄怪事。

● 木棉庵碑刻 ●

南宋德祐元年（1275），贾似道被贬到循州安置。武举人郑虎臣在奉命监押贾似道路过木棉庵时，将贾处死。后人立碑以纪。

人物 蒙哥

**65**

⏱ 时间：1243～1259

# 钓鱼城大战

蒙哥在钓鱼城下的意外败亡，对当时的东亚局势造成了巨大影响。这场侵宋战争因此功亏一篑，全面瓦解，各地的蒙古军相继北归，使南宋王朝得以再延续二十余年。

## ❀ 易守难攻的军事要塞

宋理宗端平元年（1234），南宋与蒙古联合灭亡了金国。之后，骄横的蒙古统治者独占了原来金国的全部土地，幻想收复中原的南宋决心出兵河南，却被蒙古军队打败。

次年，在报复南宋"侵犯疆土"的名义下，蒙古人兵分两路，分别从陕西和淮河下游对南宋发动了进攻。在这次战争中，四川地区被蒙古军队破坏得最为严重。不久窝阔台汗去世，交战的蒙古军队相继北返，南宋才因而得到喘息的机会，加紧对各条防线进行休整和充实。淳祐二年（1242），在两淮抗蒙战争中战绩颇著的余玠，被理宗派遣到四川主持军政事务。为了巩固西部防线，他在四川采取了一系列政治、经济和军事措施，并依据山区地形修筑了诸多城堡。

> **钓鱼城护国门**
> 钓鱼城之战的影响远远超出胜负本身，其不仅带给南宋较长时间的战略喘息期，为其续命二十余载，更间接导致蒙古汗国的分裂。

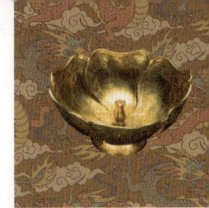

钓鱼城建筑在今天四川省合川区的钓鱼山上，这座小山突兀耸立于成都平原，山下嘉陵江、渠江、涪江三江汇流，南、北、西三面环水，地势十分险要。钓鱼城既有山水之险，又有交通之便，通过水陆可以通达四川各地。到任之后的第二年，余玠便采纳当地军民的建议，于山上修筑了这座城堡。

钓鱼城分内城和外城，外城建筑在悬崖峭壁上，城墙是用条石垒成。城内有大片的农田和丰富的水源，周围的山麓也有许多可以耕作的土地。这样完善的防御体系，再加上复杂的地形，使钓鱼城成为一座易守难攻的军事要塞。

## ❀ 大军围城

宝祐五年（1257），蒙古大汗蒙哥再次派遣大军南下征讨宋朝，并亲自率领主力攻打四川。到了第二年秋天，蒙古军已经占领了四川的绝大部分城池，只剩下钓鱼城等仍在坚守。南宋开庆元年（1259）二月，杀掉蒙古人的招降使者后，南宋守军凭借要塞屏障，开始了极其激烈的钓鱼城大战。虽然蒙古军的攻城器具十分精备，无奈钓鱼城地势险峻，多数器械根本发挥不了作用。南宋守军在主将王坚及副将张珏的协力指挥下，击退了蒙古军一次又一次的进攻。蒙古军虽然几次登上城头，却都被拼死鏖战的将士们杀退。蒙古人打算围困钓鱼城，迫使其开城投降。宋军投书蒙古军，宣称即使再围困十年，蒙古军也没办法拿下钓鱼城。

## ❀ 蒙古败退

此时正值酷暑季节，畏暑恶湿的蒙古人由于水土不服，各种传染性疾病开始在军中流行起来。根据当地地方志的描述，蒙哥被南宋守军击成重伤，不久身亡。当时蒙古军面临的困境是蒙哥大汗再不能指挥军队实施进攻了。到了七月，蒙古人开始从钓鱼山下撤退，大军北行到金剑山温汤峡（在今重庆）时，蒙古大汗蒙哥去世。

作为山城防御体系的典范，钓鱼城在冷兵器时代充分表现了其强大的防御作用，成为敌军难以攻克的坚固城堡。自蒙哥之后，钓鱼城几次顶住了蒙古人的进攻，直至最终为守将开城投降才落入敌手。

人物 赵昀

## 66 襄阳困守

时间：1267～1273

> 襄樊之战是元朝统治者灭亡南宋的一次重要战役，是中国历史上宋、元两个封建王朝更迭的关键一战。在这一战役中，襄阳军民体现出极大的勇气与爱国热情。

### ◎ 围困襄樊

忽必烈即位后建立了元朝，意图灭亡南宋、一统中国的野心并没有削弱。为了实现这一目标，他将进攻的重点从四川改为襄樊（今属湖北）。

襄樊位于南阳盆地南端，一条汉水流过襄阳和樊城之间。人称"跨连荆豫，控扼南北"，地理位置十分险要，乃兵家必争之地，也是南宋抵抗蒙古军队的边防重镇。咸淳三年（1267），投降蒙古政权的南宋将领刘整向忽必烈进献攻灭南宋策略，"先攻襄阳，撤其捍蔽"，他认为如果南宋"无襄则无淮，无淮则江南唾手可得也"。

根据刘整的建议，忽必烈开始实施针对襄阳的战略包围。首先，蒙古政权统治者派人用玉带贿赂负责襄阳防御的南宋荆湖制置使吕文德，请求在襄樊城外置商业往来的榷场，得到南宋方面的应允。不久蒙古人又以防备盗贼、保护货物为名，要求在襄樊外围筑造土墙，目光短浅的吕文德再次同意了要求。于是蒙古人在襄阳东南的鹿门山修筑土墙，又在土墙内建筑堡垒，建立了围困襄樊的第一个据点。

### ◎ 襄樊拉锯战

咸淳四年（1268），蒙古将领阿术等人又在襄阳附近修筑了两个城堡，切断了宋军从陆路救援这座城市的道路。咸淳六年（1270），蒙古军队依据襄樊西、南两面的山岭，修筑漫长的围墙和十座堡垒，彻底切断了襄阳与西北、东南的联系，使其成为一座孤城。在这期间，蒙古军队还大力营建水军。咸淳六年，忽必烈责令刘整负责"造战船，习水军"，很快组织了一支拥有五千艘战船的庞大舰队。

南宋为了救援襄阳，于咸淳三年（1267）任命吕文德的弟弟吕文焕为襄阳知府，兼京西安抚副使。次年年底，为打破敌人的围困，吕文焕组织襄阳守军主动进攻

**襄阳城临汉门**

襄樊之战中,襄阳和樊城的失守直接导致了南宋的灭亡。

蒙古军队,却被敌人打得大败,宋军伤亡惨重。仅在咸淳五年(1269),南宋将领张世杰、夏贵、范文虎等人就几次挥师襄樊,意图打破蒙古军队的封锁,但是无不以惨败而归。至此,宋军与蒙古军队已经在襄樊外围进行了长达三年的拉锯战。

## 襄樊之战

咸淳八年(1272)年初,元军对樊城发起了总攻,著名的"襄樊之战"正式开始。三月,元军攻破樊城外城,宋军只得退到内城继续坚守。到了四月,南宋京湖制置大使李庭芝招募襄阳府、郢州(今湖北钟祥)等地民兵三千余人,由张顺、张贵等人带领,经水路星夜支援襄阳。临行前,张顺激励士卒道:"这次救援襄阳的行动十分艰巨,每个人都要有必死的决心和斗志,你们当中的有些人并非出于自愿,那就赶快离去,不要影响这次救援大事。"士兵们群情振奋,纷纷表示要奋勇杀敌。经过浴血鏖战之后,宋军击破元军的封锁,成功进入了被困达五年之久的襄阳城,极大地鼓舞了城中军民的斗志。

然而战斗中张顺英勇牺牲,几天以后襄阳守军在江水中捞到他的尸体,悲愤的军民将他安葬后立庙祭祀。

不久,张贵在另一次意图打破包围的战斗中被元人俘虏,英勇牺牲。为了尽快攻下襄樊,元军用计烧毁了樊城与襄阳之间的汉水浮桥,从而切断了两城之间的联系,失去支援的樊城很快陷落。樊城失陷后,襄阳的形势更加危急,吕文焕多次派人到朝廷告急,却始终没有盼到援兵。咸淳九年(1273)二月,困守襄阳的吕文焕被迫向元军开城投降。

人物：董文炳

## 67 国可灭，史不可没

时间：1276

一部历史，往往记述着一个时代的精神，传达着一个民族的声音。一部历史，更可以通过叙述治乱兴衰的历程，昭示后人治国安邦的经验与教训。赵宋王朝走到了历史的尽头，但记录总结宋朝几百年荣辱兴衰的历史之笔，还没有停止它的书写。

### 临安请降

德祐二年（1276）正月，元军主帅伯颜率领的三路大军，会师于临安（今浙江杭州）郊外。张世杰和文天祥坚请三宫（太皇太后谢氏、全太后、宋恭帝）入海，愿率众背城一战。但南宋君臣大多降意已决。所以，张世杰和文天祥的意见自然就被宰相陈宜中所否定。而太皇太后谢道清也已经准备将传国玉玺及降表奉献于伯颜军前。当夜，陈宜中便逃往温州。张世杰眼看临安不守，亦在此时移师定海（今浙江镇海），抗命拒元。宋恭帝的兄弟益王赵昰和广王赵昺，在其母杨淑妃、驸马杨镇的保护下也逃奔福建。临安城中的南宋小朝廷正式向元军呈递降书。

逃奔闽粤的流亡朝廷，先后以益王、广王为帝，但终因寡不敌众，在南宋祥兴二年（1279）的崖山海战中全军溃败。陆秀夫背负幼帝自沉，张世杰率16艘余舰趁夜间突出重围，欲奔交趾再图恢复，途中遇飓风，溺死于海。至此，南宋王朝彻底灭亡，元朝统一了中国。

元军攻下临安，南宋皇帝、太后被俘，大势已去，非个人之力可以挽救。张世杰、陆秀夫、文天祥等人意在救亡图存，收复失地，屡仆屡起，百折不挠，艰苦抗战，直至牺牲，表现了舍生取义的浩然正气。国破家亡，社稷不存，但其爱国主义精神却永存史册。这种精神，不但南宋遗民牢记在心，就是元朝君臣也表示尊敬。

### 史不可没

宋朝灭亡了，宋朝的历史却需要总结。正如灭宋时的左路军主将、中书左丞董文炳，对翰林学士李盘所说的那样："国可灭，史不可没。宋朝历经十六位皇帝，有天下三百余年，其历史资料全都存储在史馆内，我们应当全部收存以备借鉴。"

宋代重视修史，史馆组织较前代严密，修史制度比较健全，仅官方编修的当代史籍，即有起居注、时政记、日历、实录、国史和会要六种。同时，私家撰史也成为风气，如《东都事略》《续资治通鉴长编》等书即是其中的名著佳作。保护好这些史籍史料，对于汲取历史教训，新朝稽古定制，笼络汉人文士都有着极为重要的现实意义。

董文炳率先进入临安城后，即着手收集南宋史馆的各类历史典籍资料。三月，元军主帅伯颜班师，他派人将宋人所修国史及注记五千余册押送至元朝的国史院。南宋灭亡之后，元世祖即令史臣撰修《宋史》。但由于朝廷内部对采用怎样的体例编写这部史书的意见不一，影响了修史工作的进行。直至元顺帝时，才诏令脱脱主持修撰辽、金、宋三史。但此时已值元朝濒临崩溃的前夕，由于成书时间短，只用了两年零七个月，故而编纂得比较草率。但《宋史》共496卷，包括本纪47卷、志162卷、表32卷、列传255卷，篇幅浩瀚，居二十五史之冠。

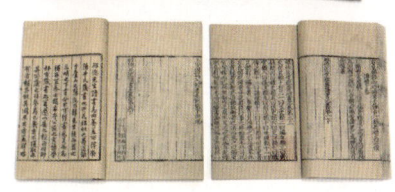

宋刻本《昭德先生郡斋读书志》书影

## 历史词典

### 宋代方志学

方志是以地方命名、以地域为范围、分类记述该区域内一定时期事物的文献。

宋朝十分重视地方志的编修，而当时社会经济的发展和城市繁荣也为方志学的兴盛奠定了基础。宋代所修方志据记载有600多种，流传下来的仅30多种。其中乐史的《太平寰宇记》，王存的《元丰九域志》，王象之的《舆地纪胜》是全国性的总志。而范成大的《吴郡志》，周应合的《景定建康志》，梁克家的《淳熙三山志》，宋敏求的《长安志》《河南志》等，则是州县方志。宋朝地方官修志的目的是为了经世致用，与前代方志相较，反映出强烈的人文关怀。方志的内容十分丰富，举凡舆图、疆域、山川、名胜、建置、职官、赋税、物产、乡里、风俗、人物、方伎、金石、艺文、灾异等，无不汇为一编，因而保存了大量的资料。

人物 张世杰　68　⏱ 时间：1279

# 崖山之战

> 崖山海战，是宋朝末年南宋与元朝最后的一次战役。对于元军而言，这是一次以少胜多的大战，宋元双方投入军队30余万，最终宋军全部覆灭。此次战役之后，宋朝也随之覆灭。

### ❀ 潭州血泪

元军在襄樊之战大破宋军以后，铁骑突进，直趋南宋首都临安（今浙江杭州）。失去了襄阳坚城的门户，临安无险可守，南宋完全暴露在元军的铁蹄之下。元军分数路南下，湖南安抚使兼知州李芾在潭州坚守三个月，大小数十战。元兵一时不能攻克，于是元将阿尔哈雅射书信入城中劝降，但李芾宁死不降。元军猛攻城池，又掘开隍水攻城，宋军力抗，元将阿尔哈雅也被箭射伤。元军大举围城，经过殊死战斗终于攻破城池。知衡州尹谷与全家自焚，李芾大摆酒宴后命部属沈忠杀其全家，沈忠后亦全家殉国。潭州百姓知道这个消息后多举家自尽，城中的水井中和林木上均布满了尸体。

### ❀ 孤儿寡母失国

德祐二年（1276），宋朝派员求和，但此时的南宋气数已尽，求和已经无任何意义。七月，元世祖忽必烈令伯颜直取临安。十月，元兵自建康分三路向临安进兵。伯颜亲率中军进攻常州。南宋知州姚訔、通判陈炤、将官王安节等奋勇守城，姚訔在城破时战死，陈炤、王安节率宋兵展开巷战，都英勇战死。另一路元兵攻取安吉（今属浙江）东南的独松关，附近州县宋兵皆闻风而逃。南宋朝派

▸ **陆秀夫负帝昺殉海像**

**宋王台**

南宋末年临安失守时,宰相陆秀夫与张世杰保幼主南逃,曾在今香港一带躲避过。后因不愿被虏受辱,陆秀夫便携幼帝投海自尽。后人遂在其休息过的马头涌"圣山"的一块巨石上刻"宋王台"三字,以示纪念。

使臣到无锡请求伯颜退兵议和,伯颜不允。当时文天祥、张世杰要求太皇太后谢氏、全太后及恭帝逃往海中避难,自己率宋军同元兵决一死战,宰相陈宜中又极力阻挠。最后,南宋终于在德祐二年(1276)正月,向伯颜献传国玺,宣布向元朝投降,要求成为元朝的藩属。南宋这样的投降不为元朝所接受。二月间,元兵逼近临安。三月,伯颜率军进入临安。宋恭帝、全太后以及官僚和太学士被俘,押送到大都(今北京)。恭帝被元世祖废为瀛国公,后来入寺为僧。太皇太后谢氏因病暂留临安,不久也被押往大都。

## 继续抗元

张世杰、刘师勇及苏刘义等将领以朝廷不战而降为耻,各自领本部兵马撤出。宋度宗的杨淑妃在国舅杨亮节的护卫下,带着自己的儿子益王赵昰、广王赵昺出逃,在金华与大臣陆秀夫、张世杰、陈宜中、文天祥等会合,重整兵马,封赵昰为天下兵马都元帅,赵昺为副元帅。元军统帅伯颜率大兵穷追不舍,二王一路逃到福州。不久刚满7岁的赵昰登基,是为端宗,改元"景炎",尊生母杨淑妃为杨太后,加封弟弟赵昺为卫王,张世杰为大将,陆秀夫为金书枢密院事,陈宜中为丞相,文天祥为少保、

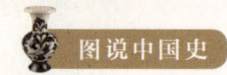

**花形金盏·南宋**

此金盏外部轮廓呈花朵形状，花瓣分明，盏心为花蕊，伸出瓶状花蕊，颇为写实，亦别具情趣。

信国公并组织抗元工作。

赵昰做皇帝以后，元朝加紧了消灭南宋残余势力的步伐。景炎二年（1277），福州终于被攻陷，端宗的南宋流亡小朝廷直奔泉州。泉州市舶司、阿拉伯裔商人蒲寿庚与张世杰不和，张世杰要求借船，可是蒲寿庚阳奉阴违，导致船只不足。张世杰于是没收蒲寿庚所属的船只和货物出海，蒲寿庚大怒，杀尽留在泉州的南宋诸宗室及士大夫，南宋流亡小朝廷逃往广东。端宗准备逃到雷州，不料遇到台风，帝舟倾覆，端宗差点溺死并因此得病。左丞相陈宜中建议带端宗到占城（今越南南部），并自己前往占城，最后逃到暹罗（今泰国）并死在那里。端宗死后，他7岁的弟弟赵昺登基，年号"祥兴"。赵昺登基以后，南宋小朝廷想占领雷州（今属广东）却失败，于是在陆上已无立足之地，因此左丞相陆秀夫和太傅（皇帝的老师）张世杰护卫着赵昺逃到崖山（今广东新会南海上），建立基地，准备继续抗元。不久，在广东和江西二省抗元的文天祥孤军奋战，终因寡不敌众，被元将张弘范部将王惟义在广东海丰的五坡岭生擒，在陆地的抗元势力终于覆灭。

## ❀ 错误的战略部署

祥兴二年（1279），张弘范大举进攻赵昺朝廷。双方兵力对比为张弘范统领的元朝水军仅有战船500艘，这时只到达300艘，而张世杰有战船1000艘，兵民20余万，两军在海上对阵。但是宋军没有大陆的依靠，孤立无援，得不到补充，而元军已经占领了整个大陆，军需给养源源不断。

宋军纵然能打退一次两次的进攻，可是在大海之上后勤断绝，后援也无，失败是必然的。宋军有强大的水军，却不实行流动作战，反而将上千艘船只以"连环船"的办法用大绳索一字形连贯在海湾内，并立起楼棚如城堞，并且安排赵昺的"龙舟"放在军队中间。这时宋军中有建议认为应该先占领海湾出口，保护向西方的撤退路线。张世杰为防止士兵逃亡，否决此议，并下令尽焚陆地上的宫殿、房屋和据点。

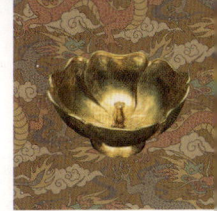

元军以大军猛攻，可是宋军防御严密，元军攻不进去。于是又乘风以小船载茅草和火油，纵火冲向宋船。可是宋船上均涂满了泥，并用长木防御元军的火攻。元朝水师火攻不成，就封锁海湾，断绝宋军给水及砍柴的道路。宋军水道断绝，无淡水可用，士兵们吃干粮只能饮用海水，多呕吐腹泻，战斗力和士气顿挫。张弘范趁机三次派人到张世杰处招降，均被严词拒绝。

## ❁ 最后一战

二月六日，张弘范发起总攻，第二天，元军分成四部，乘着潮水正面进攻，同时南北夹攻，宋师大败，元军一路打到宋军中央。这时张世杰见大势已去，抽调精兵，和苏刘义带领余部十余只船舰斩断大索突围而去。赵昺的船在军队中间，此时天色已晚，风雨交加，迷雾大起，咫尺之间不能辨认，而元军又杀至，43岁的陆秀夫见无法突围，先让自己的妻子投海自尽，后对赵昺说："国事至此，陛下当为国死。德祐皇帝（指宋恭帝）已经受尽屈辱，陛下不可再受俘虏之辱了。"言毕背着8岁的赵昺，投海身亡。不少后宫和大臣亦相继跳海自杀，宋军民十余万人殉国。

张世杰希望以杨太后的名义再找宋朝赵氏后人为主，以图后举；但杨太后在听到宋帝赵昺的死讯后亦赴海自杀。张世杰收太后尸，葬于海滨。几天后，海上飓风骤起，部下们都劝张世杰上岸避风，以图再战。满心悲凉的张世杰却叹息说："此时此刻，还用避风吗？我为大宋江山已经尽了全力，一位皇帝去世，我再立一位，现在新皇帝又死，这是天要亡我大宋吧。"不久风浪越来越大，座船倾覆，张世杰溺于海中，这位抗元名将饮恨于大海之中，宋朝正式灭亡。

张世杰·陆秀夫·杨太后及二少帝像

人物·文天祥 69

时间：1236~1283

# 留取丹心照汗青

文天祥，这位矢志抗元、以身殉国的南宋遗臣，700多年来一直得到世人的缅怀和称赞，即使在元人所修的《宋史》中也被赞为"伟人"，这正是因为在他身上体现了中华民族的浩然正气和爱国主义的高尚情操。

## ❁ 官场排挤

文天祥（1236~1283），字履善，后改字宋瑞，号文山，吉州吉水（今江西吉安）人。20岁中进士，理宗宝祐四年（1256），对策集英殿，擢为第一。考官王应麟向皇帝祝贺，认为得到了一位贤才。因为文天祥在对策中，对时局、国事和民情都有一针见血和直抒胸臆的议论和评价，在社稷危亡之际，他更为关心的不是学问，而是国家民族的命运。

景定（1260~1264）初年，文天祥就以自己的不畏权奸而闻名朝野。他力谏理宗不要重用号称"董阎罗"的宦官董宋臣，而董宋臣恰恰就是文天祥的顶头上司。结果，文天祥被排挤出临安，差知瑞州（今江西高安）。度宗即位后，他又被重新召回临安，相继出任礼部郎官、尚书左郎官等职。然而生性耿介忠悫的文天祥再次得罪了朝中台谏，被罢去所有职务，第二次被排挤出官场。咸淳六年（1270），文天祥再次被召回临安，出任崇政殿说书、学士院权直、玉牒所检讨官，并由此进入了朝廷权力的中枢机关。可是这一次，文天祥又得罪了权相贾似道。他在草拟制书时，针对贾似道一次次借口养病退休而实际上要挟度宗的行径提出了批评，于是他第三次被排挤出了官场。

## ❁ 临危受命

德祐元年（1275），元军在芜湖丁家洲大败贾似道率领的宋军，宋军水陆两军主力几乎全部丧失，长江防线顿时瓦解，临安危急！南宋朝廷已经无法组织起有效的抵抗，只有号召各地勤王。然而诏书发出了一道又一道，响应者寥寥无几。时任江西提刑的文天祥毅然提兵勤王来到临安府。但此时，元朝大军已经进逼到临安城下。南宋的两位宰相留梦炎和陈宜中置国事于不顾，相继潜逃。谢太后决心向元军主帅伯颜投降,为此,半日之内升文天祥为右丞相兼枢密使,并派其赴元军大营议和。在元营,文天祥不为所屈,义正词严地进行抗争。伯颜见其拒绝在投降问题上合作,遂将文天祥扣留。

就在文天祥在敌营一次次拒绝元人威逼利诱的劝降活动之时,南宋恭帝赵㬎却已经率文武百官,向元朝正式投降了。但宋恭帝的两个兄弟——赵昰和赵昺,却在张世杰的护送下远逃闽广,并组织起流亡政府。看到希望的文天祥,从镇江趁夜逃亡到达真州(今江苏仪征)。文天祥曾欲请两淮之兵合纵抗战,但不为所用,且遭到淮东制置使兼知扬州李庭芝的猜疑。于是辗转逃避至温州,复收兵转战。后终因力寡势孤,屡战屡败,在海丰北面的五坡岭被元军张弘范部下击溃并俘虏。

##  失败的英雄

祥兴二年(1279),张弘范率元军水师对南宋行朝进行了最后的围剿。文天祥也被挟持到了崖山。张弘范企图借重文天祥的影响力,说服行朝投降,这当然遭到了文天祥的拒绝。文天祥在零丁洋上(广东中山南边的海面)写下了著名的《过零丁洋》作为自己的回答,诗云:"辛苦遭逢起一经,干戈寥落四周星。山河破碎风飘絮,身世浮沉雨打萍。惶恐滩头说惶恐,零丁洋里叹零丁。人生自古谁无死,留取丹心照汗青。"张弘范读后慨叹:"好人好诗!"

此后,文天祥被押解到元朝首都大都(今北京)。元世祖忽必烈非常敬重他的人品和才学,指示有关官员加紧劝降。元人先后以其妻女、弟弟劝降,甚至派出投降了的宋恭帝和另一位状元宰相留梦炎出来做说客,都遭到了文天祥的断然拒绝。忽必烈仍然不甘心,再派平章政事阿合马出面劝降,开出元朝宰相的价码来利诱文天祥,文天祥终究不为所动。至元十九年(1283)十二月,誓死不屈的文天祥最终在大都菜市口英勇就义,时年47岁。人们在收敛他的遗骸时,发现了他临刑前写给自己的赞:"孔曰成仁,孟曰取义,惟其义尽,所以仁至。读圣贤书,所学何事?而今而后,庶几无愧!"

文天祥

# 帝王世系表

## 北宋

960～1127

| 谥号 | 帝王原名 | 年号 | 公元 |
|---|---|---|---|
| 太祖 | 赵匡胤 | 建隆（4）<br>乾德（6）<br>开宝（9） | 960～963<br>963～968<br>968～976 |
| 太宗 | 赵光义<br>（改名炅） | 太平兴国（9）<br>雍熙（4）<br>端拱（2）<br>淳化（5）<br>至道（3） | 976～984<br>984～987<br>988～989<br>990～994<br>995～997 |
| 真宗 | 赵恒 | 咸平（6）<br>景德（4）<br>大中祥符（9）<br>天禧（5）<br>乾兴（1） | 998～1003<br>1004～1007<br>1008～1016<br>1017～1021<br>1022 |
| 仁宗 | 赵祯 | 天圣（10）<br>明道（2）<br>景祐（5）<br>宝元（3）<br>康定（2）<br>庆历（8）<br>皇祐（6）<br>至和（3）<br>嘉祐（8） | 1023～1032<br>1032～1033<br>1034～1038<br>1038～1040<br>1040～1041<br>1041～1048<br>1049～1054<br>1054～1056<br>1056～1063 |
| 英宗 | 赵曙 | 治平（4） | 1064～1067 |
| 神宗 | 赵顼（xū） | 熙宁（10）<br>元丰（8） | 1068～1077<br>1078～1085 |
| 哲宗 | 赵煦 | 元祐（9）<br>绍圣（5）<br>元符（3） | 1086～1094<br>1094～1098<br>1098～1100 |
| 徽宗 | 赵佶 | 建中靖国（1）<br>崇宁（5） | 1101<br>1102～1106 |

| | 谥号 | 帝王原名 | 年号 | 公元 |
|---|---|---|---|---|
| 960~1127 | 徽宗 | 赵佶 | 大观（4）<br>政和（8）<br>重和（2）<br>宣和（7） | 1107～1110<br>1111～1118<br>1118～1119<br>1119～1125 |
| | 钦宗 | 赵桓 | 靖康（2） | 1126～1127 |

| | 南宋 | | | |
|---|---|---|---|---|
| | 谥号 | 帝王原名 | 年号 | 公元 |
| 1127~1279 | 高宗 | 赵构 | 建炎（4）<br>绍兴（32） | 1127～1130<br>1131～1162 |
| | 孝宗 | 赵昚（shèn） | 隆兴（2）<br>乾道（9）<br>淳熙（16） | 1163～1164<br>1165～1173<br>1174～1189 |
| | 光宗 | 赵惇 | 绍熙（5） | 1190～1194 |
| | 宁宗 | 赵扩 | 庆元（6）<br>嘉泰（4）<br>开禧（3）<br>嘉定（17） | 1195～1200<br>1201～1204<br>1205～1207<br>1208～1224 |
| | 理宗 | 赵昀 | 宝庆（3）<br>绍定（6）<br>端平（3）<br>嘉熙（4）<br>淳祐（12）<br>宝祐（6）<br>开庆（1）<br>景定（5） | 1225～1227<br>1228～1233<br>1234～1236<br>1237～1240<br>1241～1252<br>1253～1258<br>1259<br>1260～1264 |
| | 度宗 | 赵禥（qí） | 咸淳（10） | 1265～1274 |
| | 恭帝 | 赵㬎（xiǎn） | 德祐（2） | 1275～1276 |
| | 端宗 | 赵昰（shì） | 景炎（3） | 1276～1278 |
| | 帝昺 | 赵昺（bǐng） | 祥兴（2） | 1278～1279 |

## 北宋·南宋　历史年表

|  |  |
|---|---|
| 960年 | 陈桥兵变，赵匡胤称帝，国号"宋"。 |
| 961年 | 杯酒释兵权，罢石守信等典禁兵。 |
| 962年 | 以赵普为枢密使。 |
| 965年 | 蜀主孟昶降，后蜀亡。 |
| 971年 | 初置市舶司于广州。<br>南唐主自去国号，称"江南国主"。 |
| 973年 | 诏修五代史。 |
| 975年 | 曹彬克金陵，江南主李煜降，南唐亡。 |
| 976年 | 宋太祖卒，弟光义即位，是为宋太宗。 |
| 979年 | 宋太宗亲征北汉，北汉刘继元降，北汉亡。<br>宋辽高梁河之战，宋军惨败。 |
| 986年 | 宋将曹彬、潘美等分路攻辽，败归。 |
| 993年 | 王小波、李顺起义。 |
| 997年 | 宋太宗卒，太子恒即位，是为宋真宗。 |
| 1004年 | 宋辽和议成，宋岁以银、绢三十万予辽，史称"澶渊之盟"。 |
| 1022年 | 真宗卒，赵祯即位，是为仁宗，太后刘氏听政。 |
| 1029年 | 设立武举考试。 |
| 1033年 | 刘太后卒，仁宗亲政。<br>范仲淹请削冗兵，削冗官、减冗费。 |
| 1036年 | 嵩阳书院建成。 |
| 1038年 | 元昊称皇帝，国号"夏"。 |
| 1041年 | 宋、夏大战于好水川，宋军大败，大将任福战死。 |
| 1042年 | 宋建大名府，称为南京。 |
| 1044年 | 宋、夏和议成，宋岁赐银、绢、茶二十万，史称"庆历和议"。 |

| | |
|---|---|
| 1053年 | 狄青击败侬智高。 |
| 1056年 | 以包拯知开封府。 |
| 1063年 | 仁宗卒,皇子赵曙立,是为英宗。 |
| 1067年 | 英宗卒,太子赵顼即位,是为神宗。 |
| 1069年 | 以王安石为参知政事,开始变法。 |
| 1082年 | 宋、夏永乐城大战,宋军惨败。 |
| 1084年 | 《资治通鉴》书成。 |
| 1085年 | 宋神宗卒,子赵煦立,是为哲宗,皇太后高氏听政。 |
| 1086年 | 以司马光为相。 |
| 1093年 | 高太后卒,哲宗亲政。 |
| 1094年 | 恢复熙宁旧法,打击旧党。 |
| 1100年 | 哲宗死,弟赵佶立,是为徽宗。 |
| 1101年 | 诏蔡京为翰林学士承旨。 |
| 1102年 | 命童贯置苏杭制作局。立元祐党人碑于端礼门。 |
| 1103年 | 蔡京为相。 |
| 1105年 | 以朱勔领江南应奉局。 |
| 1111年 | 遣郑允中、童贯使辽。 |
| 1112年 | 加封童贯为太尉。 |
| 1117年 | 徽宗自称教主道君皇帝。 |
| 1118年 | 遣马政渡海约金夹攻辽国。 |
| 1120年 | 方腊起义于青州。 |
| 1121年 | 罢苏杭制作局及花石纲。 |
| 1122年 | 童贯伐辽,为耶律大石所败。 |
| 1125年 | 金大举两路攻宋。 |

| | |
|---|---|
| 1127年 | 靖康之变。康王赵构称帝于南京,是为高宗,改元建炎,史称"南宋"。 |
| 1128年 | 宋东京留守宗泽屡请高宗回京,高宗不听,宗泽忧愤而卒。宋济南知府刘豫降金。 |
| 1129年 | 宋将苗傅、刘正彦发动兵变。 |
| 1130年 | 钟相起义失败。<br>韩世忠大破金兀术于黄天荡。<br>金徙徽、钦二宗于五国城。 |
| 1131年 | 以张俊为江淮路招讨使,岳飞副之。<br>宋将吴玠败金军于和尚原。 |
| 1140年 | 宋刘锜大破金军于顺昌。<br>岳飞军破金兵于颍昌。 |
| 1141年 | 宋以韩世忠、张俊为枢密使,岳飞为枢密副使,罢其兵权。 |
| 1142年 | 岳飞被害。 |
| 1150年 | 施全刺杀秦桧未成,被杀。 |
| 1161年 | 宋虞允文大败金兵于采石。 |
| 1162年 | 高宗赵构传位于太子昚,自称太上皇。<br>宋追复岳飞原官,以礼改葬。<br>辛弃疾杀叛徒张安国,率部投宋。 |
| 1163年 | 罢斥秦桧党人。<br>张浚任枢密使。<br>宋军大举伐金,大败于符离。 |
| 1164年 | 张浚罢相。<br>宋金和议成,宋尊金主为叔,割让海、泗、唐、邓等州。 |

|  |  |
|---|---|
| 1165年 | 宋以虞允文为参知政事兼同知枢密院事。 |
| 1168年 | 李焘上《续资治通鉴长编》。 |
| 1169年 | 宋为岳飞立庙于鄂州。 |
| 1170年 | 宋修神宗、哲宗、徽宗、钦宗四朝会要成。 |
| 1171年 | 宋朱熹撰《资治通鉴纲目》成。 |
| 1177年 | 朱熹《论语集注》《孟子集注》成。 |
| 1178年 | 宋赐岳飞谥曰"武穆"。 |
| 1189年 | 宋孝宗自称太上皇,传位于太子惇,是为宋光宗。 |
| 1194年 | 宋光宗为太上皇,子扩即位,是为宋宁宗。 |
| 1195年 | 韩侂胄独掌朝政。 |
| 1206年 | 开禧北伐。 |
| 1207年 | 韩侂胄被杀。 |
| 1208年 | 宋以史弥远知枢密院事。 |
| 1234年 | 宋蒙联军灭金。 |
| 1239年 | 蒙古攻宋重庆。 |
| 1249年 | 宋以贾似道知江陵府。 |
| 1258年 | 蒙古大举攻宋。 |
| 1265年 | 宋加贾似道太师,封魏国公。 |
| 1267年 | 蒙古攻襄阳。 |
| 1279年 | 张世杰兵败崖山,陆秀夫负帝投海,宋亡。 |

# 宋

文图编辑：韩　飞
美术编辑：张大伟
文稿撰写：陈　栩　陈　宇　程栋良　崔晓军　冯文丹
　　　　　胡伟达　邝向雄　李明奎　李小龙　刘　智
　　　　　覃　睿　王　歆　王　尧　邢　晔　药　强
　　　　　张　玮　张文静（排名不分先后）
图片提供：WL工作室　郝勤建　孔　群
　　　　　Fotoe.com　视觉中国　汇图网
　　　　　中国台北故宫博物院　英国大英博物馆
　　　　　美国纽约大都会艺术博物馆　美国弗利尔美术馆